U0562438

中国国际战略研究基金会战略研究丛书

应对核恐怖主义
非国家行为体的核扩散与核安全

主编 / 中国国际战略研究基金会

社会科学文献出版社
SOCIAL SCIENCES ACADEMIC PRESS (CHINA)

中国国际战略研究基金会
战略研究丛书编委会名单

主　编　张沱生
副主编　吕德宏
编　委　（按姓氏笔画排列）
　　　　　王缉思　吕德宏　李　彬　时殷弘
　　　　　张　彧　张沱生　陈知涯　金灿荣
　　　　　周晓宇　秦亚青　倪　煜　黄嘉树
　　　　　曹远征　符　晓　章百家　潘振强

本书得到国家社会科学基金项目资助

编者的话

人类已经跨越了新世纪的门槛。

回首 20 世纪，人类经历了两次世界大战和一次冷战，仍旧前途未卜；放眼未来，21 世纪正带着空前的机遇和挑战迎面而来，没有谁可以置国际与战略问题于不顾而静享太平盛世。

对剧变的世界，发展的中国不断做出全面、系统和科学的判断，是国际战略研究的重任。为此，中国国际战略研究基金会愿对中国的战略研究事业做出自己的一份贡献，这也是我们编辑这套"战略研究丛书"的宗旨。

我们这套丛书将从广义的角度来讨论战略问题，范围涉及政治、经济、文化、军事、外交、民族、环境与资源、社会和人文等众多领域，凡对国家安全和发展具有重大意义的课题均可列入。

我们没有既定的作者，凡符合上述选题标准，且学术价值高，有独到见解，思想性强，文风好，并有政策水平的著作皆可入选。

我们更偏爱雅俗共赏的作品，在涌现了孙子、毛泽东等世界闻名的战略家的国度，应使更多的人增强战略意识。

我们对选入丛书的课题，将在研究与出版上给予必要的财力支援。

已出版的战略研究丛书著作有：

《环球同此凉热》，1993 年

《台湾能独立吗》，1995 年

《中国人民抗日战争史录》，1995 年

《抗日战争时期中国对外关系》，1995 年

《原本大学微言》，1998 年

《最惠国待遇的回合》，1998 年

《高处不胜寒》，1999 年

《20 世纪回顾丛书》，2000 年

  "政治卷：理想的角逐"

  "经济卷：走向全球化"

  "军事卷：百年硝烟"

  "科技卷：科学的世纪"

  "国际关系卷：新趋势、新格局、新规范"

  "中国卷：从革命到改革"

《全球政治和中国外交》，2003 年

《联合国维持和平行动法律问题研究》，2006 年

《对抗 博弈 合作：中美安全危机管理案例解析》，2007 年

《中日关系报告》，2007 年

《伊朗国际战略地位论》，2007 年

《科技外交的理论与实践》，2007 年

《从思想到行动》，2008 年

《当代国际体系与大国战略关系》，2008 年

《风云变幻看北约》，2009 年

《脆弱的崛起：大战略与德意志帝国的命运》，2011 年

《朝鲜半岛冲突管理研究》，2011 年

中国国际战略研究基金会
2012 年 11 月

CONTENTS 目 录

导 言 ……………………………………………………………… 1
 第一节 课题研究的由来 …………………………………… 1
 第二节 课题研究的过程与进展 …………………………… 4
 第三节 本书各章的主要内容 ……………………………… 5
 第四节 需继续探讨的若干问题 …………………………… 7

第一章 非国家行为体的核扩散和核恐怖威胁 ………………… 14
 第一节 非国家行为体核扩散的威胁 ……………………… 15
 第二节 非国家行为体的构成 ……………………………… 16
 第三节 非国家行为体的核扩散对国际核不扩散机制的
     挑战 ………………………………………………… 19
 第四节 恐怖主义组织获取核武器的方式 ………………… 21
 第五节 恐怖主义组织实施核恐怖活动的方式 …………… 30

第二章 防控非国家行为体核扩散：国家层次的对策 ………… 35
 第一节 加强对核材料、核武器的实物保护 ……………… 35
 第二节 民用反应堆燃料的回收及堆型转换 ……………… 46
 第三节 裂变材料的管理 …………………………………… 51
 第四节 增进国家间合作 …………………………………… 59

第五节 为可能的灾难做好准备…………………………… 64
第六节 小结…………………………………………………… 67

第三章 防控非国家行为体核扩散：社会层次的对策………… 69
第一节 防扩散的重要倡导者与监督者之一：非政府组织…… 70
第二节 防止非国家行为体扩散的前沿阵地：企业…………… 85

第四章 防控非国家行为体核扩散：国际合作………………… 92
第一节 国际合作现状及面临的挑战…………………………… 93
第二节 深化国际合作的建议………………………………… 109

第五章 中国学术界的认识及中国的政策……………………… 128
第一节 对非国家行为体核扩散的理论认识…………………… 128
第二节 中国面临的非国家行为体核扩散威胁………………… 134
第三节 中国防止非国家行为体核扩散的实践………………… 136
第四节 结语…………………………………………………… 151

附录 非国家行为体核扩散问题相关文件……………………… 154
附录1 联合国安全理事会第1540（2004）号决议…………… 154
附录2 2004年第1540（2004）号决议所设委员会的首次
       报告（节选）………………………………………… 159
附录3 2005年第1540（2004）号决议所设委员会的
       报告（节选）………………………………………… 163
附录4 2006年第1540（2004）号决议所设委员会的
       报告（节选）………………………………………… 169
附录5 2008年第1540（2004）号决议所设委员会的
       报告（节选）………………………………………… 175

附录6　联合国安全理事会第1673（2006）号决议 …………… 181
附录7　制止核恐怖主义行为国际公约 ………………………… 183
附录8　制止向恐怖主义提供资助的国际公约 ………………… 195
附录9　中国执行联合国安理会第1540号决议报告 …………… 208
附录10　中国执行联合国安理会第1540号决议报告的补充
　　　　说明 ……………………………………………………… 225
附录11　联合国的作用：执行安理会第1540号决议
　　　　——军控司副司长王群在亚太裁军中心研讨会上的
　　　　发言 ……………………………………………………… 233
附录12　王光亚大使在安理会1267委员会、反恐委员会和
　　　　1540委员会联合公开会上的发言稿 …………………… 237
附录13　崔天凯部长助理在联合国安理会第1540号决议
　　　　亚太地区执行情况北京研讨会开幕式上的讲话 ……… 239
附录14　军控司副司长吴海涛在联合国安理会第1540号决议
　　　　亚太地区执行情况北京研讨会闭幕式上的讲话 ……… 242
附录15　刘振民大使在安理会1267委员会、反恐委员会和
　　　　1540委员会联合公开会上的发言 ……………………… 244
附录16　胡锦涛主席在首尔核安全峰会上的讲话：
　　　　深化合作　提高核安全水平 …………………………… 246
附录17　中华人民共和国刑法修正案（三） …………………… 249

参考文献 ………………………………………………………… 251
索　引 …………………………………………………………… 258
后　记 …………………………………………………………… 267

导　　言

中国国际战略研究基金会组织进行的"非国家行为体的核扩散"研究是国内的一项开创性研究。起步时，由于其内容新，资料缺乏，对外交流较少，并具有较大的敏感性，研究工作一度遇到较大的困难。然而，经过课题组所有专家学者的共同努力，这一研究最终取得了可喜的成果。现在我们将其编辑成册，定名为《应对核恐怖主义：非国家行为体的核扩散与核安全》，由社会科学文献出版社付梓出版。我们希望这一研究成果有助于国内学术界深入开展相关研究和进行国际学术交流；有助于政府部门及有关行业加强防控非国家行为体核扩散的努力与加强国际合作；并且希望对广大的普通读者起到普及核安全知识和文化的作用。

第一节　课题研究的由来

"9·11"事件之后，非国家行为体[①]被认为是国际社会大规模杀

[①] 随着全球化、信息化的发展，非国家行为体在国际事务中的表现日益活跃，影响逐步上升。作为一种新的力量或权力因素，如同国家行为体一样，它既有积极作用，也有消极作用，但从总体看，其积极作用是第一位的，对于全球的和平发展作出了重大贡献。本书重在研究非国家行为体的核扩散（仅在第三章中对非国家行为体在防扩散领域的积极作用有所论述），这是出于专题研究的需要，并不影响我们对非国家行为体整体作用的评价。

伤性武器扩散的主要威胁之一。在巴基斯坦"核弹之父"卡迪尔·汗的地下国际核材料走私网络曝光之后，国际社会防范非国家行为体核扩散，特别是核恐怖主义的紧迫感大大增强。人们开始意识到，面对非国家行为体，建立在国家行为体基础之上的现行防扩散机制仍存在着漏洞。人们还认识到，核扩散的危险趋势不仅在于更多的国家可能发展和拥有核武器，而且在于恐怖组织、恐怖分子可能有更多的渠道与途径获取核材料、核技术，甚至核武器，从而实现大规模杀伤性武器与最危险的极端主义势力的结合。恐怖组织不仅可能用获得的核材料或核武器作为恐吓威胁手段，而且完全可能孤注一掷地使用核武器，从而给社会、国家以至人类带来巨大的灾难。在其面前，外交、制裁、威慑等传统手段均难以奏效。

"9·11"事件发生后，国际社会一直在尝试修补原有国际法律体系存在的漏洞，试图通过联合国、国际原子能机构等国际组织的决议确立新的行为规范，以打击非国家行为体的核扩散活动。2004年联合国安理会通过的1540号决议，充分表达了国际社会对于核恐怖主义威胁的严重关切。然而，在较长的时间里，世界各国和主要国际组织对非国家行为体核扩散的概念、范围、主要特征、活动规律、威胁程度仍缺乏全面、深入、细致的研究，对于如何才能有效应对其扩散活动也存在种种不同的看法。在中国，有关部门和学术界对此问题的研究起步较晚，舆论界和一般民众对之更缺乏必要的了解与关心。

2008年，随着世界核军控、核裁军、核不扩散出现新的发展形势，应对非国家行为体核扩散以及加强核安全的问题得到了国际社会的更多关注。2010年首次核安全峰会的召开对世界各国关注、研究与应对这一问题起到了有力的推动作用。在此前后，国内职能部门加紧研究相关对策，专家学者对此有了更多的讨论，核安全问题开始较多地出现在国内报刊上并引起了民众的关切。作为一个与核军控、核裁军、核不扩散紧密相关但又有区别的重要领域，核安全的重要性、紧迫性开始彰显。

本书重点研究防范向非国家行为体的核扩散，其目的是阻止恐怖主义分子利用裂变材料以及放射性材料的特性发动恐怖袭击，以加强核安保。核安保（nuclear security）在2010年前原译为"核保安"，其含义是防止人为的核攻击（包括利用放射性材料发动攻击）。与核安保相关的一个词汇称为"核安全"（nuclear safety），其含义是防止核事故。二者有一些关联以及共通之处，但是，防范对象的区别是明显的：前者防范人为攻击，后者防范事故。2010年华盛顿"核安全峰会"（Nuclear Security Summit）前后，以讨论核安保为主要内容的这次峰会被翻译成"核安全峰会"，这种翻译方法此后也被沿袭下来，主要由外交界与国际关系界使用。"nuclear security"被译作"核安全"的同时，"nuclear safety"被译作"核能安全"。字面上这种区别是清楚的，但是逻辑上有一些问题，原因是核能设施存在着防范恐怖袭击的任务而核武器也需要防范事故。2010年后，中国国家原子能机构与国际原子能机构沟通的结果是："nuclear security"改译为"核安保"；"nuclear safety"继续译为"核安全"。因此，从纵向和横向两个视角来看，总共存在着三种翻译方法。这三种翻译方法的使用时间和使用者整理如导言表1-1所示。

导言表1-1　两组词汇的翻译

英文词汇	工业界2010年前	工业界2010年后	外交界及国际关系界
nuclear security	核保安	核安保	核安全
nuclear safety	核安全	核安全	核能安全

本书作者来自不同部门，在不同部门未能就两个词汇的翻译达成一致之前，本书也难以简单统一。更为重要的是，本书很多评述和引用所涉及的原文及语境中，三套翻译方法都存在，并都有权威性，无法按照一种翻译方法简单统一起来。好在本书基本不讨论防范核事故的问题。除非专门指出，本书中不管使用核保安、核安保、核安全这三词汇中的哪一个，均是指如何防范核恐怖袭击，即nuclear security。

第二节 课题研究的过程与进展

早在2005年夏，中国国际战略研究基金会对外政策研究中心即酝酿对"非国家行为体的核扩散"开展研究，以期未雨绸缪，着眼未来，积极参与和推动国内对这一新问题、新挑战的研究，促进相关国际交流与合作。

2006年年初，研究中心课题组成立，中国国际战略研究基金会对外政策研究中心主任张沱生与中国现代国际关系研究院院长助理（现为副院长）杨明杰担任课题共同主持人。课题组成员由中国社会科学院、中国工程物理研究院、中国现代国际关系研究院、清华大学和中国国际战略研究基金会的专家学者组成，并聘请有关部门领导担任课题顾问。

本课题研究旨在全面探讨非国家行为体在核扩散领域的活动范围、行为模式，及其可能对国际核不扩散机制及国际社会造成的威胁；考察国际社会对于这一挑战所采取的各种应对措施；介绍中国政府对于非国家行为体核扩散问题的基本看法、立场和采取的行动；并就加强防控非国家行为体核扩散，特别是核恐怖主义提出建议。课题的研究方式主要为资料搜集与分析、采访有关职能部门、召开内部研讨会、进行对外学术交流等。

在资料搜集和分析方面，我们主要采取了三种做法：一是分工合作，互通有无，以网络为媒介，建立起高效率的互动机制；二是充分利用相关单位的人才资源和基础研究优势，广泛涉猎英语、日语、法语、德语、俄语文献，以最大限度地占有资料；三是在对资料研读分析的基础上，课题组成员按照具体分工，制定出研究和论文撰写提纲。经过艰辛努力，课题组通过互联网、数据库、外国书籍与报纸杂志，搜集到了较为丰富的资料，克服了资料匮乏的困难，为课题研究的开展奠定了坚实的基础。

在国内采访与调研方面，课题组采取"走出去、请进来"的方式，对涉及防扩散与反恐事务的政府主管部门以及企事业单位的一些人员进行了采访。先是了解他们对这一问题的总体看法，在形成初步研究成果后，又再次征求他们的意见。国内采访与调研对于我们理论联系实际，提高研究质量，深化研究成果，发挥了十分积极的作用。

在开展国内研讨和学术交流方面，围绕研究工作，课题组先后召开了多次包括课题组成员、顾问及其他专家学者在内的座谈会、研讨会，对研究材料、基本观点反复讨论，对课题组成员的阶段性研究成果以及最终成稿进行了认真的修改、完善与评审。

对外交流则通过与国外研究机构共同举办的一系列国际研讨会来进行。如在中国国际战略研究基金会与美方智库多次联合举办的"中美战略核关系与战略互信"第二轨道对话和与英方共同举办的"核政策、核军控与不扩散"研讨会中，在北京应用物理与计算数学研究所"科学与国家安全项目"和中国现代国际关系研究院与外方多次联合举办的"PIIC"国际安全研讨会中，在中国军控与裁军协会分别与伦敦战略研究所及瑞典斯德哥尔摩国际和平研究所联合举办的"核安全问题"研讨会及清华大学军控研究项目与英方联合举办的"核军控与核不扩散"研讨会中，核安全问题都是研讨题目之一。此外，课题组成员还利用出访和接待来访外国专家学者的机会广泛开展相关学术交流。这些对外交流对于加强与深化研究起到了不可或缺的重要作用。

本课题的前期研究（2006~2007年）得到美国麦克阿瑟基金会的资助。在此期间，课题组在搜集材料、建立研究框架、形成基本观点方面取得了积极的进展，初步完成了6篇论文和1份研究报告。2007年底，此项研究列入国家社科基金研究项目。此后，经过课题组成员的共同努力，研究又有了长足进展，并最终形成了现在的研究成果。

第三节　本书各章的主要内容

全书由五章及附录组成。

第一章为"非国家行为体的核扩散和核恐怖威胁"。本章通过对非国家行为体出现的历史背景、非国家行为体的构成、非国家行为体对核不扩散机制的挑战、恐怖主义组织获取核武器的方式（包括手段、技术特征、可能使用的核材料、核装置等）以及核恐怖主义的活动方式与威胁程度等进行研究，勾勒出了非国家行为体核扩散和核恐怖主义威胁的总体画面，对于读者提高对核恐怖主义威胁的认识，加强对核安全重要性与迫切性的了解很有帮助，同时还具有警醒与启迪的作用。

第二章为"防控非国家行为体核扩散：国家层次的对策"。本章主要讨论美国等国在国内采取的各种防控措施，认为只有从源头着手，才能有效防控非国家行为体的核扩散。文中除对源头防控的诸多方面进行重点讨论外，还论及增进国家间合作、建立第二道防线和为可能出现的核恐怖主义灾难做好准备等问题。本章资料丰富，涉及问题广泛，对主要核大国尤其是美国采取的国家对策有详尽叙述，对于我国加强国内防控具有重要的借鉴作用。

第三章为"防控非国家行为体核扩散：社会层次的对策"。本章主要讨论军控团体和企业在防扩散方面发挥的作用。前者主要涉及从事军控研究的智库和反对核扩散的民间活动，后者聚焦处于防扩散第一线的涉核企业。研究表明，为有效防控非国家行为体的核扩散，不仅要靠政府的努力，还必须充分发挥社会力量，特别是让拥有逐利天性的企业担负起社会责任。本章对诸多军控团体所作的努力，对企业建立敏感物项出口内控机制的背景、动因及基本要素等，都有较好的分析与总结。

第四章为"防控非国家行为体核扩散：国际合作"。本章对国际社会防止非国家行为体核扩散的合作现状及面临的挑战进行评估，依次讨论了联合国的努力、国际原子能机构框架内的合作、美俄之间及八国集团的合作、美国主导提出的一系列多边合作倡议，以及2010年首次召开的核安全峰会的情况。在此基础上，对未来如何建立全球政治共识、完善法律框架、建立全球防范非国家行为体核扩散的合作机制提出了具体的建议。本章对国际合作现状的评估全面、深入，提出的建议富有前瞻性，对于我国有关职能部门制定政策、参加与推动国际合作具有重要的参考价值。

第五章为"中国学术界的认识及中国的政策"。本章主要介绍中国对非国家行为体核扩散的理论认识、对自身面临威胁的评估以及防控非国家行为体核扩散的政策与实践。文中指出，近年来随着中国对非国家行为体核扩散研究的发展和对其威胁认识的日趋统一、明确，中国的应对政策和实践均不断加强。这些实践涉及国内核安全与核安保监管、出口控制、应急管理及参与国际合作等诸多方面。中国正在对维护自身与世界的核安全作出积极贡献。最后，本章结论部分还对如何加强我国的核安全提出了一些建议。

为使本书具有较强的工具性，我们在书尾做了一个附录，将国际国内有关防控非国家行为体核扩散和加强核安全的一些重要文献材料编入，以便读者在阅读本书或进行研究时随时参阅。

第四节　需继续探讨的若干问题

本书只是对非国家行为体核扩散及核安全问题进行深入研究的一个起点。在书稿付梓时，我们认为还有许多值得继续探讨的问题，在此仅提出其中三点，希望读者在阅读时能共同加以思考。

第一，关于核安全（核安保）的定义与内涵。

正如本书第四章中所述，核安全问题是在20世纪70年代开始受到关注的。1979年国际原子能机构（IAEA）制订的《核材料实物保护公约》是早期与具体防范核扩散、核恐怖主义问题相关的一个最重要的国际公约。在此前后，联合国陆续通过的一些反对恐怖主义的决议也开始涉及核安全的问题，但当时这一问题尚不是联合国的主要关注点，国际组织也未对其作出明确的定义。20世纪90年代以来，日益猖獗的核走私及恐怖主义活动开始引起国际社会的高度关切，国际原子能机构于2005年对《核材料实物保护公约》进行了重要的修订。随后，为统一认识，其核安全咨询组对核安全作出了明确的定义："核安全是指对涉及核材料、其他放射性物质或与其相关设施的偷盗、破坏、非授权进入、非法转移及其他恶意行为的防范、探测和反应。"

应该讲，这是对核安全作出的一个相当严谨并较具权威性的定义，涉及的内容与国际原子能机构的职权范围相一致。但是，将这一定义与2004年联合国安理会通过的1540号决议、2005年联合国大会通过的《制止核恐怖主义行为国际公约》（两个文件的具体内容见本书附录）以及近年来一些国家、一些国际组织提出的加强核安全的相关倡议、政策相对照，我们认为，国际原子能机构对核安全所做的定义有进一步完善的必要。

例如，该定义主要关注的是核材料、放射性材料及相关设施的安全，却没有把核信息、核技术及核专家的安全包括在内，也未将核武器的安全包括在内。又如，对于核安全的主要防范对象，这一定义显得过于抽象、笼统。再如，定义中的"防范"、"探测"、"反应"三个词，是否能够完全涵盖建立国家核安全标准、程序和相关法律，以形成完备的核安全管理体系、监督体系、应急工作体系等防控措施，也值得进行进一步的研究与讨论。

2010年4月召开的华盛顿核安全峰会对于完善核安全的定义作出了积极贡献。峰会公报的第一条和第五条指出，"重申各国根据各自国际义务，对维护各自控制的所有核材料，包括核武器中使用的核材料，及核设施的有效安全以及对防止非国家行为者获取恶意使用此类材料所需的信息或技术负有根本责任；强调建立强有力的国家核安全立法和监管框架的重要性"，"支持将经修订的《核材料实物保护公约》和《制止核恐怖主义行为国际公约》等国际核安全文书的目标作为全球核安全体系的实质要素"。[①] 公报的论述显然有助于各国对核安全形成更全面、准确的理解，从而对国际社会共同维护核安全发挥重要的指导作用。

一个仍然悬而未决的问题是要不要把核武器安全明确包括在核安

[①] 《华盛顿核安全峰会公报》，新华网，2010年4月13日，http://news.xinhuanet.com/world/2010-04/14/c_1232954.htm。

全的定义之内。由于此问题过于敏感，现存多边机制往往采取回避态度，华盛顿核安全峰会公报对此亦未涉及。我们认为，在理论上应该明确将核武器安全包括在核安全定义之中；在实践中则宜坚持由拥有核武器的国家自己负责的原则，同时鼓励有关国家在自愿的基础上交流经验，开展合作。此外，从长远看，对于核武器的安全，国际社会也应考虑是否需要逐步建立起某种预防和应对极端情况的机制。

第二，关于对非国家行为体、特别是核恐怖主义威胁的认知。

对于这一威胁的认知应是一个持续深入探讨的问题。近两年来，随着国际形势的发展及某些事态的出现，我们对此似乎已经有了更多的感受。例如，随着网络安全问题日益突出，人们开始担心，是否有一天非国家行为体可能会利用网络技术对核国家的核武器、核设施指挥控制系统进行干扰与攻击，从而制造出多种可怕的前景。又如，2011年的日本大海啸造成了一场核危机，其危害程度之烈是国际社会始料未及的。这不禁使人想到，我们对核恐怖主义袭击核电站威胁程度的评估是否仍有些保守？再如，假如有一天恐怖组织真的掌握了一定的核攻击能力，在信息化的条件下，也许其仅仅利用现代信息技术散布核谣言、传播伪信息，就可能引发严重的社会混乱，其恐吓、胁迫、"不战而屈人之兵"的能力将大大提升。

那么，在当前及未来，世界各国究竟可能面临怎样的核恐怖主义威胁呢？就总体来说，我们有以下几点基本看法。

首先，世界上众多国家都面临着非国家行为体（恐怖主义组织是其中最危险的力量）核扩散的现实威胁，核国家及其他一些拥有较多核材料及民用核设施的国家将首当其冲。其中，核安全管理、监督机制及法律体系不健全的国家，或国内局势处于混乱状况的国家，因核安全能力薄弱，较易给非国家行为体的扩散行为以可乘之机。

其次，当前那些面临较大、较多恐怖主义威胁的国家，将来很可能也是面临较大、较多核恐怖主义威胁的国家。这些国家不仅包括一些国内冲突与社会矛盾严重、国家治理混乱的发展中国家，也包括一些既多又深地卷入地区冲突及频繁干涉他国内政的西方发达国家——自小布什政府起,美国明确把"恐怖主义与大规模杀伤性武器相结合"作为美国的头号安全威胁即充分表明了这一点。当然,恐怖主义包括核恐怖主义对各国的威胁不会一成不变,它可能随各国安全利益、对外关系及其内外安全形势的变化而变化。

最后,在核安全领域,虽然世界各国受到的直接威胁有较大不同,但在全球化的背景下,一国发生核恐怖袭击事件,其消极影响也会迅速向外扩展。而如果受到核恐怖主义袭击的是一个大国,其产生的消极政治、经济、安全影响将更为巨大。"9·11"事件后美国安全政策的调整就是一个最好的例子。如果有一天恐怖主义势力真的掌握了核武器,"核禁忌"将成为历史,地区与世界安全形势将发生巨变,所有国家都将受到严重威胁。

总之,核扩散(包括非国家行为体的核扩散)与恐怖主义已是世界上日益严重的安全威胁,核恐怖主义则是二者结合可能产生的最严重的后果。目前,核恐怖主义更多的还是一种潜在威胁和噩梦,但是,如果国际社会不能有效战胜核扩散与恐怖主义,核恐怖主义完全有可能成为国际社会的现实安全威胁。国际社会必须防患于未然。

第三,关于中国的核安全政策。

多年来,中国政府对核安全高度重视,在国家行动和国际合作方面都做出了巨大的努力,取得了重要的成果。正如胡锦涛主席在2010年核安全峰会上所指出:在国内,中国已经建立起较为完善的核安全法规和监管体系。在国际上,中国支持并严格履行现有核安全国际公约及联合国安理会相关决议(已经批准了《核材料实物保护公约》修订案,正在推动《制止核恐怖主义行为国际公约》的国内批约[①]),积极支持国际原子能机构的核安全工作,并同许多国家保持双边交流与合作(2008年的北京奥运会和2010年的上海世博会是两个合作范

[①] 中国已于2010年8月28日正式批准该条约。

例）；中国还积极向发展中国家提供核安全援助，而与有关国家合作在华建立核安全示范中心是中国在地区核安全合作方面的一项新的努力。①

然而，非国家行为体的核扩散和核恐怖主义是一项新的安全挑战，加强核安全是各国面临的一项新的重大任务。中国的核安全政策必须与时俱进，不断发展。我们在此提出几点不成熟的看法，希望引起必要的讨论，并对进一步加强与完善中国的核安全政策有所裨益。

首先，中国必须大力加强对核安全问题的研究和宣传，使之从国家少数职能部门高度关注的问题变为多数民众有所了解、各部门都积极关心的问题。这也是首届核安全峰会提出培育核安全文化的题中应有之义。中国是一个迅速上升的大国、一个核国家、一个正在大规模发展核电的国家。② 加强核安全的任务将会越来越沉重，在培育核安全文化、培养核安全人才以及发展核安全技术方面，任重道远，有大量工作要做。事实上，直到核安全峰会之前，除了相关职能部门外，中国各级政府、智库、企业、国际问题研究者（包括众多安全问题专家）以及广大民众，对此问题实在是了解不多，对应对核安全威胁缺少紧迫感。

其次，对于核安全形势特别是中国的核安全形势应有更准确、具体的威胁评估。至少到2010年，中国仍将核恐怖主义视为一种"潜在威胁"，③ 这与美国等一些国家将其视为最大安全威胁有较大的差别。这里有两个问题值得讨论：一是核恐怖主义对各国威胁程度的问题，二是核恐怖主义的总体威胁问题。就第一个问题来说，各国面临

---

① 参见《胡锦涛在核安全峰会上的讲话》，中国日报网，2010年4月14日。
② 2007年国务院批准了《核电中长期发展规划（2005～2020年）》，提出到2020年核电装机容量建成4000万千瓦、在建1800万千瓦的目标。目前，中国正在建设的百万千瓦级以上的反应堆有20余座，正准备开工建设的百万千瓦级以上的反应堆有10余座。按照积极的估计，到2020年我国拥有的反应堆数量和核电装机容量，都将排在世界的第二位，仅次于美国。参见《〈中国投资〉：三代核电自主化新征程》，核电新闻，核电之窗——中国电力网，2009年5月13日。
③ 参见《胡锦涛在核安全峰会上的讲话》，中国日报网，2010年4月14日。

的威胁显然有所不同，对某些国家来说，核恐怖主义已是严重的现实威胁，但对另外一些国家来说，则仍是较小的或潜在的威胁。那么对于中国来说，究竟是前者还是后者，需要随着形势的发展不断作出新的、准确的评估。就第二个问题来说，我们认为，虽然恐怖势力目前尚难以直接用核武器进行核攻击，但其在全球的核扩散活动和其破坏核设施、利用脏弹等进行攻击的可能已经构成现实威胁。因此，如果在总体上仍称之为"潜在威胁"恐怕就值得商榷。总之，对于核安全形势，特别是中国的核安全形势，一定要有客观、具体、动态的分析与判断，这对于确保核安全，战胜核恐怖主义至关重要。

再次，近两年来，有些国家提出，核安全应成为国际核不扩散机制的第四大支柱，我们认为这个建议是有参考意义的。事实上，在核安全峰会之后，这已是一个必然的发展趋势。核裁军、防止核扩散、和平利用核能及核安全是紧密相连的，要逐步改善当前的世界核秩序，直至在世界范围内全面彻底消除核武器，缺了哪一项也不成。在确保核不扩散、核裁军、和平利用核能三大支柱作用均衡发展的前提下，高度重视核安全，将是对国际核不扩散机制的有力加强与完善。鉴于核安全是一项新的国际议程，在今后一段时间内，对之给予较多的强调与重视是完全必要的。

最后，应准备采取多种手段应对核恐怖主义威胁。长期以来，中国一直强调应用和平手段实现防扩散目标。至少到目前为止，防止国家行为体的核扩散，坚持这样的政策是正确的，是符合现行国际法的。然而，面对核恐怖主义，虽然就消除其根源来讲，和平手段仍然极其重要，但在应对既成威胁时，采取非和平手段甚至是武力手段将难以避免。2001年9月联合国安理会通过的反恐决议明确提出，"必须根据《联合国宪章》以一切手段打击恐怖主义行为"。[①] "一切手段"中当然也包括武力手段。对于在未来应对国际核恐怖主义的直接威胁，中国应该怎样做，应该如何开展国际合作，我们仍然缺少前瞻性的研

---

① 联合国安理会第1373（2001）号决议。

究与准备，有关主管部门间的协调合作也亟待加强。与之相关的一个突出问题是如何对待美国主导的"防扩散安全倡议"（PSI）[①]。长期以来，中国虽然赞成倡议的防扩散原则和目标，但因其与现行国际法不接轨，因而一直对之持保留态度。在新形势下，国内有专家学者建议，中国应对PSI重新评估，争取与这一机制逐步开展某些合作，积极推动其改革，并最终加入PSI，使之成为阻止核扩散、加强核安全的重要国际机制。[②] 这一建议中含有不少积极进取、有见地的看法，值得讨论与重视。总之，面对日益增长的核恐怖主义威胁，中国必须着眼长远，对维护核安全努力中的某些非常敏感复杂的问题早做研究，未雨绸缪，争取主动。

其实，除了上述三个问题（即使在课题组中，对于这三个问题的认识也并非完全一致）外，值得继续研究的问题还有很多。提出这三个问题只是作为引子，以期引起更深入的探讨。非国家行为体核扩散及核安全不仅是新问题，而且是极具挑战性的问题，关系着中国与世界的和平与安全。对于这样一个重大问题，不仅国家职能部门要关心，学术研究界要关心，广大民众也要关心。这是我们的衷心希望。

[①] PSI于2003年由美国发起，是一个旨在在世界范围内阻止可疑国家或非国家行为体运输大规模杀伤性武器及其运载系统和相关材料的国际倡议。目前已有90多个国家参加，核心成员有20个。奥巴马上台后提出对其进行改革，争取使之成为"永久性国际机制"，但迄今无实质性进展。

[②] 参见余民才《对我国关于〈防扩散安全倡议〉立场之重新审视》，《法商研究》2009年第6期。

第一章
非国家行为体的核扩散和核恐怖威胁

《不扩散核武器条约》于1968年签订并于1970年生效。在此后相当长的时期内，在防止核扩散领域，人们所关注的核扩散主体是主权国家，国际社会的目光主要集中在美、俄、英、法、中五个核武器国家是否将核武器、核材料、核设备和核技术向无核武器国家扩散，以及印度、巴基斯坦、以色列、南非、巴西、阿根廷、伊拉克、利比亚、朝鲜和伊朗等国家的核武器计划的发展动向。尽管在20世纪90年代之前，非国家行为体的核扩散问题就已经存在，但规模较小且鲜为人知，没有引起国际社会的高度关注。① 但是，20世纪90年代后国际形势发生的重大变化及核扩散的新进展，使人们日益认识到，非国家行为体的核扩散已对国际核不扩散机制形成新的重大挑战，国际社会加强合作并采取有效措施以应对这一挑战已经迫在眉睫。

---

① 巴基斯坦核弹之父卡迪尔·汗对伊朗离心浓缩计划的帮助始于20世纪80年代后期。参见 Richard P. Cronin, K. Alan Kronstadt, and Sharon Squassoni, "Pakistan's Nuclear Proliferation Activities and the Recommendations of the 9/11 Commission: U.S. Policy Constraints and Options," *CRS Report for Congress*, May 24, 2005, p. 13。

本章主要就非国家行为体的构成、其对核不扩散机制的挑战、核恐怖主义的形式与威胁等进行分析与总结。

第一节 非国家行为体核扩散的威胁

1991年后，随着超级核大国苏联的解体，国际社会开始明确意识到非国家行为体核扩散问题的严重性。苏联拥有庞大的核武库，核武器数量最多时约达45000枚。① 其战略核武器分布在俄罗斯、白俄罗斯、乌克兰和哈萨克斯坦四个加盟共和国，战术核武器更分布在15个加盟共和国中的14个。它还拥有大量的核武器用裂变材料。据估计，约有200吨钚，800~1200吨高浓铀。② 如此数量庞大的核材料储藏在苏联境内的各个地方。苏联的核科学家和核技术人员的数量也非常多，参加核武器工作的人员高达10多万，其中掌握秘密信息的有1万~1.5万人，而掌握绝密信息的有2000~3000人。③

苏联解体前，其庞大的核武库、核材料和核技术受到严密的集中控制和管理。苏联解体后，它们随之分散到许多新独立的国家，而这些国家的经济又十分困难，社会秩序也不稳定。这使苏联地区很快成为非国家行为体进行核扩散所觊觎的对象，不断有核材料走私等令人担心的报道出现。这些报道加剧了人们的一种担心，即俄罗斯等国会出现核材料、核武器以及核科技人员流失的状况，特别是非国家行为体可能利用俄罗斯等国的困难，积极从事核扩散。面对上述情况，国际社会开始与俄罗斯等国政府合作，协助它们销毁部分核武器、稀释高浓铀、加强核武器和核材料的安全保障、重新安置核科技人员就业等。但是，这些措施并不能完全消除人们对非国家行为体在俄罗斯等

---

① 俄罗斯原子能部部长米哈伊洛夫（Victor Mikhailov）宣布在1986年苏联拥有45000枚核武器。参见 Graham T. Allison, *Avoiding Nuclear Anarchy: Containing the Threat of Loose Russian Nuclear Weapons and Fissile Material* (Boston: The MIT Press, 1996), p.176。
② Graham T. Allison, *Avoiding Nuclear Anarchy: Containing the Threat of Loose Russian Nuclear Weapons and Fissile Material*, p.21。
③ 朱明权：《核扩散：危险与防止》，上海科学技术文献出版社，1995，第153页。

国从事核扩散的担心。2003年，巴基斯坦核弹之父卡迪尔·汗全球核地下走私网络的曝光证明，越来越多的非国家行为体参与了核扩散，核扩散行为涉及的国家与地区也在不断扩大，非国家行为体在核扩散方面发挥了越来越大的作用，其核扩散活动已经成为国际社会面临的一个日益增长的威胁。

2001年的"9·11"事件进一步给国际社会敲响了警钟。恐怖分子大规模滥杀无辜以求取得轰动效应的做法不禁使人们想到，一旦他们获取核武器就可能毫不犹豫地使用核武器。这是因为，恐怖组织与主权国家不同，它们没有固定的居民、领土和政权，它们不担心在向强国甚至核武器国家进行核袭击后会遭到无法承受的报复性打击。因此，传统的核威慑对恐怖组织无法发挥作用，不能慑止它们使用核武器。有报道说，"基地"组织在"9·11"事件之前就试图获取核武器，在"9·11"之后则进一步加快了获取核武器的步伐。① 结果，在世界核交易市场上，除了存在企图发展核武器的主权国家需求方以外，又出现了非国家行为体恐怖主义组织需求方。市场的规律是有需求就有供给，需求方的增加有可能会刺激供应方的增加。有鉴于此，国际社会开始将更多的注意力集中到防止非国家行为体的核扩散方面，尤其是防止恐怖主义组织获取核武器。

第二节　非国家行为体的构成

国际关系行为体是指能够独立地参与国际事务并在其中发挥影响的政治实体。在当代国际社会中，存在着两大类国际关系行为体。一类是作为国际关系基本行为体的主权国家，一类是非国家行为体。② 非国家行为体是指国家以外能够独立地参与国际事务的实体，作为国际关系发展到一定历史阶段的产物，它是在以民族国家为中心的国际

---

① "Interview with Bin Laden：'World's Most Wanted Terrorist'," ABCNews.com，January 31, 2003，http：//more. abcnews. go. com/sections/world/DailyNews/transcript_ binladen1_ 990110. html.

② 张季良主编《国际关系学概论》，世界知识出版社，1990，第42页。

关系基础上产生的。① 在20世纪以前，国际关系研究中所关注的非国家行为体为数不多。进入20世纪以后，随着国家间的交往日益加深，国际政治经济关系的不断发展，交通工具和通信设备的不断改进，国际关系中的非国家行为体的作用逐渐被人们所认识。② 20世纪末至21世纪初，随着全球化和信息化的加速发展，非国家行为体的发展更是呈现出种类日益增多、数量急剧增长的趋势，其活动范围与影响已迅速扩及国际社会的各个领域。

涉及和卷入核扩散的非国家行为体只是其中的少数，主要包括某些个人、跨国公司和恐怖主义组织等，其数量不大，但却危害巨大。非国家行为体的核扩散主要表现在非法获取、生产和出售制造核武器所需的材料、设备和技术等方面。

一 个人

在核扩散领域，非国家行为体个人主要包括某些核科学家、核技术人员、商人和核走私分子等。他们为了牟取暴利不惜铤而走险出售核技术、核材料和核设备等，或者由于警惕性不高而被动卷入了一些核扩散行为。例如，核科学家卡迪尔·汗及其研究室的几个科学家从20世纪80年代到2002年间多次向伊朗、利比亚和朝鲜出售核技术。③ 居住在南非的前以色列军官阿舍·卡尼（Asher Karni）由于被怀疑向巴基斯坦出口美国的两用核技术于2004年1月在美国被捕。

二 跨国公司

无论是国家行为体还是非国家行为体的核扩散都有可能通过跨国公司来实现。跨国公司在核扩散中发挥着日益突出的作用。从核扩散

---

① 俞正梁：《当代国际关系导论》，复旦大学出版社，1996，第104页。
② 张季良主编《国际关系学概论》，世界知识出版社，1990，第48页。
③ Richard P. Cronin, "Pakistan's Nuclear Proliferation Activities and the Recommendations of the 9/11 Commission: U. S. Policy Constraints and Options," *CRS Report for Congress*, May 24, 2005, p. 12.

的角度来看，卷入核扩散的跨国公司主要包括两类：一类是核科学家和商人为易于出售核技术、核设备和核材料等而建立的跨国公司及公司链；另一类是图谋发展核武器的国家为易于获取核技术、核设备和核材料等而建立的跨国公司及采购网。例如，卡迪尔·汗核走私网络曾利用马来西亚的斯科米精密工程公司生产离心机的部件，利用在欧洲、中东和非洲的网络购买其他部件，利用在阿拉伯联合酋长国迪拜的SMB计算机公司作为幌子公司等。阿舍·卡尼曾利用在美国、南非、阿拉伯联合酋长国和巴基斯坦的公司链转让美国出口控制清单上的核两用物品。为了易于获取与大规模杀伤性武器有关的技术和部件，伊拉克曾建立了由200多个幌子公司组成的采购网，其中的一些公司仅被用来交易一次。与伊拉克相同，南非的核武器计划也曾有一个遍及整个世界的供应方网络，如利博尔德·赫雷尤斯在1990年前曾向伊拉克、巴基斯坦和伊朗供应铀浓缩设备的部件。①

三 恐怖主义组织

目前世界上存在许多恐怖主义组织，但有能力并计划获取核武器的主要还是那些规模较大、组织较严和财力较为雄厚的恐怖主义组织，本·拉登领导下的"基地"组织即为其中一例。本·拉登一直宣称获取大规模杀伤性武器是一项宗教任务。② 早在1993年，"基地"组织间谍贾马尔·阿迈德·阿尔－法德尔（Jamal Ahmad al-Fadl）就试图设法在苏丹购买核武器用高浓铀。他在法庭受审时详细描述了这次购买计划。2001年10月，保护俄罗斯核武器的一位部队司令报告，恐怖主义组织两次在俄罗斯核武器储存地进行侦查。俄罗斯官方报纸随后证实了这些事件。③ "基地"组织间谍多次企图购买能够制造核武器

---

① James A. Russell, "Peering into the Abyss: Non-State Actors and the 2016 Proliferation Environment," *Nonproliferation Review*, Vol. 13, November 2006.
② "Interview with Bin Laden: 'World's Most Wanted Terrorist'," ABCNews.com, January 31, 2003, http://more.abcnews.go.com/sections/world/DailyNews/transcript_ binladen1_ 990110.html.
③ Matthew Bunn, Anthony Wier, and John P. Holdren, "Controlling Nuclear Warheads and Materials: A Report Card and Action Plan, March 2003," http://www.nti.org/cnwm

的核材料，他们还一直试图招募核武器科学家。在阿富汗的"基地"组织营地，发现了大量下载的有关核武器的资料。显而易见，"基地"组织十分渴望获取核能力。① 美国核武器专家对"基地"组织的所有活动进行详细分析后得出如下结论：组织严密和财力充足的恐怖主义组织如果获取核材料就有可能制造粗糙的核装置。② 然而，令人担心的是，恐怖主义组织需要的核材料在世界许多地方可能不难获得，其原因是：高浓铀和钚的数量不仅非常巨大而且分布非常广泛，其中一些核材料缺少严密的保安措施；目前世界上尚没有确保现有核武器和核材料安全的具有法律约束力的国际标准；非国家行为体非法走私核材料和核技术的事件时有发生。"基地"组织发言人苏莱曼·阿布·盖斯（Sulaiman Abu Ghaith）一直主张，"基地"组织有权屠杀400万美国人——其中200万为儿童，作为美国和以色列给穆斯林带来死亡的报复。③ 据报道，一封被截获的"基地"组织信件中提到要对美国进行"广岛"式的核攻击。④

核扩散中的上述三类非国家行为体可能互相利用，从而进一步加大了核扩散的风险及其后果的严重性，增大了防扩散的难度。

第三节　非国家行为体的核扩散对国际核不扩散机制的挑战

在国际核不扩散机制形成之后的几十年间，该机制在防止国家行为体获取核武器方面发挥了重要作用，并取得了很大成功。核扩散的

---

① David Albright, Kathryn Buehler, and Holly Higgins, "Bin Laden and the Bomb," *Bulletin of Atomic Scientists*, January/February 2002; Mike Boecher and Ingrid Arnesen, "Al Qaeda Documents Outline Serious Weapons Program," *CNN*, January 25, 2002, http://www.isis-online.org/publications/terrorism/cnnstory.html.
② See Matthew Bunn, Anthony Wier, and John P. Holdren, "Controlling Nuclear Warheads and Materials: A Report Card and Action Plan, March 2003," http://www.nti.org/cnwm.
③ Al Qaeda and Nuclear Weapons, http://www.nti.org/e_research/cnwm/threat/demand.asp.
④ James Risen and Steven Engelberg, "Signs of Change in Terror Goals Went Unheeded," *The New York Times*, October 14, 2001.

速度和规模没有此前预想的那么快、那么大。当然，国际核不扩散机制在防止国家行为体发展核武器方面仍存在弱点。印度和巴基斯坦在1998年，朝鲜在2006年、2009年相继公开进行核试验，并自称为核武器国家。以色列拥有核武器已是公开的秘密。伊朗则是当前国际社会高度关切的又一个可能拥有核计划的国家。此外，伊拉克、利比亚等国也曾在和平利用核能的掩护下秘密发展核武器。因此，国际核不扩散机制仍然面临主权国家核扩散的传统威胁和挑战。但是，20世纪90年代后国际形势发生的重大变化及核扩散的新进展，已使人们日益认识到，非国家行为体的核扩散正在对国际核不扩散机制形成新的重大挑战，其主要表现在以下两个方面。

第一，原有国际核不扩散机制主要针对的核扩散对象是主权国家行为体，其措施难以有效防范非国家行为体的扩散行为。在过去的几十年里，国际核不扩散机制着眼于如何防止主权国家进行核扩散，这种情况的形成有其历史原因。核武器不同于其他武器，具有极大的杀伤力和毁灭性，理应受到拥有国的严格管制和高度保密。此外，发展核武器需要巨额资金，核技术也难以掌握。在这种情况下，人们以为，非国家行为体难以获取、出售和购买与核武器有关的材料、设备和技术等。因此，当时国际社会的重点是关注主权国家进行的核扩散。尽管后来也发现了非国家行为体的某些核扩散活动，但是由于其规模和数量较小以及其隐蔽性，非国家行为体的核扩散没有引起国际社会的高度重视。国际核不扩散机制从其基石——《不扩散核武器条约》到国际原子能机构保障监督制度和国际核出口控制制度，无不以防止主权国家进行核扩散为主。然而，随着核大国苏联的解体，"9·11"恐怖主义袭击事件的发生，卡迪尔·汗全球走私网络的曝光以及信息化条件下核技术的迅速传播[1]，非国家行为体的核扩散对国际安全的威胁日益被人们所认识。现有的国际核不扩散机制由于缺少防止非国家

---

[1] 科学技术与信息化的飞跃发展为非国家行为体的核扩散行为提供了便利。当前，核武器的原理和主要结构描述在许多公开的资料中都可以获得。因此，制造简易核爆炸装置的关键性障碍只剩下了获取核材料。

行为体核扩散的措施而面临严重挑战。

第二，国际核不扩散机制缺少统一的具有法律约束力的全球核安全标准。近年来，为确保核武器及相关材料安全，以免其落入非国家行为体特别是恐怖分子手中，国际社会做出了许多努力，并取得了一些积极进展。但是，国际社会至今尚未制定出一个具有法律约束力的全球核安全标准。各国的核安全标准参差不齐。由于经济条件的不同及对非国家行为体核扩散威胁重视程度的不同，各国在保护核武器、核材料安全以防止其被偷、被卖方面采用不同的标准。有些国家的核安全标准较高，而有些国家的核安全标准则较低。正因为如此，盗窃和出售核材料的事件时有发生。根据国际原子能机构非法走私数据库的报告，在1993~2005年期间，全球查明的非法走私核材料高浓铀和钚的事件即有16起。[①] 总之，《不扩散核武器条约》及其保障监督制度主要是防止缔约国将民用核能活动服务于军事目的，其重点并不在于防止核材料被盗方面。为切实加强核材料安全以防其落入恐怖分子手中，尽快制订具有法律约束力的全球核安全标准，已是国际社会迫在眉睫的任务。

第四节 恐怖主义组织获取核武器的方式

一 恐怖组织获得和制造核武器可能使用的手段

恐怖组织要获得核武器大致有两种可能的途径。一是偷盗和抢劫现有的核武器装置。这种偷盗和抢劫一般是利用管理上的松懈和不备，在库房和运输过程中进行。但是这种行为得逞的可能性不大，因为装配好的核装置通常都处于严密的守卫和监控之下。此外，大多数核装置往往装有多种保险装置和安全设计，需用特定的密码和程序才能打

---

① "Illicit Trafficking and Other Unauthorized Activities involving Nuclear and Radioactive Materials," IAEA ITDB Factsheet for 2005, http://www.iaea.or.at/NewsCenter/Features/RadSources/PDF/fact_figures2005.pdf.

开保险，否则，即使千方百计把炸药引爆了，也不会形成恐怖分子所希望的核爆。例如，美国的核武器有所谓"一点安全"的设计，即如果由于外部因素导致炸药中任意一点起爆，核装置产生的核爆威力大于 1.816 千克梯恩梯当量的概率小于百万分之一。① 所以，装配好的核装置即使爆炸，也不会产生正常核爆炸所具有的大部分杀伤效应。当然，在爆炸时会形成钚的微粒和气溶胶，其弥散在周围的环境里，会产生有害辐射污染，但污染将局限在很小的范围内。如果长期将核武器及其运载工具置于高度戒备的运行状态下，可能会增加核武器被盗的风险。冷战时期，美、苏为了避免对手先发制人的核打击，总是将部分核武器置于战斗值班状态，甚至是运行状态。例如，战略轰炸机带弹反复、长时间地飞行。在繁忙的空中运行中，有时会发生事故。1957 年 7 月 28 日，美国一架 C-124 飞机就在紧急情况下投弃过两枚核武器。② 这类情况可能给恐怖组织获取核武器以可乘之机。

恐怖组织获得核武器的另一个途径就是自己制造。一般认为，制造核武器有三大关键要素：一是掌握原理，二是设计构型，三是拥有足够的核材料。在当前核武器科学知识已经相当普及的情况下，制造一个原理简单、结构不复杂的原子弹（如枪法原子弹③）不需经过核试验也是有可能的。因此，武器级裂变材料的获取是现在恐怖分子制造核武器的关键因素。不管制造什么样的核武器，必须具备足够量的核材料。要生产核武器足够用的钚或铀，必须拥有核反应堆和（或）其他大量设备，一般的恐怖组织要秘密运行这些设备是不可能的。有国家背景的恐怖组织有可能具备生产核材料的能力，但由于生产设施庞大，工艺复杂，这样的设施不易隐藏，很容易被发现。所以，恐怖组织要拥有核材料，更可能采取的手段是设法走私或偷盗核材料。

---

① 《中国军事百科全书——军用核技术》，中国大百科全书出版社，2007，第 93 页。
② 丘克·汉森编著《美国核武器揭秘》，俞启宜等校译，国防工业出版社，1992，第 488 页。
③ 枪法原子弹是用炸药（或其他方式）产生的压力推动 2～3 块处于次临界状态的裂变材料迅速合拢成为超临界状态，并适时提供若干中子触发链式裂变反应，瞬时释放大量能量的原子弹，又称压拢型原子弹。见《中国军事百科全书——军用核技术》，第 57 页。

二 恐怖组织制造核武器可能具有的技术特征

制造核武器需要非常精巧的工艺和极其精密的技术，各国都对核武器的细致原理和设计方法严格保密。在没有核试验的情况下，没有核武器设计经验的国家或组织要想制造出精致的核武器有巨大的困难，甚至几乎是不可能的。

尽管早期的核裂变装置草图和基本原理在许多公开发表的文献中都有定性的描述，但制造核武器过程中关键的设计框图和说明书在各国都是严格保密的，即使是通过非法的途径，恐怖分子也很难直接获得制造核弹所需的全部相关资料和信息。准备这些图纸需要大量的人力、物力资源，需要涉及不同的专业和领域，比如物理学、化学、材料科学、中子学、高爆炸药相关技术、流体力学、电子学及其他多方面的技术知识。任何个人都不可能在有生之年掌握如此繁多的知识和技能。因此，设计和制造核武器只能由知识面相当广的一群人组成。这些人必须要有相应的科学技术和经验，还必须有投身这项工作的强烈愿望。

制造核武器必须有理论和实验的紧密结合，一些关键的实验和理论准备是制造核武器工作必不可少的。特别是在核材料的生产制备过程中，一些工艺处理是相当复杂的。例如，恐怖分子要从反应堆乏燃料中分离出钚，反应堆乏燃料的化学和机械处理就是一个复杂的工艺，必须要有专门的技术和设备。一些爆轰试验是核武器制造过程的关键步骤，需要有专业的队伍、专用的设备，要在专门的场地进行。

在核武器国家，核武器研制是一个庞大的系统工程，由理论设计、结构设计、实验模拟、加工工艺、诊断测量、核材料制备和核部件精密制造、其他非核部件精密制造、精密装配等系统工程构成。特别是核试验在核武器的发展中发挥着至关重要的作用。各国在克服核武器制造过程中的工艺难点时都有各自的诀窍，实际上没有任何两个国家的核武器能够做到完全相同。即使恐怖组织可能通过内部人员窃取核武器的蓝图，但由于高精的工艺需求和一些部件不易获得，他们要制成一个现代精致的核武器将具有极大的困难。

恐怖组织没有国家支持不可能具备上述条件，也不具备关键部件的加工制备能力。首先，它们不可能具备对核材料精细加工的能力，他们既没有胆量委托有精细加工能力的其他工厂去加工，也不可能组织队伍自己从头开始探索。所以，他们只能做到粗糙加工成型。再者，恐怖组织不可能具备进行隐蔽核试验的能力。美国的枪法原子弹尽管没有进行核试验就直接在战争中成功使用了，但美国在研制中进行了大量的爆轰试验，这一点恐怖组织也难以做到。至于核材料制备，则更是一个庞大的连续生产过程，除了盗窃或走私外，恐怖组织不可能自己制备。鉴于这些重大的条件限制，即使恐怖分子有能力制造核武器装置，也只可能是粗糙的核武器，更确切地说，是粗糙的核爆炸装置。

但是，恐怖组织制造的核装置，可以不同于核国家对核武器的要求，他们拥有核武器的目的与后者有显著不同，反映到核武器设计理念上，也形成了巨大的差别。核国家要求核武器有很高的综合性能，而恐怖组织则无需对核装置提出太多的安全性、可靠性要求，当量也可以在大范围变化或根本就没有严格要求。

鉴于上述分析，假定恐怖组织获得了足够的核材料，它们所能够制造的核装置可能具有下列特征。

第一，体积、重量较大。恐怖组织制造核装置的目的是制造恐慌和造成灾难，其运载工具不必是导弹、飞机，所以不必考虑装置的轻量化、小型化。一种可能的方法，是恐怖组织在大城市的中心租借一个大房间或租赁一条船，把偷窃或抢劫来的核材料或其他部件简单加工成型，就地制造、拼装出核爆炸装置。装配完毕后，采用定时或遥控的方法，在市中心或港口实施核爆炸。由于装配的核装置不必再行搬运，体积、重量大一些，将不构成严重问题。铀-235浓度大于20%时，可以用于制造原子弹。铀-235的浓度低于20%时，并非完全不能用于制造原子弹，但铀装量必须大幅度增加，还必须相应大幅度增加炸药的装量。按照这种思路制成的核装置将十分笨重。此外，即使恐怖组织获得了武器级核材料，由于制造工艺的限制以及缺少核试验的经验数据支持，其能够制造的核装置的尺寸和重量也会很大。

第二，结构极其简单。可以设想，面对工艺上的巨大困难，恐怖组织只能采用结构相对简单、工艺相对不复杂的方式来发展一种简易的核武器。在恐怖分子能够获得武器级铀的情况下，它们最有可能制造的是一种结构简单、效费比极差的低级枪法核爆炸装置。具有一定物理专业和炸药知识的技术人员就可承担这种核装置的设计工作。对枪法核爆炸装置，在获得足量武器级浓缩铀的情况下，设计与制造更简单。

钚材料中不可避免地含有钚-240，其自发裂变产生的中子较多，因而用钚材料制造的枪法原子弹过早点火的概率相当高，这使原子弹的威力下降。由于这样产生的原子弹的威力有相当大的不确定性，在专业核武器设计中，钚材料不宜用来制作枪法核武器。但恐怖组织在制造核武器时却不会太关注核武器威力的不确定性问题。在他们看来，即使核装置的威力下降，只要仍然可以产生足够严重的后果与影响，即达到了目的。因此，不能完全排除恐怖分子使用钚材料制造枪法核爆炸装置的可能性。

技术和知识更丰富的恐怖分子，还可能采用一种结构特别简单的内爆法原子弹构型来制造核装置。其原理是，在受到炸药的内爆压缩时，核材料的密度将有所提高，临界质量①所需的材料量将下降。制造这种核弹可以比制造枪法原子弹少用核材料。

第三，核爆炸威力至多在千吨级梯恩梯当量或者更低。恐怖组织掌握或制造的核装置的威力不会很大。氢弹的技术比原子弹复杂，更难于制造。此外，氢弹体积较大，有核国家看管严格，被偷盗的可能

---

① 临界质量是在一定条件下实现自持链式裂变反应所需的裂变材料的最小质量。临界质量与裂变材料的种类、几何形状及密度有关。裂变材料的密度越大，则临界质量越小。因此，可以用人工压缩的方法提高密度，使原先处于次临界状态的裂变材料达到临界甚至超临界状态，从而实现核爆炸。见《中国军事百科全书——军用核技术》，第21~22页。

性较小，因此，恐怖组织不大可能拥有威力在几十万吨至几千万吨梯恩梯当量的氢弹。

在粗糙核武器中，要提高威力，意味着使用更多的核材料。但恐怖组织获取核材料的途径非常有限，只能通过走私或窃取才能获取武器用的裂变材料。通过这样途径得来的核材料将极其昂贵。此外，还需考虑核材料加工过程中的损失，实际需要的裂变材料量往往比理论设计的要多，所以恐怖分子很难有充裕的核材料用于装配核装置。由于核武器国家对武器级裂变材料的监管很严，恐怖组织直接获得足够量的武器级核材料的可能性非常小，它们更多的将是从一些民用反应堆或研究堆的高浓铀燃料入手，以获取武器级核材料。现在发现的许多核走私活动已经证明了这一点。

恐怖组织可能掌握的制造粗糙核爆炸装置的原理本身也限制了其核弹的爆炸威力。粗糙核装置在装配过程中或不使用时，必须保持次临界状态，不能随心所欲地装入很多裂变材料。

核装置的爆炸威力与核武器设计的多项因素有关。恐怖组织不可能有非常多的实验和理论研究支持他们的核武器计划，在这些关键问题上不太容易获得最优化设计，核装置的威力不可避免地要下降。

粗糙核装置结构简单，核材料的利用效率较低，这样的核武器不会有非常高的威力。综合考虑各方面因素，国际上估计该类型核爆炸装置的威力大致不会超过千吨级的水平是有参考价值的。

三 恐怖组织制造核武器可能使用的核材料

铀-235是自然界中唯一天然存在的裂变材料。在天然铀中，铀-235含量只占其中的0.7%，其余部分是不易裂变的铀-238元素。理论和实验证明，天然铀是不能制造原子弹的，必须把铀-235分离出来，使铀-235的浓度达到一定的程度，才能引起中子的链式裂变反应，武器用裂变材料一般要把铀-235浓缩到90%以上。根据高浓铀的核物理特性，有足够量的浓缩度超过20%的高浓铀就可以制造核爆炸装置。在一些研究堆和海军动力堆中，燃料中铀-235的浓度就超过了

20%，有的高浓铀燃料浓度甚至达到80%以上。这样的铀经过一定的加工处理，就可以用来制造粗糙的核武器。钚也可以用于制造核爆炸装置。现在，世界上钚的存量越来越多，民用钚的存量已远远超过军用钚的存量。根据钚的不同用途，一般把钚-240 的浓度小于 6% 的钚定义为武器级钚，钚-240 的浓度大于 20% 的钚定义为反应堆级钚。[①]专家认为这些级别的钚都可以用来制造核爆炸装置。钚材料一般处于 α、β、γ、δ 等四个物理状态，δ 相钚的密度为 15.67 克/厘米^3，α 相钚的密度为 19.74 克/厘米^3，β 相钚的密度为 17.7 克/厘米^3，γ 相钚的密度为 17 克/厘米^3。武器级钚在各种物理相下的临界质量如表 1-1 所示。

表 1-1　武器级钚各物理相下的裸球临界质量 Mc（公斤）

	δ 相	α 相	β 相	γ 相
密度 ρ（克/厘米^3）	15.67	19.74	17.7	17.0
Mc（公斤）	17.0	10.7	13.3	14.46

各种钚的同位素在 δ 相和 α 相下的临界质量如表 1-2 所示。

表 1-2　钚的各种同位素的裸球临界质量 Mc（公斤）

单位：公斤

	^{239}Pu	^{240}Pu	^{241}Pu
α 相，密度 ρ = 19.74 g/cm^3	10.3	20.8	13.3
δ 相，密度 ρ = 15.67 g/cm^3	16.4	33.0	21.1

镎和镅也有较好的裂变特性，也可能被用于核爆炸装置。镎-237 和镅-241 是核反应堆中中子与铀经过一系列核反应产生的。它们的产额取决于反应堆的设计和反应堆燃耗深度等因素。对于铀-235 浓度为 3.3% 的反应堆，在 33000 兆瓦·日/吨铀的燃耗条件下，产镎量为

---

① 《中国军事百科全书——军用核技术》，第 25~26 页。

500～750克/吨铀,大体上为产钚量的5.6%。据估计,到2005年,全世界乏燃料中的镎和镅的总量将分别达到75吨和74吨。而且分离出的镎中只有镎-237一种同位素。在常态下,镎-237的密度为20.45克/厘米^3,镅-241的密度为13.67克/厘米^3。经过简单计算,临界质量如表1-3所示。

表1-3 镎-237和镅-241的临界质量

	密度(克/厘米^3)	临界质量(公斤)
镎-237	20.45	21.7
镅-241	13.67	53.5

仅从科学原理来看,镎-237的核性能比反应堆级钚(α相,密度为19.9克/厘米^3)略差,但要好于铀-235。镅-241的核性能与铀相差不大。如果有足够量的这两种材料,它们也可能成为恐怖组织谋取的对象。

钚具有极强的化学毒性,5微克即可达到致死剂量,如被撒于江湖中会造成重大放射性污染并对人的生命造成严重威胁,某些放射性同位素物质也会对人体有极大的损伤,如钋-210。

四 浓缩铀是恐怖组织制造核武器最可能使用的材料

制造核武器的最简单方式,是把几块高浓铀聚合在一起,达到高超临界,这也就是"枪法"核武器。这种方法看起来粗糙,但原理简单,制作方便,是恐怖分子最可能采取的核恐怖形式之一。

当今世界范围内有大约1850吨高浓铀,在民用领域,有100多个民用设施在研究堆中使用高浓铀,这些反应堆在医疗卫生、工业生产和其他领域发挥着重要作用。这些反应堆中大多数使用的是丰度(或浓缩度)90%以上的高浓铀。这些高浓铀的存在为恐怖组织获取核材料提供了主要的潜在来源。

在从前使用高浓铀的反应堆中,目前许多反应堆已经转化为使用丰度（或浓缩度）20%或20%以下的低浓铀，这样做降低了核恐怖主义的威胁，但却没有完全杜绝这种威胁。

下面，我们分析一下什么样浓缩度的铀可以被用来制造核爆炸装置。

要成为核爆炸装置材料必须要达到临界。[①]

可以计算出铀-235丰度在5%以下时，不可能达到临界，因此，这种丰度以下的铀不能制造核爆炸装置。

如果铀-235的丰度在100%，裸球铀的临界质量约50公斤，在10%的铀-235的丰度时，裸球铀的临界质量是3808公斤，即制造裸球的枪式爆炸装置至少需要大于3.8吨这种丰度的铀材料。

反射层可以有效降低临界质量，我们考虑在20厘米厚铀-238反射层时，纯铀-235球的临界质量约为15公斤。

计算表明，在有反射层的情况下，如果浓度为20%时，制成核爆炸装置最少需要333公斤的20%丰度的浓缩铀才能达到临界。在10%的铀-235丰度时，需要2157公斤。

采用内爆型的设计，技术相对复杂，考虑到要有足够厚的反射层低浓铀的压缩度所需的炸药重量，估计用20%丰度的铀做成内爆形的核装置，其总重量也得在3吨左右。

理论上讲，如果恐怖组织拥有数吨的10%以上丰度的铀金属，就有可能制造核爆炸装置；如采用内爆式设计，需要的材料还会略少一些。

通过分析可以看出，对于铀-235丰度在5%~20%的低浓铀，只有达到很大数量，才可以制成核爆炸装置。尽管这类铀不属于武器用裂变材料，但是它们广泛存在于民用反应堆中，对其管理相对松懈。我们也必须要有足够的警惕，防止足够量的这类材料落入恐怖组织手中。

---

① 临界指裂变物质系统满足临界条件，即每次裂变释放的中子平均有一个中子继续诱发裂变，从而维持自持链式反应。见阮可强等著《核临界安全》，原子能出版社，2001，第14页。

第五节 恐怖主义组织实施核恐怖活动的方式

核恐怖主义是指恐怖组织、恐怖分子使用核武器、核爆炸装置及利用放射性物质、核材料所具有的现实的和潜在的危害,制造恐怖效应以达到其政治目的的活动。具体而言,核恐怖活动主要有以下四种类型。

一 偷窃和爆炸核武器

偷窃核武器并使其爆炸是核恐怖活动的一种极端形式,数十万人可能在爆炸的瞬间死亡,数百亿财富顷刻消失,放射性除污需要数年并要耗费大量的钱财。放射性物质造成的人员危害将持续数十年。核武器爆炸的严重后果从广岛和长崎原子弹爆炸事件中可以看出,而当代核弹的威力更非昔日的核弹所能相比。当然,发生这种事件的概率很小,因为相对于常规武器的管理,核武器国家对核武器的管理要严密得多,核武器失窃的概率一般会很低。但由于其后果特别严重,这种核恐怖主义活动仍应该引起高度重视。

二 利用偷盗、走私、购买等手段得到核材料,并用得到的核材料制造和爆炸核装置

恐怖主义分子通过偷盗、走私、购买等非法渠道获取核材料后,在一定条件下,是可以用得到的核材料制造和爆炸核装置的。恐怖主义分子制造的核装置一般会比较粗糙,但是,却可以形成一定威力的核爆炸,如果在城市等人口密集地区实施爆炸的话,会造成巨大的危害。

原子弹爆炸时产生的强大冲击波在空气、水和土壤中传播,能在极大的空间内杀伤人员和破坏建筑物,是重要的杀伤破坏因素。冲击波在空气中传播时,将产生压缩、稀疏和位移的作用,与楼房及其他建筑物相互作用时会产生崩塌和物体迸射。在冲击波超压为83820帕

时,玻璃碎片可以使人重伤或致死,造成50%的致死概率。在实际情况下,由于城市的建筑结构几何特征复杂,实际伤害的半径要比表中所列的大。表1-4列出不同的原子弹当量下,冲击波超压为83820帕的作用距离。

表1-4 冲击波超压造成50%致死概率时的作用距离

威力(吨)	超压作用距离(米)	威力(吨)	超压作用距离(米)
10	60	1000	275
100	130	10000	590

资料来源:潘自强、陈竹舟等译《涉及放射性物质的恐怖事件管理》,原子能出版社,2002,第21页。

原子弹中的铀或钚在极短的时间内发生裂变,释放大量的能量,在原子弹的中心温度可能达到几千万摄氏度。火球以热辐射的形式释放出大量的能量,基本上所有被物体吸收的热辐射能都用来提高物质的温度,温度增高造成伤害,甚至引起物质的起火燃烧。通常认为,人体受到33.494焦耳/厘米^{2}热辐射时将有50%的致死概率。表1-5为热辐射大于33.494焦耳/厘米^{2}的作用距离。

表1-5 热辐射造成50%的致死概率作用距离

威力(吨)	50%的致死概率作用距离(米)	威力(吨)	50%的致死概率作用距离(米)
10	60	1000	610
100	200	10000	1800

在原子弹爆炸的同时还会发射出核辐射。它们由中子、γ射线、β射线和少量的α射线组成。绝大部分中子和一部分γ射线是在裂变过程发射出来的,还有一部分γ射线是在各种次级核衰变过程中产生的,β射线是在裂变产物衰变时发射出来的。一般认为,4戈瑞是无医疗条件下50%的致死概率的吸收剂量值。表1-6为初始核辐射所致吸收剂量大于4戈瑞的范围。

表1-6 初始核辐射所致吸收剂量大于4戈瑞的范围

威力(吨)	初始核辐射所致吸收剂量大于4戈瑞的范围(米)
10	250
100	460
1000	790
10000	1200

原子弹爆炸还会产生剩余核辐射,它是在爆炸一分钟之后释放出来的,由裂变产物和中子与周边介质发生的活化反应所引起。

三 攻击和抢劫核动力厂和其他核设施,产生大量的放射性泄漏[①]

攻击核电站和其他核设施是核恐怖活动的另一种形式。攻击核电站的形式有五类:(1)直接攻击电站核安全相关设施,造成大量放射性物质的泄漏;(2)通过核电站的内部人员进行破坏;(3)窃取核电站的乏燃料制造恐怖活动;(4)袭击核电站核安全的相关功能设施,造成核电站的停机停堆;(5)袭击常规设施。

核电站的安全壳设施在设计中考虑了抗撞击能力的问题,一般小型飞机的撞击,不会导致反应堆安全壳的破损。如果大型飞机或导弹攻击,将可能击破反应堆冷却系统,造成堆芯失水导致燃料过热而熔化,引起堆芯熔融物的喷发,大量放射性物质通过安全壳破口泄漏。

恐怖分子可能通过内部人员对核电站进行破坏,一旦得手,造成的危害可能大于一般的外部攻击。但现在的反应堆安全设计比较完善,可以很好地控制事故的发展,危害后果将是可控的,一般不会导致大规模放射性物质泄漏事故。

乏燃料一般储存在水下,外来的爆炸对燃料的包壳影响有限,但由于储存的放射性物质量很大,如发生燃料包壳大量破损的事故,也将产生严重的后果。

---

① 潘自强:《核与辐射恐怖事件管理》,科学出版社,2005,第29~30页。

后处理厂、金属氧化物（MOX）元件厂以及高放废物储存库一般在地下，针对高放废液储存装置的恐怖活动可能会导致放射性废液直接向江河排放，产生严重后果。

袭击核电站核安全的相关功能设施，可能造成核电站停机停堆。反应堆长期和暂时停堆会造成巨大的经济损失和社会心理影响，特别是如果伴随发生严重的放射性物质泄漏事故，将会产生大范围的和长期的人身伤害。

袭击核电站的常规设施会造成一定的经济损失，但一般不会造成放射性物质外泄。然而，由于核电站总是与不可见的放射性释放有关，因此，即使是其常规设施受到袭击，也很容易造成负面的社会、政治及心理影响。

除了核电站等动力堆外，不少国家还拥有研究用反应堆。一般研究堆的燃料量少，但反应堆的安全标准差异很大，管理和保卫工作相对薄弱，有些离大城市较近，因此，也有可能成为恐怖分子攻击的目标。

四 散布非法获得的放射性材料

核恐怖主义活动的另一种形式是放射性脏弹。它制造简单，任何反应堆制造的辐射材料样品和反应堆的乏燃料不需经任何化学处理就可以用于这一武器的制造。

恐怖分子较易获得的材料是放射源。废放射源储存库是密封放射源集中放置的地方，一般位于远离城市的偏远地区，安全保卫的力量比较薄弱，易于成为恐怖分子盗窃的目标。恐怖分子偷窃到放射源后，可以与常规炸药混合制成"脏弹"，也可以直接将其散布到人员密集区以制造放射性恐怖事件，使部分人员受到照射，导致急性放射病，严重时甚至可造成人员死亡。

在人口稠密地区进行放射性脏弹袭击将会产生巨大的社会混乱，公众的人身健康可能受到放射性照射而长期受到损害，商业活动和其他社会活动将不得不停止，由于公众对辐射知识的缺乏还会产生大量的心理和社会问题,许许多多的人会把各种疾病归咎于脏弹袭击,从而产生更大的恐慌。

值得特别指出的是,尽管核恐怖活动发生的概率比常规恐怖活动的概率小,但核恐怖的危险在与日俱增,而且一旦发生将危害极大。美国"9·11"事件后,国际原子能机构在对威胁重新评估的基础上提出了新的全球核恐怖主义威胁警告,指出这种非常规的威胁需要有非常规的响应。①

---

① 潘自强:《核与辐射恐怖事件管理》,第22页。

第二章
防控非国家行为体核扩散：
国家层次的对策

传统的军控和防扩散体系均假定主权国家是从事核扩散的主要力量，非国家行为体在核扩散中所扮演的角色以及如何应对非国家行为体从事核扩散并没有被重点纳入传统法律框架或者国际制度安排。现在，非国家行为体涉足核扩散的威胁逐渐得到国际社会的重视，并有可能成为未来防扩散的主要目标之一。要想有效地遏阻非国家行为体从事核扩散活动，至少要从两个方面着手：一是在国家层面加强防范措施，从源头上加以防控；二是加强国际合作，建立比较完备的制度安排。本章主要讨论一般意义上各国如何在国家层次上采取防控非国家行为体核扩散的对策。

本章所涉及的国家主要是拥有或能够生产核武器、核反应堆核材料或先进核技术设备的国家，这些国家均有可能成为非国家行为体购买、窃取核材料、核技术设备以及核武器，劫持或者攻击核电站制造核恐怖的目标。

第一节 加强对核材料、核武器的实物保护

非国家行为体从事核扩散主要表现为购买、窃取核材料或者核武

器，尤其是走私核材料。已有研究表明，一旦非国家行为体获得了武器级核材料，制造一枚粗糙核弹所需要的技术问题并不难解决。要从源头上防范，首先是加强对核武器、核材料的安全保护，深度削减核武库并减少裂变材料的库存，防止非国家行为体直接或者间接获得核武器或者裂变材料。

在非国家行为体染指核扩散的威胁评估中，可能性较小但后果最为严重的威胁是窃取并引爆完整的核武器。[①] 一般而言，核弹头大致处于生产、运送、存储、部署、整修或者拆解等几种状态。无论处于何种状态，核弹头都有可能成为非国家行为体的目标。非国家行为体，尤其是恐怖组织，可能通过内外勾结武装夺取或者偷窃获取核弹头。核武器的分散部署、长期处于战斗值班状态等都会加剧失窃的危险，核武器国家的内乱也可能为非国家行为体提供可乘之机。不论是《不扩散核武器条约》所认可的核国家，还是其他已经获得核武器的国家，均要对核武器进行严格保护。一般情况下，绝大部分国家的核弹头都得到了较好的安全保护，能够有效防止非国家行为体接触这些核武器，但是，其安全措施仍需要进一步加强。

加强弹头安全，包括加强弹头存放或者部署地点的安全保护以及加强弹头在运输、转移过程中的安全保护。核弹头存放或者部署地点的安全保护包括加强弹头外围的安全，例如，在弹头存放或者部署地点外部建立安全围墙，安装各种探测器、报警器等。对于那些能够直接靠近或者接触核武器的人员要加强训练，提高其可靠性，防止他们与外界犯罪集团或者恐怖分子接触，防止内外勾结窃取核武器。门禁系统中安装放射剂量仪，向专职守卫军事力量提供专门的装备、训练协助、通信装备以及后勤支持，增强其保护核武器的能力以及防止外部人员接近核武器的能力。训练守卫人员的应急以及应变能力（如一旦在核武器部署或者存放地点出现突发事件的处置能力，一旦出现与

[①] Charles D. Ferguson, William C. Potter, with Amy Sands, Leonard S. Spector, and Fred L. Wehling, *The Four Faces of Nuclear Terrorism* (Monterey: The Center for Nonproliferation Studies, Monterey Institute of International Studies, 2004), p. 3.

外部侵入人员发生交火及相应的支援能力等），这对处于社会转型期的国家尤其重要。① 20 世纪 90 年代以来，社会转型以及安全形势的变化曾经对一些国家的核材料、核武器安全产生过某些消极影响，一些国家曾经出现恐怖分子涉核的犯罪活动。例如，据报道并经俄罗斯高官确认，在 2001~2002 年间，曾经发生了四起涉及恐怖分子对俄罗斯核弹头存放设施进行侦察的事件，其中两起针对核弹头存放设施，两起针对核弹头运输火车。也有研究表明，应该对类似"别斯兰事件"的恐怖袭击对核设施的可能威胁予以高度重视。在"别斯兰事件"中，32 名全副武装的自杀性恐怖分子，未经示警即发起精心策划的袭击。② 在核武器的储存方面加强安全同等重要。2008 年 5 月 23 日，在怀俄明州夏延（Cheyenne）以东 64 公里处的一座"民兵-3"型洲际导弹发射井发生火灾，大火燃烧一两个小时后自行熄灭，但这场火灾在五天后才被发现。③

加强弹头运输安全，是指将核弹头或者核武器运输到集中存放地点或者运往销毁地点过程中的安全保护。主要有以下两项内容。一是确保在运输过程中所使用的弹头集装箱自身的安全性能。这些弹头容器或者集装箱必须是一种特殊装置，能够经受住弹道导弹的攻击，能够防火，以及应付其他非正常事态。二是确保运输车在运输过程中的安全保护。运输过程中应该能够处置意外事件并降低对核弹头安全的消极影响。为此，必须不断完善应对意外事件的预案和加强应对紧急事态的军事行动能力等。前述发生在俄罗斯的两起针对核弹头运输火车的事件表明，恐怖分子已经考虑在核弹头运输过程中染指核武器。

---

① Tony Wesolowsky, "Russia: Nuclear Security Poses Challenges," *Radio Free Europe/Radio Liberty*, November 8, 2001, 转引自 Alistair Millar, "The Pressing Need for Tactical Nuclear Weapons Control," *Arms Control Today*, May 2002, pp. 10 - 13.

② Matthew Bunn and Anthony Wier, *Securing the Bomb* 2005: *The New Global Imperatives* (Cambridge, Mass. and Washington, D. C.: Project on Managing the Atom, Harvard University, and Nuclear Threat Initiatives, May 2005), pp. 12 - 13.

③ "Air Force: Nuke Missile Silo Fire Went Undetected," the Associated Press, October 30, 2008, http://www.iht.com/articles/ap/2008/10/30/america/NA - US - Missile - Silo - Fire. php.

俄罗斯高级军官在1996年曾经承认，俄罗斯的核武器在运输过程中存在被犯罪集团或者恐怖分子窃取的风险。① 减少此类风险最有效的办法，是将核弹头集中存放，减少运输。核武器的运输还包括战斗值班状态下的核武器转移、演习等。在核武器运输过程中管理不善的两个最新例子是：2007年8月30日，美国的一架B-52轰炸机误挂6枚装有核弹头的巡航导弹飞越数州，在美国上空滞留3小时之久，多道检查程序居然均未发现这个错误。② 2008年3月底，美国国防部召开新闻发布会，承认一年半前曾将4枚用于起爆"民兵"洲际导弹的引信当做台湾订购的直升机电池运到台湾。这4枚引信于2005年3月从怀俄明州的沃伦空军基地（Warren Air Force Base）运往犹他州的希尔空军基地（Hill Air Force Base）存放，但这4枚引信却在2006年秋天被运到台湾。美国军方自己都不能解释为何每年进行四次的库存盘点都没能发现这4枚引信已经被运出。③ 虽然美国国防部长盖茨辩称这些导弹引信不含任何核物质，而且事件并非有意而为，但这并不能缓解各国对美国存在核安全疏漏而造成扩散风险的担心。上面提到的近来发生在美国的两起涉核武器事故，说明了加强核武器运输安全是何等的重要。

《不扩散核武器条约》所定义的五个核国家由于发展核武器的历史比较长，均已获得了较为丰富的核弹头安保经验，美俄之间还进行了一些建设性的双边合作，以通过经验分享、技术支持甚至财政支持加强对核弹头的管控。对于另外一些事实上已经拥有核武器的国家，特别是那些存在较大恐怖分子袭击风险或者已经出现恐怖分子渗透的国家来说，加强保护核武器安全的努力则尤其重要。目前，美国已开始同其中一些国家开展某些有限的合作。

---

① Alistair Millar, "The Pressing Need for Tactical Nuclear Weapons Control," *Arms Control Today*, May 2002, pp. 10 – 13.
② 详见 The Associated Press, "Flight of Nuclear Warheads Over U. S. Is Under Inquiry," *The New York Times*, September 6, 2007.
③ Thom Shanker, "U. S. Sent Missile Parts to Taiwan in Error," March 26, 2008, http：//www.nytimes.com/2008/03/26/world/asia/26military.html?_r=1.

处于战斗值班状态中的核弹头同样存在风险,因为搭载在轰炸机上的核武器有可能因为操作不当或者机械故障而掉落,而落下的核武器完全有可能被恐怖分子获得。类似事故已经发生过多起。以美国为例,1956年3月10日,一架B-47轰炸机携带2枚核弹芯从佛罗里达的一个空军基地飞往地中海,途中飞机连同机组人员全部失踪。1957年7月28日,一架C-124运输机在运送2枚不带裂变芯的核弹飞往特拉华州多佛空军基地的途中出现机械故障,将两枚核弹投入大西洋。1958年2月5日,携带1枚不带裂变芯的核武器的一架B-47与一架F-86战机相撞,轰炸机着陆不成功之后将核武器投入佐治亚州的萨凡纳河,后续的搜寻工作到4月16日结束,但最终没能找到这枚核武器。1966年1月17日,一架B-52轰炸机携带4枚氢弹与KC-135空中加油机在西班牙的帕罗艾利斯(Paloares)相撞,其中1枚氢弹落入地中海。搜寻工作花费了80天,动员了3000多名海军战士、33艘海军舰艇,直到4月17日才打捞上来。类似的事故还有很多,据《新闻周刊》报道,当年,新上任的肯尼迪总统曾被告知:二战以来已经有60多起涉及核武器的事故。[①] 核弹一旦遗失并且被恐怖分子寻获,其严重后果可想而知。冷战虽然已经结束,美俄仍然在进行这种携带实弹的飞行或者演习,要减少因此产生的事故,降低相应的风险,美俄应降低处于部署状态的核武器的戒备状态,尽可能减少乃至停止携带实弹的演习或者飞行,从而减少核弹遗失而让恐怖分子获得的可能性。[②]

降低核武器失窃风险的一个重要办法是尽快削减美俄两国庞大的核武器库,尤其是战术核武器。目前,所有涉及核武器限制或者削减的条约或者协议均不覆盖战术核武器,美俄到底有多少战术核武器也不得而知。而战术核武器可能是最容易被恐怖组织盯上的

[①] Jaya Tiwari and Cleve J. Gray, "US Nuclear Weapons Accident," http://www.cdi.org/issues/nukeaccidents/accidents.htm.

[②] Li Bin and Liu Zhiwei, "The Contribution of Arms Control to Fighting Nuclear Terrorism," *Disarmament Forum*, No. 2, 2003, p. 18.

目标。

战术核武器体积小，便于携带、运输、转移和前沿部署（甚至部署在一些受恐怖分子活动影响的地区），通常与常规武器部署相关联，并且不一定有准许行动装置（Permissive Action Link，PAL）。因此，对战术核武器的控制远不如对战略核武器的控制严格。此外，某些核国家还在考虑发展新型的战术核武器及将其用于战场，这些都构成了比较严重的扩散威胁。[1]

涉及战术核武器的唯一非正式协议，是1991年9月和10月由当时美苏的最高领导人布什和戈尔巴乔夫分别发表的内容类似的单方面声明。苏联解体后，叶利钦重申了戈尔巴乔夫的声明。[2] 但是，这个单方面声明并不具备约束力，很多内容不透明，进展状态如何，全凭双方各自的表述。据估计，目前美国的战术核武器库中仍约有150至200枚B-61核弹部署欧洲。[3] 苏联在冷战期间也曾经部署了18000件战术核武器。[4] 虽然美俄在冷战结束后都削减了战术核武器，但两国仍然在欧洲及其他地方部署有战术核武器，这些战术核武器极容易成为非国家行为体特别是恐怖分子的目标。

美国有必要将部署在欧洲的战术核武器全部撤回并销毁，并且停止研发小型核武器。俄罗斯也有必要将其部署的战术核武器全部退出

---

[1] Nikolai Sokov, "Tactical Nuclear Weapons," *Issue Brief*, May 2002, http：//www.nti.org/e_research/e3_10a.html.

[2] 老布什总统于1991年9月17日表示美国将消除一整类的陆基战术核武器，并将所有核武器从水面舰艇和攻击潜艇上移除。戈尔巴乔夫于10月5日做出回应，承诺将把所有类别的核武器从部署状态转移到"中央存放设施"，同时维持一半的空基核武器的部署，消除三分之一到二分之一的移除部署状态的核武器。后来，叶利钦将这种承诺作了进一步扩展，包括消除所有的陆军的战术核武器、三分之一的海军战术核武器、二分之一的空军战术核武器、二分之一的所有防空战术核武器。

[3] Robert S. Norris and Hans M. Kristensen, "US tactical nuclear weapons in Europe, 2011," *Bulletin of the Atomic Scientists*, Vol. 67, No. 1, p. 64.

[4] Alistair Millar, "The Pressing Need for Tactical Nuclear Weapons Control," *Arms Control Today*, May 2002, pp. 10-13；Oliver Meier, "An End to U.S. Tactical Nuclear Weapons in Europe？" *Arms Control Today*, July/August 2006, http：//www.armscontrol.org/act/2006_07-08/NewsAnalysis.asp.

军事使命,集中存放并销毁,从而更有效地防范恐怖分子窃取这些危险的核武器。

无论是战略核武器还是战术核武器,只要核武器存在,它们扩散到非国家行为体中的风险也就存在。作为拥有庞大核武库的美俄两国,除了执行以前达成的战略武器限制或者削减条约之外(包括2010年4月美俄签署的《新削减战略武器条约》,即New START Treaty),还应该切实谈判战术核武器的削减和销毁,并继续就战略武器的削减进行谈判,逐步降低核武库的规模,以降低核武器扩散的风险。

完整的核武器扩散危害极大,但可能性相对较小,而核材料扩散的可能性要大一些,其潜在危害也较大。"一个组织严密而且又有活动经费的恐怖团伙能够制造出一枚粗糙的核武器,但它首先必须能够获得足够的浓缩铀或分离钚作为核弹的燃料。"① 恐怖组织不太可能自己进行铀浓缩或者钚分离,但它们可以通过窃取或者购买的方式获取这些材料,因此,加强核材料的保护、控制和衡算(Material Protection, Control & Accounting, MPC&A),对于防范恐怖组织染指核材料至关重要。据国际裂变材料委员会发布的报告,截至2011年,全球高浓铀存量约为1440±125吨,有核武器国家持有其中98%高浓铀,美俄拥有高浓铀全球存量中的绝大部分;全球分离钚的存量为495±10吨。不仅裂变材料的库存惊人,而且全球库存呈现继续增长的趋势。② 另据其他统计,世界上已知拥有高浓铀的国家和地区已达到46个(参见表2-1)。此外,还有很多国家拥有军用或者民用分离钚(参见表2-2)。

---

① George Perkovich et al., *Universal Compliance: A Strategy for Nuclear Security* (Washington D. C.: Carnegie Endowment for International Peace, 2005), p. 83. 传统上获取裂变材料的途径,是通过发展浓缩铀的能力或者分离钚的能力,这些做法对非国家行为体来说是极不可行的,即使非国家行为体能够克服这些困难,浓缩铀或者分离钚的活动也很难隐藏得住而不被发现。Philipp C. Bleek, "*Project Vinca: Lessons for Securing Civil Nuclear Material Stockpiles,*" The Nonproliferation Review, Fall-Winter 2003, p. 2.

② International Panel on Fissile Materials, *Global Fissile Material Report 2011: Nuclear Weapon and Fissile Material Stockpiles and Production*, http://fissilematerials.org/library/gfmr11.pdf, pp. 2-3.

表 2-1　已知 46 个国家和地区拥有可用于武器的铀

阿根廷、德国、拉脱维亚、南非、澳大利亚、加纳、利比亚、韩国、奥地利、希腊、墨西哥、叙利亚、白俄罗斯、匈牙利、荷兰、意大利、比利时、印度、朝鲜、土耳其、保加利亚、俄罗斯、巴基斯坦、乌克兰、加拿大、伊朗、秘鲁、英国、智利、以色列、波兰、美国、中国、越南、葡萄牙、法国、日本、牙买加、罗马尼亚、丹麦、印度尼西亚、中国台湾、哈萨克斯坦、捷克共和国、乌兹别克斯坦、塞尔维亚

注：此表数据转引自卡内基国际和平基金会所做的一份报告。表中所列多数国家所拥有的铀来自美、苏（俄）的输出，这些铀作为燃料用于各国的反应堆。其中，朝鲜的情况略显特殊，2010 年底之前美国一直指称朝鲜进行铀浓缩，但朝鲜表示否认。2010 年 11 月，斯坦福大学核科学家赫克（Siegfried S. Hecker）博士访问朝鲜期间，朝鲜向他展示了一处新建的铀浓缩设施，并称朝鲜将为建设中的轻水反应堆生产低浓铀。详情请参阅赫克博士的报告 "A Return Trip to North Korea's Yongbyon Nuclear Complex," http：//iis - db. stanford. edu/pubs/23035/HeckerYongbyon. pdf.

资料来源：George Perkovich et al., *Universal Compliance*：*A Strategy for Nuclear Security* (Washington D. C.：Carnegie Endowment For International Peace, 2005), p. 87。

表 2-2　拥有军用或者民用分离钚的国家

俄罗斯、美国、法国、德国、日本、英国、意大利、印度、荷兰、朝鲜、巴基斯坦、中国、西班牙、瑞典、瑞士、以色列、比利时

注：此表所列的国家表示该国拥有分离钚，但这些分离钚有可能储存在对其民用乏燃料进行后处理的国家，如英国、法国和俄罗斯。

资料来源："Global Stocks of Nuclear Explosive Materials：Summary Tables and Charts," July 12, 2005, Revised September 7, 2005, http：//www. isis - online. org/global_ stocks/end2003/summary_ global_ stocks. pdf。

这些散布在众多国家和地区的核裂变材料如果得不到妥善的保护、控制和衡算，必将构成极大的扩散威胁，恐怖组织获得核材料的可能性将因此大大增加。

妥善管控核材料，首先是加强对核材料的实物保护。拥有核材料的各国应该建立严格的核材料保护措施，建立安全防范系统，根据核材料的质量、数量划分不同保护等级。对于存储核材料的固定场所，所有接触核材料的人员必须经过严格审查，不适宜的人员要及时另行安排，并定期检查核材料实物保护制度的落实情况。要有武装人员保卫和守护存储核材料的地点；出入需持有专门证件，严格控制非相关人员的出入；对守卫人员，要经过严格训练，配备必要的装备和器材，

使他们能够应对各种突发事态，防止对核材料的破坏、抢劫、盗窃行为。对核材料的存储场所，要建立可靠的实物保障，必须有保险库或者保险柜存储核材料；对所有库房或者容器，应该安装标示、封条以及便于识别破坏情况的设备，每日进行检查以免未经授权的移动；对库房实行"双人双锁"的制度。对核材料存储场所，应安装电子门禁系统、报警装置，建立闭路监视系统和探测外部人员闯入的设备，一旦出现紧急状态可以及时报警，并获得当地安全部门或者军队的支持。对材料测量设备要不断进行升级，实现计算机材料管理。对核材料的运输，也要加强保卫，运输前要制订运输保卫方案，严格办理交接手续，并安排专人负责武装押运；运输路线、时间、始发和到达地点须严格保密；运输途中要严格监视、检查安全状况，停车、中转或者交接均要有武装人员守护，途中发生破坏、盗窃或者抢劫事故时要立即报告，并迅速采取追回措施。

鉴于目前恐怖分子获取裂变材料的危险日益上升，拥有裂变材料的国家均要加强对核材料的安全保护，对目前存放裂变材料的设施进行迅速的安全升级，堵塞安全漏洞。如果没有能力在短期内对所有地点的存放设施实施安全升级，则有必要将分散的裂变材料进行集中存放，并相应加强集中存放地点的安全保护。

2006年7月，为了实现集中存放，俄罗斯在美国的协助下，将圣匹兹堡克雷洛夫舰船研究院（Krylov Shipbuilding Research Institute）的所有高浓铀库存转移到季米特洛夫格勒（Dimitrovgrad）的原子反应堆研究所（Research Institute of Atomic Reactors）。[①] 目前，美国也计划减少核设施的数量，将那些用于核武器和其他敏感用途的核材料集中到少数几个地点。具体计划包括从新墨西哥的洛斯·阿拉莫斯国家实验室和桑地亚脉冲反应堆（Pulse Reactor）设施中移走最为敏感的核材料，巩固田纳西设施中材料的储存，评估是否需要对加利福尼亚州的

---

① "NNSA Works with Russia to Remove Nuclear Material from Research Institute," July 13, 2006, http://www.nnsa.doe.gov/docs/newsreleases/2006/PR_2006-07-13_NA-06-26.htm.

劳伦斯·利弗莫尔国家实验室与防务相关的工作重新进行部署，以便从该设施中移出特殊的核材料等。① 2004年9月30日，美国国家核安全局（National Nuclear Security Administration）成功完成了第一次运输，将洛斯·阿拉莫斯国家实验室的核材料运往内华达实验场的设备装配厂（Device Assembly Facility）。集中存放可以降低安全保护的成本，提高安全保护的级别。

一般而言，裂变材料从用途上分为军用和民用，核国家两者都有，无核国家则仅有后者。不管是军用核材料还是民用核材料，都有必要提高保护标准，避免给恐怖分子以可乘之机。2007年11月，南非一处核设施曾遭到武装人员的袭击。2007年11月8日午夜，两组武装人员从两个方向袭击了南非佩林达巴的核反应堆和研究中心。该处核设施曾经是南非制造核武器的地方，现在存有的核材料仍足以制造25枚核弹。当时，两组人员同时袭击该处核设施，一组人员一度成功进入该设施的紧急控制中心，另一组人员则被阻挡在外。经与安全保卫人员短暂交火之后，这两组人员随即逃脱。8天后，三名嫌犯被抓获。② 这一案例表明，恐怖分子企图通过袭击某些民用核设施以获取核材料已是现实威胁，加强对民用核材料存放地点的防护亦至关重要。

此外，由于各国均有和平发展和利用核能的权利，并可能因此进行国际合作，这就带来了核材料的国际运输问题。为加强国际运输所涉及核材料的实物保护，各国均应该严格遵守1980年开放签署并于1987年2月8日生效的《核材料实物保护公约》，③ 以及2005年7月获得通过的《核材料实物保护公约修正案》。

---

① "Secretary of Energy Launches Initiatives to Bolster Security at Nuclear Facilities," May 7, 2004, http://www.doe.gov/news/1339.htm.
② Michael Wines, "Break-In at Nuclear Site Baffles South Africa," *The New York Times*, November 15, 2007; Micah Zenko, "A Nuclear Site Is Breached," *The Washington Post*, December 20, 2007, A29.
③ 该条约的具体内容，请参见《核材料实物保护公约》，http://www.caea.gov.cn/n602669/n602673/n602686/n607325/31783.html。

要妥善管控核材料，除了对核材料进行严格的实物保护之外，还必须建立核材料衡算制度。精确的核材料衡算系统是防止非国家行为体染指核扩散的有效措施。"没有一个单独的国际组织或者国家知道世界上有多少可用于核武器的核材料。有些国家甚至不知道自己核材料的精确库存。"① 拥有核材料的各国应该建立起比较精确的核材料衡算系统，其最理想的状态是所有拥有核物项的国家均能保持精确有效的衡算，在达到这一步之前，首先需要对所有武器级材料进行衡算。

一国国内所有持有核材料的机构，均应将核设施分成材料平衡区，按照核材料分类进行衡算，每个平衡区要有完整的账目，实行独立的材料衡算。建立核材料的实物盘存制度，对武器级核材料，每年至少要进行两次以上的实物盘存；盘存必须准确可靠，程序严格，做好记录和报告工作。所有持有核材料的机构，均应建立原始记录与报告制度，原始记录要清楚、准确、完整，并长期保持，以备查考，并且安排专人负责。核材料衡算的测量系统要完整、可靠、准确，能够提供有关核材料收发、库存、损失及材料平衡情况的准确数据，并进行误差分析。如果衡算不能实现合理误差下的平衡，就可能存在材料丢失、遭窃或者非法转移，必须对此进行及时的追查。② 如果核材料衡算的各种技术都达到最佳程度，那么，衡算的总体误差（称为MUF值）将大致与核材料总量成正比。生产的核材料总量越多，误差也会越大。有的误差是明确的，容易估计的；有的误差则只能粗略估计，例如留在生产设施管道里的量。令人担心的是，以MUF值的名义而表示无法计算清的量是否真实地反映了核材料的总量，如钚总量是10吨，MUF是2%，则在MUF值名下就有200kg，它们可制造50枚核弹！这会带来永久性的问题，也

---

① George Perkovich et al., *Universal Compliance: A Strategy for Nuclear Security* (Washington D. C.: Carnegie Endowment for International Peace, 2005), p. 86, p. 87, p. 108.
② 参阅国家核安全局、能源部、国防科学技术工业委员会编制《核材料管制条例实施细则》，1990年9月25日，http://www.caea.gov.cn。

就是说，人们可能永远无法知道世界上部分核材料是否得到了有效的保管与处理。

第二节 民用反应堆燃料的回收及堆型转换

目前，除了事实上拥有核武器的几个国家外，还有三十多个国家也拥有可用于核武器的浓缩铀或者钚，[①] 这些核材料主要来自冷战期间以及冷战后美、苏（俄）等核武器国家的输出。这些核材料主要用于研究、试验反应堆。虽然拥有核材料的这些国家未必有意发展核武器，但核材料的广泛分布加大了监管困难，容易被恐怖分子发现漏洞，增大了恐怖分子获取核材料的机会。

回收以前美、苏（俄）等核武器国家输出的高浓铀对防范恐怖主义染指核武器具有非常重要的意义。这是因为，第一，这些用于反应堆的高浓铀丰度很高，有一些已经达到了 90% 以上，可以直接用来制造核武器。第二，尚未在反应堆中使用的高浓铀放射性较小，处理人员本身受到辐射伤害的风险不大，而且在运输过程中不易探测。第三，这些研究反应堆的数量较多，分布较广。美国政府问责署（Government Accountability Office，GAO）2004 年 7 月的一份研究报告称，世界范围内的研究反应堆及其附属设施已有 802 处，其中 128 处设施拥有 20 公斤或者更多的高浓铀。[②] 第四，一些未经使用的高浓铀通常存储于研究反应堆附近，而对这些材料的保护比较薄弱。例如，一些核设施分布在大学校园，很难对其提供应对恐怖袭击的安全保护；很多研究堆建成较早，现在已经没有多少发展前景，拥有者忽视或者

[①] 参见 George Perkovich et al., *Universal Compliance: A Strategy for Nuclear Security* (Washington D. C.: Carnegie Endowment for International Peace, 2005), p. 87, p. 106。

[②] GAO, *Nuclear Nonproliferation: DOE Needs to Take Action to Further Reduce the Use of Weapons-Usable Uranium in Civilian Research Reactors*, GAO-04-807 (Washington, D. C.: July 2004), p. 28.

没有经济能力为其提供严格的安全保护措施。即使在"9·11"事件后的美国，对研究反应堆的安全保护状况亦令人担忧。① 上述研究反应堆及其核燃料的情况构成了极为严重的扩散威胁，回收这些反应堆拥有的高浓铀可以在很大程度上减少扩散源。此外，还应实现民用反应堆由使用高浓铀到使用低浓铀燃料元件的转换，这也是防控非国家行为体获取核材料的一项有效手段。

1953年12月8日，美国总统艾森豪威尔在联合国发表演说，敦促各国将原子能用于和平目的，他说："要动员专家们把原子能应用到农业、医疗以及其他和平活动的需要上。一个特别的目标是为世界上缺乏动力的地区提供大量电能。"② 《不扩散核武器条约》中第四条也规定："所有缔约国承诺促进并有权参加在最大可能范围内为和平利用核能而交换设备、材料和科学技术情报。有条件参加这种交换的各缔约国，还应单独地或会同其他国家或国际组织，在进一步发展为和平目的而应用核能方面，特别是在无核武器的各缔约国领土上发展为和平目的应用核能方面，进行合作以作出贡献，对于世界上发展中地区的需要应给予应有的考虑。"③ 在此前后，美国和苏联曾陆续向许多国家出口了一些民用反应堆并提供了高浓铀作为反应堆的燃料。目前有40多个国家的130多个研究反应堆仍在使用高浓铀作为燃料，而这些燃料的存放安全保护措施仍有待加强。有分析称，很多研究反应堆最多也就是有人守夜负责安全保护，反应堆附近有一些围墙；在一

---

① Matthew Bunn and Anthony Wier, *Securing the Bomb 2006* (Cambridge, Mass. and Washington, D. C.: Project on Managing the Atom, Harvard University, and Nuclear Threat Initiative, July 2006), p. 20. 美国广播公司在2005年对美国校园的25所大学的研究反应堆进行了一项为期四个月的调查，发现很多这些鲜为人知的反应堆安全保护存在严重问题：岗亭无人值守，大门没有上锁，值班人员睡觉，来访者在导游的带领下进入控制室，很多学校允许机动车接近反应堆等。详见 *Rhonda Schwartz, Jill Rackmill, Maddy Sauer,* "Exclusive: ABC Investigation Finds Gaping Lapses in Security at Nuclear Reactors," October 12, 2005, http://abcnews.go.com/Primetime/print?id=1206529。

② Dwight D. Eisenhower, "Atoms for Peace"（原子能为和平服务），http://www.usembassy-china.org.cn/infousa/living_doc/GB/atoms.htm。

③ 《不扩散核武器条约》第四条，*Treaty on The Non-Proliferation of Nuclear Weapons*, http://www.iaea.org/Publications/Documents/Infcircs/Others/infcirc140.pdf。

些设施中几乎没有武装人员的守护;部分设施中没有安装监控设备,也没有探测设备,如果有人携带核材料出入也可能不被发现;若干设施的安全状况很差,以至于可以看到乏燃料池中漂浮着死掉的老鼠。①面对民用核反应堆存在的严重安全隐患,国际社会采取的防范措施应该包括:输出国回收以前出口的高浓铀,关闭一些反应堆,将高浓铀稀释成低浓铀使用,以及进行堆型转换等。

冷战期间以及冷战后美、苏(俄)输出的民用反应堆燃料——高浓铀分布于多个国家,一些国家的研究堆和试验堆主要建在大学或者实验室,其安保措施不足以应对恐怖分子有组织的武装袭击,存放在这些反应堆附近的高浓铀构成了比较严重的扩散威胁。美国曾向41个国家出口了多达20000公斤浓缩铀,其中包括约5000公斤的高浓铀。苏联和俄罗斯则向17个国家出口了大约4000公斤高浓铀。②

应当指出的是,目前美俄回收高浓铀的行动大多局限于尚未使用的高浓铀,因为这是最为迫切的威胁。但除高浓铀外,散布于很多国家的研究堆还拥有众多含有高浓铀的乏燃料,这方面同样存在扩散威胁。美俄有必要加快这方面的合作,尽快回收含有高浓铀的乏燃料,确保最少的国家拥有高浓铀。因为这些高浓铀乏燃料通常在使用后仍然具有较高的丰度。对于目前尚不存在回收条件的国家所拥有的高浓铀乏燃料,当务之急是加强安全保护。

---

① Matthew Bunn, Anthony Wier, and John Holdren, *Controlling Nuclear Warheads and Materials*: *A Report Card and Action Plan* (Washington, D. C.: Nuclear Threat Initiative and the Project on Managing the Atom, Harvard University, March 2003), p. 13.

② Wade Boese, "Abraham Announces Nuclear Initiative," *Arms Control Today*, July/August 2004, http://www.armscontrol.org/act/2004_07-08/Abraham.asp. 需要指出的是,不同的机构和学者对相关数字的统计是不同的,也有研究认为,美国从1957年到1992年总共出口了用于研究反应堆燃料的高浓铀26吨;截至1993年1月,美国核管理委员会(US Nuclear Regulatory Commission)估计仍有51个国家持有17.5吨源自美国的高浓铀。1996年启动的回收项目覆盖了大约5.2吨源自美国的高浓铀;到2009年,回收这些高浓铀的计划仅完成一半;其余的将被运往法国进行后处理或者稀释,或者运往加拿大储存。回收项目未能覆盖的12.3吨高浓铀中,大约9.5吨将被运往法国或者德国处理。参见Frank von Hippel, "A Comprehensive Approach to Elimination of Highly-Enriched-Uranium from All Nuclear-Reactor Fuel Cycles," *Science and Global Security*, Vol. 12, 2004, p. 142.

与回收高浓铀相伴的重要问题,是加快那些使用高浓铀的研究反应堆的堆型转换,减少民用反应堆对高浓铀的依赖,使之成为使用低浓铀的堆型。据国际原子能机构的统计,全球有703座研究反应堆,其中230座研究反应堆仍在运行,其他则处于关闭、退役、在建等状态。[1]这些反应堆中的相当一部分,使用高浓铀作为燃料,并且储存有大量的高浓缩乏燃料。绝大多数使用高浓铀的反应堆燃料是由美、苏(俄)提供的,美国提供的浓缩铀丰度在90%以上,苏联提供的浓缩铀的丰度多为36%。[2] 由于高浓铀存在扩散的危险,美国早在1978年就开始启动了研究和试验反应堆降低浓度项目(Reduced Enrichment for Research and Test Reactors, RERTR),在最大程度上降低乃至消除高浓铀在民用反应堆中的使用。同年,苏联也启动了类似的项目,并改变了高浓铀的出口政策,用36%的高浓铀取代90%的高浓铀。但美、苏(俄)的这些项目均未取得多少进展,苏联的项目在20世纪80年代陷入停滞,冷战结束后也没有新的进展。

实现研究反应堆堆型的转换包括两项内容:一是生产堆型转换所需要的低浓铀,二是设法使该研究堆能够使用低浓铀燃料。2004年5月,美国启动"全球削减威胁倡议",加快了研究堆堆型转换的步伐,准备到2014年全部完成包括美国国内研究堆在内的106座研究和试验堆的堆型转换。2006年10月,美国完成了得克萨斯A&M大学(Texas A&M University,原译为德州农工大学)一座研究堆的堆型转换。苏联输出的民用反应堆的转换工作进展缓慢,2005年11月完成的捷克民用反应堆的堆型转换,是苏联提供的民用反应堆的第一次堆型转换。

堆型转换面临的障碍是多方面的。第一,要为那些不能使用现

---

[1] "Operational Status of Research Reactors," http://nucleus.iaea.org/RRDB/Reports/Container.aspx?Id=A1.

[2] Cristina Chuen, "Reducing the Risk of Nuclear Terrorism: Decreasing the Availability of HEU," May 6, 2005, http://cns.miis.edu/pubs/week/050506.htm.

有低浓铀的反应堆提供其可以使用的特殊低浓铀燃料，以便既不增加运营成本，也不明显降低反应堆的性能。第二，美俄等发达国家在转换自己国内的反应堆问题上进展缓慢，这不利于劝说其他国家进行研究和试验堆的转换。第三，堆型转换肯定要为反应堆的运营者带来一定的麻烦，如成本的增加和性能的降低等，这增加了堆型转换的阻力。第四，堆型转换需要资金，一些反应堆的拥有者如果没有外部的资金支持可能无力承担转换的费用。第五，一些低功率反应堆已经拥有了所需燃料，无需购买新燃料或处理乏燃料，这些反应堆的运营者缺少进行堆型转换的动力。第六，当前的堆型转换项目仅仅覆盖了一部分使用高浓铀的反应堆，还有另外一些使用高浓铀的反应堆尚未被纳入堆型转换计划，例如一些生产医用同位素的反应堆、俄罗斯的破冰船使用的反应堆以及美国海军动力反应堆等。①

回收高浓铀和含高浓铀的乏燃料与民用反应堆堆型转换相辅相成。为了降低核材料向非国家行为体扩散的危险，当前深度介入高浓铀、含高浓铀的乏燃料回收和堆型转换的美俄两国，均要坚持一个原则，即将回收高浓铀、含高浓铀的乏燃料与反应堆的拥有者承诺进行堆型转换相挂钩，对拥有民用反应堆的国家，如果他们不承诺进行堆型转换，将不再向其提供高浓铀，也不再回收含高浓铀的乏燃料。同时，各国均要有愿消除高浓铀在民用反应堆中的使用从而有效消除核材料扩散危险的政治意愿，并愿意承担为此付出的代价。美俄均需要对那些同意进行堆型转换的国家提供技术支持和资金支持，并为那些不情愿进行堆型转换的国家提供新的动力。最后，应该进一步扩大堆型转换的适用范围，真正实现在所有民用反应堆中消除高浓铀的使用。

对于一些已经存在30~40年的民用反应堆，其运行时间较长，或

---

① Matthew Bunn (Last updated by Matthew Bunn and Anthony Wier on January 12, 2004), *Securing Nuclear Warheads and Materials: Converting Research Reactors*, http://www.nti.org/e_research/cnwm/securing/convert.asp.

者已经没有太大用途,关闭并使之退役而非堆型转换可能是更好的选择。

第三节 裂变材料的管理

目前世界上高浓铀的库存惊人,在所有的高浓铀存量中,美俄所拥有的高浓铀占到了将近90%。有研究认为,苏联生产了1250±120吨丰度达90%的浓缩铀,美国大约生产了850吨高浓铀。[①] 除此之外,其他三个核国家也生产了数量不多的武器级铀;两个进行过核试验但不被承认的国家——印度、巴基斯坦,以及在核武器问题上持模糊政策的以色列,也存有一定量的武器级铀;已经进行过核试验的朝鲜于2010年底表明了具有生产浓缩铀的能力,但拥有多少量的浓缩铀仍不清楚;其他国家的高浓铀用于民用反应堆。巨量的高浓铀库存是潜在的扩散来源。要从源头上有效地消除扩散威胁,需要停止高浓铀的生产,加强铀浓缩设备的出口管制,加快稀释现有高浓铀库存的速度。

一 停止高浓铀的生产

随着技术进步,新型的高密度低浓铀燃料元件的发展正在逐步取得成功,这为民用反应堆实现堆型转换,由使用高浓铀转变为使用低浓铀创造了条件。同时,国际社会也在探讨建立有保障的核燃料供应的方案,以便解决各国民用反应堆低浓铀燃料供应的问题。[②] 如果高密度低浓铀燃料的技术难题及其供应的政治难题获得解决,全球民用反应堆堆型转换速度将大大加快。那些纯粹为了民用而发展核反应堆的国家将不再需求高浓铀,也没有必要再发展高浓铀生产能力。现有《不扩散核武器条约》的无核成员国已经承诺放弃发展核武器,国际

[①] International Panel on Fissile Materials, *Global Fissile Material Report 2010*: *Balancing the Books*, http://www.fissilematerials.org/ipfm/site_down/gfmr10.pdf, pp. 58, 30.

[②] George Perkovich et al., *Universal Compliance*: *A Strategy for Nuclear Security* (Washington D. C.: Carnegie Endowment for International Peace, 2005), pp. 95 – 97.

社会应通过充分协商，寻求一个切实可行且为各方普遍接受的方案，既促进防扩散目标，又有助于实现各国尤其是发展中国家和平利用核能的权利。但这将是很长远的目标，因为国际上有铀浓缩能力而不想放弃的国家很多，包括很多欧洲国家，这就为某些国家发展铀浓缩能力提供了借口。

二 加强铀浓缩设备的出口管制①

卡迪尔·汗地下核走私网络的曝光揭示了各国在出口管制方面存在的严重漏洞。2003年10月，一艘挂着德国国旗、驶往利比亚的货轮被拦截，检查后发现，货轮上有精密机床、铝管、分子泵以及其他能建造"P-2"型气体离心机的部件，这类离心机可用来将铀浓缩到制造核武器所需要的规格，卡迪尔·汗核走私网络的帷幕由此揭开。该网络从荷兰盗取离心机设计图纸，向英国谋取工程援助，从德国谋得真空泵，从西班牙谋得特殊车床，从意大利谋得熔炉，从土耳其谋得离心机马达和变频机，从南非和瑞士谋得浓缩部件，从新加坡谋得铝，从马来西亚谋得离心机部件。这一切全由设在迪拜的一个行政枢纽操纵运作。② 早在20世纪90年代初，第一次海湾战争后对伊拉克的调查即表明，伊拉克的大规模杀伤性武器能力不是来自走私和窃取，而是通过利用西方出口管制体系的漏洞，购买了这些武器的关键部件。这一事实表明：第一，恰恰是西方国家在技术与武器的关键部件上"武装"了伊拉克；第二，限制大规模杀伤性武器的国际出口管制体系是失败的。

就防范非国家行为体获取核能力而言，加强出口管制应是所有国

---

① 非国家行为体获取铀浓缩能力的可能性并非没有，特别是通过获得气体离心机来进行铀浓缩。气体离心机具有较多的优势，比如效率高、耗能少、易于隐藏、技术可靠等。详见 Sammy Salama and Lydia Hansell, "Companies Reported to Have Sold or Attempted to Sell Libya Gas Centrifuge Components," Issue Brief, March 2005, http://www.nti.org/e_research/e3_60a.html。
② 查尔斯·卢茨上校：《新出现的核扩散者：卡迪尔·汗与地下核市场》，《今日核等式》（美国外交政策日程，2005年3月），第15页。

家的共同责任。无论是涉嫌发展核武的国家还是非国家行为体,购买整套铀浓缩设备的可能性较小,它们更可能是通过"化整为零"的方式来获得铀浓缩能力。因此,加强与铀浓缩相关的军民两用品的出口管制尤其重要。

一个有效的出口管制体系应该包括以下几个方面的内容:政府制定政策规范出口管制并创造一个支持防扩散努力的环境;企业制订企业内部的履行机制以确保严格遵守政府政策;政府与企业进行合作,强化政策的执行力度。[1] 具体讲,政府应该制订明确的法律、法规,确定哪些与大规模杀伤性武器相关的物项是受到管制的,确定需要申请出口许可的控制清单,明确由哪些政府部门受理这些出口申请,制订内部的控制目标——对哪些国家的出口应受到限制或者禁止,建立专家库为涉及相关出口的事宜提供政策咨询,根据技术的进步及时调整受控物项清单,确定惩戒措施等。由于信息不对称或者沟通不到位,不少企业可能在无意识的情况下发生违背国家出口管制政策与法规的行为。因此,为强化敏感和两用物项的出口管制,企业建立内部履行机制亦非常重要。这种内部履行机制应包括一整套涉及敏感两用物项出口的程序,确保企业出口符合国家法律要求并遵守相应的政策法规,履行企业的出口政策。企业需要全面调查进口方的情况,在出口之前弄清敏感两用物项的"最终用途"(End-use)和"最终用户"(End-user)。为建立这样一个内部履行机制,企业需要同政府出口管理机构建立良好的合作关系,及时准确了解政府的出口管制法律、法规,建立内控机制(Internal Control Programs, ICP),将企业内部的相应程序标准化、制度化,对所有的订单进行甄别,对所有敏感出口交易建立连贯的、完整的记录和备案,对企业内部涉及出口的员工进行培训等。[2]

---

[1] "Key Elements of an Effective Export Control System," http://www.exportcontrols.org/key_elements.htm.

[2] "Key Elements of an Effective Export Control System," http://www.exportcontrols.org/key_elements.htm.

三 加快稀释现有高浓铀库存的速度

确保现有高浓铀库存不会增加是一个重要的努力方向，但即使做到了这一点，目前庞大的高浓铀库存仍是一个严重的扩散隐患。将高浓铀稀释成低浓铀则是消除这一隐患的一项主要而又便利的渠道。冷战时期，美苏因为军备竞赛，积累了大量的武器用裂变材料，并制造了巨量的核武器。冷战结束后，美俄拥有世界高浓铀库存的绝大部分，它们继续存留这些高浓铀既没有必要，也非常危险，因此，美俄稀释各自拥有的高浓铀是降低高浓铀库存的最重要的步骤。

在1990年至1991年期间，美俄已经开始讨论将核弹头中的核材料转化成铀燃料的问题。从1992年1月开始，美俄启动了长达18个月的谈判过程，确定美国购买俄罗斯的高浓铀。1993年2月，美俄签署协议，规定俄罗斯拆解核武器后取得的500吨高浓铀在稀释成低浓铀之后由美国购买，用作核电反应堆燃料。1995年6月，来自俄罗斯的低浓铀运抵美国。美俄高浓铀购买协议有益于鼓励俄罗斯降低高浓铀库存，有助于促进防扩散目标。截至2010年9月，美俄协议规定的500吨高浓铀其中400吨已经完成稀释。[①]

鉴于"9·11"事件后核恐怖主义的危险急剧增加，国际社会均担忧俄罗斯高浓铀所构成的扩散风险，曾多次呼吁美俄两国政府加快稀释进程，从每年稀释30吨提高到每年稀释60吨。1999年，美国能源部的材料保护、控制与衡算项目启动了材料合并与转换倡议（Materials Consolidation and Conversion Initiative，MCC），这一倡议旨在尽可能减少核材料的存储地点，不仅集中存放而且要将这些核材料稀释到19%的丰度。[②] 另外，俄罗斯还有大量的核潜艇高浓铀乏燃料。

---

① International Panel on Fissile Materials, *Global Fissile Material Report 2010: Balancing the Books*, http://www.fissilematerials.org/ipfm/site_down/gfmr10.pdf, p. 58.

② "Office of Material Consolidation and Civilian Sites," http://www.nnsa.doe.gov/na-20/mccs.shtml; Frank von Hippel, "A Comprehensive Approach to Elimination of Highly-Enriched-Uranium from All Nuclear-Reactor Fuel Cycles," *Science and Global Security*, Vol. 12, 2004, p. 141.

目前，美国、挪威、德国和日本正协助俄罗斯拆除这些核潜艇上的高浓铀乏燃料，准备将这些拆除的乏燃料运往玛雅克（Mayak）进行后处理，回收的高浓铀可作为新的海军燃料，或者在稀释成低浓铀后作为核电反应堆燃料。

当前，俄罗斯还在负责稀释另一部分高浓铀。根据美国、俄罗斯和国际原子能机构签署的协议，所有美国资助回收的源自俄罗斯的高浓铀以及高浓铀乏燃料均应运回俄罗斯进行稀释。这些高浓铀的大部分已经运回俄罗斯的季米特洛夫格勒市，并将在该地稀释成为反应堆低浓铀燃料。

美国也在进行高浓铀的稀释工作。1996年，美国政府宣布174.3吨的高浓铀属于过剩军事材料，这些高浓铀主要来自拆解的核弹头。迄今，美国浓缩公司（US Enrichment Corporation，USEC）共负责其中60.8吨高浓铀的稀释工作，这些稀释后的低浓铀将被用做核电反应堆燃料。1994年12月，美国能源部与美国浓缩公司签署协议，将13.2吨（最后实际达到14.2吨）平均丰度在75%的高浓铀交由USEC稀释成丰度低于5%的低浓铀。国际原子能机构于1997年12月开始监控这批高浓铀的稀释进程。1998年7月，第一批高浓铀稀释工作完成，14.2吨高浓铀被稀释成388吨丰度约为4%的低浓铀。1998年4月，美国能源部与USEC签署协议备忘录，将50吨（最终为46.6吨）丰度为40%的高浓铀交由USEC稀释。2006年9月，第二批46.6吨高浓铀被稀释成660吨低浓铀。[1] 另有39吨过剩高浓铀被运往田纳西流域管理局（Tennessee Valley Authority），经稀释后用于反应堆；还有10吨经稀释后用作研究反应堆燃料。根据计划，美国还将处理其他剩余高浓铀库存。[2]

---

[1] "Progress Report of US HEU Downblending Program: Nuclear Weapons Materials Converted to Electricity (As of September 2006)," http://www.usec.com/v2001_02/HTML/Megatons_DOEstatus.asp.

[2] "Disposing of Surplus U.S. Highly Enriched Uranium," http://www.nnsa.doe.gov/na-20/us_heu_dis.shtml.

2005年11月7日,在卡内基国际和平基金会主办的一次国际研讨会上,美国能源部部长博德曼宣布美国将在未来十年从现有高浓铀库存中留出200吨用于其他用途,其中160吨将用于海军舰船动力,20吨将被稀释成低浓铀用于民用核电反应堆、研究反应堆及相关的研究,20吨将被预留用于空间和目前仍在使用高浓铀的研究反应堆。[①]此前,博德曼还曾在9月26日的一个电视讲话中表示,美国将从以前宣布过剩的高浓铀中留出17吨,将其稀释成低浓铀后作为储备,以支持国际原子能机构的核燃料银行。[②] 虽然这17吨仍然属于174.3吨项下的高浓铀,但美国将其列为燃料银行储备仍有较为积极的意义,将有助于缓解一些有待进行堆型转换的国家对燃料供应的担心。

除了上述高浓铀稀释计划,美俄两国目前还没有其他降低高浓铀库存的举措。即使俄罗斯500吨高浓铀稀释工作完成,俄罗斯拥有的大量的库存仍然是潜在的威胁。鉴于恐怖主义威胁逐渐上升,而高浓铀库存依然庞大,有欧洲学者提出,基于美俄合作对俄罗斯过剩高浓铀稀释的经验,欧洲应该鼓励俄罗斯进一步稀释其高浓铀库存,以最快速度最有效地降低扩散危险。欧洲各国可以向俄罗斯提供稀释这些高浓铀的必要费用,经过稀释的浓缩铀由俄罗斯保管和拥有,并在国际监控的前提下储存。[③] 如果这一倡议能在未来付诸实施,美国也应该采取相应的稀释行动,进一步降低全球高浓铀的库存。

2010年4月12~13日,奥巴马政府在华盛顿主办了核安全峰会(Nuclear Security Summit),40多个国家的领导人参加了此次峰会,各国在会议公报中承诺,"需要针对高浓铀和已分离钚进行特殊防范,

---

[①] 笔者参加了本次会议,能源部长博德曼宣布的这个决定受到了来自四个大陆、12个国家的800多名与会者的热烈欢迎。"DOE to Remove 200 Metric Tons of Highly Enriched Uranium from U. S. Nuclear Weapons Stockpile," http://www.energy.gov/news/2617.htm.

[②] "U. S. Offers 17 Tons of HEU for IAEA Nuclear Fuel Bank," September 2005, http://www.nti.org/e_research/cnwm/overview/cnwm_home.asp.

[③] Morten Bremer Mærli and Lars van Dassen, "Eliminating Excessive Stocks of Highly Enriched Uranium," *Pugwash Issue Brief*, Vol. 3, No. 1, April 2005, pp. 7-9.

并同意在适当条件下推动与此类材料相关的安全、衡算与集中存放措施；鼓励在技术上和经济上可行的情况下将反应堆燃料从高浓铀改成低浓铀，并将高浓铀的使用减至最低"。① 一些国家在此次峰会期间表示将处理各自拥有的浓缩铀：智利承诺将18公斤高浓铀移走；乌克兰承诺在2012年核安全峰会之前将其拥有的所有高浓铀移走；墨西哥和越南承诺将研究反应堆转换成使用低浓铀。②

相对于高浓铀的处理，钚材料的处理存在较大的争议。目前尚无经济的办法处理过剩的钚。因此，为了解决钚材料生产、运输和储存过程中存在的安全风险，各国需谨慎考虑钚分离（后处理）的问题，甚至有必要考虑暂停后处理。如果暂停后处理，英、法、俄、日等国的后处理设施就须停止运作，这将带来大量的财政、技术和政治方面的争论，但相对于钚材料构成的严重威胁，这一措施仍值得各国认真考虑。有学者建议，暂停分离钚的倡议可以持续到现存库存降低到允许恢复生产的时候。目前使用混合氧化物燃料（MOX）的反应堆仍然可以继续使用钚库存，如果它们的钚库存不足时，它们可以使用包含钚的乏燃料从法国、俄罗斯或者美国换取等量的包含钚材料的新燃料，也可以使用美俄过剩的武器级钚材料。③ 据报道，五个有核国家目前均已在事实上停止了生产用于核武器的钚材料。根据美俄之间的协议，为了换取俄罗斯永久关闭仍在生产武器级钚材料的三座反应堆，美国将提供必要的支持，建设替代性的化石燃料能源工厂，因为这三座生产武器级钚材料的反应堆同时也为西伯利亚的两座城市——谢韦尔斯克（Seversk）和日列兹诺戈尔斯克（Zheleznogorsk）——提供供暖和电力，以及为生活在两座城市中的俄罗斯人提供就业机会。其他国家如英国、加拿大和荷兰也为关闭这

---

① "Communiqué of the Washington Nuclear Security Summit," April 13, 2010, http://www.whitehouse.gov/the-press-office/communiqu-washington-nuclear-security-summit.
② International Panel on Fissile Materials, *Global Fissile Material Report 2010: Balancing the Books*, http://www.fissilematerials.org/ipfm/site_down/gfmr10.pdf, p. 15.
③ George Perkovich et al., *Universal Compliance: A Strategy for Nuclear Security* (Washington D. C.: Carnegie Endowment For International Peace, 2005), p. 86, p. 87, p. 98.

三座反应堆提供了资金支持。[①] 暂停生产钚材料应该是过渡措施，长远来看，应研发新型的、更能防止核扩散的燃料循环，最终停止钚分离活动。

除应暂停以至最终停止钚分离活动外，对于防范核恐怖主义，降低现有钚材料库存同等具有重要的意义。1995年和1997年，美俄先后宣布各自有50吨钚属于过剩材料。2000年9月，美俄签署了《钚管理和处理协定》，宣布双方将各自处理34吨过剩军用钚。这些钚足以制造数千枚核武器。这些过剩的钚将被制成混合氧化物燃料在现有核反应堆中进行辐照，最终转化成不能轻易制造核武器的形态。[②] 这个处理过程将持续20年，但由于处理这批钚耗资不菲——俄罗斯大约需要20亿美元，美国需要38亿美元，处理的过程可能要延长。[③] 美俄目前仍然在拆解核武器，从而将会进一步增加钚库存。为了缓解由此造成的扩散威胁，美国协助俄罗斯在奥焦尔斯克（Ozersk）建设了一个较大的裂变材料储存设施，即玛雅克设施，计划在那里储存50吨从俄罗斯核弹头中拆解出来的钚材料。

目前拥有大量民用分离钚的国家主要是俄罗斯、美国、法国、英国、德国、日本，以及比利时和瑞士。在这些国家中，美俄正在进行钚材料处理，但进展缓慢。两国应该加快目前承诺的34吨钚材料的处理，同时妥善保护其钚库存。一种观点是英、法、德、日等国应停止或者暂时停止分离钚的活动，同时采取积极措施处理目前持有的大量钚库存，建议其他希望发展快堆和后处理能力的国家也要谨慎从事。只有这样，恐怖分子获取钚裂变材料的可能性才可能降低、减小。另一种观点是，核燃料是核能的"粮食"，不同核燃料循环的发展模式还会继续下去。

---

① "Elimination of Weapons Grade Plutonium Production (EWGPP)," http://www.nnsa.doe.gov/na-20/ewgpp.shtml.

② "Working with Russia to Dispose of Surplus Russian Plutonium," http://www.nnsa.doe.gov/na-20/rus_plut_dis.shtml.

③ Elena Sokova, "Plutonium Disposition," *Issue Brief*, July 2002, http://www.nti.org/e_research/e3_11a.html.

第四节　增进国家间合作

防范非国家行为体核扩散不能仅限于各国自身的力量，在较为广泛的、正式的国际合作成型之前，国家间互助性的合作非常必要。一些国家在防扩散方面起步早、经验丰富、设备先进、资金充足，这些国家有必要协助其他国家加强对核材料、核设施、核技术乃至核科学家的管控。在这个问题上，"他助"即是"自助"，非国家行为体从事核扩散的目的并非针对某一个国家，其威胁是一个跨国问题，有效应对这一威胁需要广泛、积极的合作。

国家间的合作可以有很多具体的内容。经验和技术丰富的国家可以协助其他国家培训专业人员、建立完善的出口管制体系、掌握海关和港口的探测方法、加强核材料的实体保护等。对于那些有必要完善防控系统但缺乏资金的国家，资金的支持非常重要。一些国家拥有资金、人员，但欠缺设备或者技术，相应的技术支持与合作可以弥补其不足。

冷战结束之初，美国投入了大量的财力、物力帮助苏联各加盟共和国防范核武器、核材料、核技术的扩散。这些国际合作为未来防范核扩散、加强核材料管控提供了可供参照的模式。美国与这些国家的合作主要有以下几个方面。

首先是帮助建立出口管制体系并进行人员培训。[①] 俄罗斯是主要帮助对象，乌克兰、白俄罗斯、哈萨克斯坦、格鲁吉亚等国也被纳入帮助范围。美国国内与出口管制相关的部门，如国务院、商务部、能源部、国防部、联邦调查局、美国海关，均参与了这些援助项目。国务院的"防扩散、反恐、排雷及相关项目"协助这些国家建立出口管

[①] 有关美国对苏联各加盟共和国出口管制方面的援助详见 Scott Parrish and Tamra Robinson, "Efforts to Strengthen Export Controls and Combat Illicit Trafficking and Brain Drain," *The Nonproliferation Review*, Spring 2000, pp. 113–115. 此段分析主要参阅了该文对此问题的总结。

制制度，同各国官员进行磋商，以协助各国那些从事敏感技术贸易的公司建立内部控制系统并进行人员培训；国务院的"防扩散和裁军基金"则负责举办培训班，并向商务部的援助项目提供资金。商务部以培训班、研讨班、研讨会等形式对亚美尼亚、格鲁吉亚、哈萨克斯坦、吉尔吉斯斯坦、塔吉克斯坦、土库曼斯坦、乌兹别克斯坦等国的从事出口管制事务的官员进行培训，培训的内容包括加强防扩散意识、出口管制体系评价、边界控制评价、出口管制法律法规、出口管制执法评价与训练、对出口商和官员进行守法培训等。商务部出口管理局的防扩散与出口管制项目负责商务部的援助和支持工作。商务部的援助工作主要集中在五个功能领域，包括法律和条例、许可证程序和实践、预防性执法机制、企业与政府关系、管理与制度自动控制。后来商务部又将重点放在对这些国家从事敏感物项出口的公司进行培训，帮助他们建立符合出口管制法律法规的内部制度。能源部的援助项目集中在核领域，包括政府对政府、实验室对实验室以及一些多边项目的合作，其主要对象国是俄罗斯、乌克兰、哈萨克斯坦以及白俄罗斯等。能源部的项目类似商务部，也主要在五个领域进行，包括协助建立许可证程序、建立并改进法律框架、利用技术专家、推进多边行为标准、提高企业和政府官员的出口管制意识等。为了便于这些国家负责出口管制的官员同美国同行进行沟通，能源部甚至资助了英语语言培训。

美国援助的另一项重要内容是培训俄罗斯等国边境人员并向其提供探测设备，以便加强这些国家对边境的控制，防止制造核装置及放射物质散布装置所必须材料的走私。能源部负责的这个援助项目被称为"二线防御"，旨在提供边界安全，主要针对俄罗斯边界中的六个地区，如俄哈边境地区、里海地区和远东边界地区等。目前，能源部已向俄等提供了固定设备和手持装备，训练相关人员使用这些设备，在俄罗斯和希腊安装了检测设备，并在东欧、高加索、波罗的海、地中海地区展开了类似行动。这些援助措施已经超出了苏联各加盟共和国的范围，对于防控核扩散很有帮助。能源部还向俄罗斯提供"售后服务",对这些设备进行维护和更换等。① 美国国防部、海关、联邦调查局的援助项目主要是通过培训提高执法人员、海关工作人员以及边境工作人员的素质,加强其执法能力,协助这些国家建立处理扩散问题的官方制度框架。

美国的另一项援助项目是协助这些国家防止核技术人才的流失,既防止他们被一些试图发展核武器的国家所雇用,也防止他们被恐怖组织所利用。为此,美国国务院先后于1993年和1995年建立了国际科学技术中心、乌克兰科学技术中心。中心建立后,苏联数个加盟共和国的许多核科学家成为中心的成员,他们在中心进行科学研究,将其技术能力转向民用、商用领域,用于和平目的。技术中心的建立,使许多核科学家得到资助,解决了生计问题,防止了智力流失,降低了核扩散的危险。能源部也在核领域开展了类似的援助项目。

加强对核武器和核材料的管控是防范非国家行为体从事核扩散的第一道防线。如果这一道防线出现了纰漏,第二道防线就至关重要了。第二道防线的主旨是对已获取了核装置或者核材料的非国家行为体进行阻止、探测、追踪,乃至拦截。

加强"第二道防线"尤其适用于以下几类国家:第一类是拥有核武器或者核材料,但尚未建立起有效出口管制体系或者边界控制比较薄弱的国家;第二类是自身虽然并不拥有核武器或者核材料,但邻近拥有核武器或者核材料的国家,这类国家有可能成为非国家行为体转移核武器或者核材料的通道;第三类是国内存在恐怖活动,或者位于恐怖活动比较活跃地带的国家;第四类是容易成为恐怖组织袭击目标的国家。具有上述某一个特点或者多个特点的国家,尤其有必要加强国际合作,建立有效的第二道防线。

对所有这些国家而言,提高防核扩散和防核恐怖主义意识应该是

---

① "Second Line of Defense Program," http://www.nnsa.doe.gov/na-20/sld.shtml; Scott Parrish and Tamra Robinson, "Efforts to Strengthen Export Controls and Combat Illicit Trafficking and Brain Drain," *The Nonproliferation Review*, Spring 2000, p. 115.

第一要务。各国安全形势各异，安全威胁的排序不同，但"9·11"事件改变了各国对安全威胁的认知。恐怖活动是无国界的，任何一个国家都可能成为恐怖活动的目标。在核与恐怖活动有可能牵手的今天，强化防范非国家行为体从事核扩散的意识尤其重要。各国国内与此有关的部门，如外交、海关、执法机构、商业机构等，均应加强防止核扩散和核恐怖主义的培训，这些培训不仅应包括专门负责相关业务的官员，还应包括一线的工作人员，并应加强机构间的协调。

一旦非国家行为体获得了核材料或者核装置，他们可能将其出售给恐怖组织，而有些窃取核材料或者核装置的非国家行为体本身就是恐怖组织。如果是前者，仍然可以在这些非国家行为体同恐怖组织进行交易之前进行追踪、探测甚至拦截。如果是后者，其获取核材料或者核装置的直接目的就是制造核弹或将核装置运送到目标地域并引爆核装置。在此过程中，一个有效的、与核及其两用品相关的出口管制体系是防范的基本措施。不论是出口管制体系的建立过程还是后续的政策实践过程，执法能力都至关重要。它首先要实现部门之间的协调，比如，负责颁发出口许可的部门要与海关进行充分的协调与沟通，颁发出口许可的部门、海关、执法机构需要进行必要的培训等。其次，海关也必须配备必要的设施检测放射性物品，如利用手持放射性探测设备检测出入境的人员，利用固定或者便携设备对出入境的货物进行检测等；要通过训练，加强其工作人员使用设备的能力，以及及时对这些设备进行维护和更新等。

部分边界控制不严的地区与国家以及恐怖分子涉足的地区与国家极有可能成为核走私的重要通道。因此，必须加强对这些地区和国家的边境控制，特别是其陆路口岸的控制。在人员、车辆往来比较频繁的陆路口岸均需安装放射物质探测设备和监控设备，对一线工作人员进行必要的培训，增强他们使用这些探测设备识别管制物项的能力。对于那些控制薄弱的陆路口岸，应该增加边境工作人员，配备可应对突发事态的武装力量。对于那些边境哨卡间相互距离较远，人员巡逻相对较少的地带,加强巡查将起到重要作用。1999年5月,受过相应训练的两名保加利亚海关官员曾经成功从一辆过境的车辆中查出10克高浓铀。① 在货运港口加强对装运货物特别是高扩散风险货物的事前检查,同样将有助于防范非国家行为体从事核扩散。美国为此发起了"特大型港口倡议"(Megaports Initiative),计划与外国海关、港口执法机构、港口管理者和其他相关的机构合作,提高对核及其他放射性物质的探测能力。"特大型港口倡议"要求在参加的港口安装放射探测设备,对集装箱货物进行探测。该倡议启动于2003年,计划到2015年完成对100个特大型港口的设备安装,全球集装箱海运货物的50%将接受探测。②

除了海关、边境工作人员外,各国国内其他执法部门也应将确认、探测、拦截以及调查与核相关的非法走私活动列为工作内容之一,熟悉与此相关的物项检测技术,了解与此相关的犯罪活动,普遍进行调查,并根据调查结果采取适当的措施。国内防范不一定仅限于自身的力量,国家间的情报合作与交流对于防范非国家行为体从事核扩散将起到非常重要的作用,它有助于及早发现可疑活动,并有助于对这些活动迅速采取行动进行侦测、拦截。

国家间在金融领域进行合作亦非常重要。非国家行为体从事核扩散需要大量的资金支持,他们通过非正当的途径获取资金并利用各种方式实现资金转移。堵住这些非法资金的流动及分配也就降低了非国家行为体从事核扩散的可能。为此,相关国家应对银行账户交易记录保持一定程度的警惕,通过反洗钱立法,要求金融机构及时报告可疑交易,防止金融机构被用来进行洗钱或者资助核扩散行动。各国之间应该就此展开合作,监控非正规的汇款网络、货币兑换以及个人通过携带资金等形式实现资金跨国转移。一些在防范金融犯罪和洗钱方面

---

① Anthony Wier, "Interdicting Nuclear Smuggling: International Counterproliferation Program," last updated on August 27, 2002, http://www.nti.org/e_research/cnwm/interdicting/icp.asp.

② "Megaports Initiative," http://nnsa.energy.gov/aboutus/ourprograms/nonproliferation/programoffices/internationalmaterialprotectionandcooperation/-5.

有经验的国家可以向其他国家提供专门知识和培训,帮助各国发展专业技能和能力以加强相应的执法活动。①

第五节　为可能的灾难做好准备

无论是加强对核武器、核材料的保护、控制、衡算,还是尽快回收民用反应堆高浓铀燃料并进行堆型转换,加强对裂变材料的管理,所有这些举措都意在从源头上防止非国家行为体从事核扩散,这都属于第一道防线。在第一道防线依然防范不住的时候,第二道防线可以弥补第一道防线的漏洞。然而,经济全球化,技术的进步,全球人员、信息、资金的流动等都对防范非国家行为体涉足核扩散构成了严峻挑战。即使世界各国在上述两道防线上都作出了巨大的努力,仍需采取措施防止最坏情况的出现,即非国家行为体发动恐怖袭击。为可能的核恐怖袭击做好准备至少要包括三方面的内容:一是提高公民防范和应对核恐怖袭击的基本意识;二是决策机构要有危机处理的基本准备;三是"第一线应对者"(first responders)要具备应对危机、最大限度降低危机伤害的能力。

恐怖组织获得大规模杀伤性武器特别是从事核恐怖活动,只是最近才得到了国际社会较大的重视,因此,世界各国关于教育本国公民提高防范和应对能力的举措并不多见。近年来,美国国内对此问题的讨论明显增加,已经有一些基本文献涉及如何提高公众对核恐怖行为的认识,以及一旦发生这类严重事态应该如何应对。例如,美国国防大学撰写了一份"指南",② 简要说明了在涉及大规模杀伤性武器的恐怖主义袭击出现后应该采取何种应对措施。本章作者(樊吉社)

---

① United States Report to the Committee Established Pursuant to Resolution 1540 (2004): *Efforts Regarding Security Council Resolution* 1540 (2004), p. 44, http://daccessdds.un.org/doc/UNDOC/GEN/N04/561/49/PDF/N0456149.pdf?OpenElement.

② Patricia Coomber and Robert Armstrong, "Coping with an Attack: A Quick Guide to Dealing with Biological, Chemical, and 'Dirty Bomb' Attacks," Center for Technology and National Security Policy, National Defense University, http://www.ndu.edu/ctnsp/index.html.

在 2003 年初在华盛顿一研究机构做访问学者时，体会了美国为反恐所作的社会动员。当时正处于美国对伊拉克发动战争之前，美国的恐怖主义威胁级别提高到了橙色。本人所在的研究机构响应政府号召，向全所人员介绍了大规模杀伤性武器恐怖袭击可能造成的危害，在厨房储备了食品和水，对遇袭后应如何撤离、如何自救、如何进行相互联系等作出了明确规定。研究所的美国同行在威胁级别提高到橙色之后，照常生活与工作；威胁警戒级别的提高也没有给美国带来严重的社会恐慌。普遍提高公众的认识、防范和应对能力，在出现实际的涉核袭击后，将有助于降低袭击所造成的危害，有利于危机发生后的处置与动员工作。

公众具备防范意识和基本应对能力固然十分重要，但更为重要的是政府机关危机管理能力的建设。首先，政府机构要有危机决策程序。一旦灾难性的事件发生，日常的决策程序不足以应对危机，需要有一套紧急程序以保证危机的处理，稳定局势。其次，这套决策程序必须能够"迅速地做出反应，并采用合适、具体的措施减少伤亡和损失"，包括进行医疗急救、分发防护服与药品、计划并执行疏散和区域性检疫隔离等。① 在美国，根据以往的规定，处理大规模杀伤性武器与恐怖主义袭击涉及众多联邦机构，包括国家安全委员会、白宫的管理与预算办公室及科技政策办公室、国防部、司法部、能源部、国务院、农业部、卫生部、商务部、财政部、内务部、交通部、联邦紧急事态管理署、各情报机构、环保署、核管理委员会、政府服务局、国家反应系统等，② 也就

---

① 艾什顿·卡特、威廉姆·佩里：《预防性防御：一项美国新安全战略》，胡利平、杨韵琴译，上海人民出版社，2000，第 161 页。
② "First Annual Report to the President and the Congress of the Advisory Panel to Assess Domestic Response Capabilities for Terrorism Involving Weapons of Mass Destruction: I. Assessing the Threat," December 15, 1999; "Appendix A: Federal Organization Structure for Combating Terrorism, A-1-1-13," http://www.rand.org/organization/nsrd/terrpanel. 本文援引的这份报告完成于 1999 年，现在还应该增加新近成立的国土安全部。有关其中一个部门应对核生化恐怖主义、扩散方面的能力分析可参见 "DOD Capabilities to Respond to NBC Terrorism," *Proliferation: Threat and Response*, 1997, http://www.defenselink.mil/pubs/prolif97/secii.html#dod。

是说，这些机构均有权利和义务处理涉及核恐怖的事件，这有其一定的合理性。但是，如此庞杂的决策架构在没有紧急事态的时候可以运转良好，而一旦出现紧急状态，则很可能运转不灵。机构之间的功能重叠、权力交叉可能会造成多个机构处理同一问题，却没有任何一个机构能全面整合各机构的资源以形成有效的合力。对于这种状况，美前国防部长佩里及前助理国防部长卡特在其合著的《预防性防御：一项美国新安全战略》一书中提出，应尽快建立一个专门负责灾难性恐怖主义的办公室，并按照如下方式计划、组织美国政府的行动：评估所收到的情报和警告；明确所需要的国家资源，并保证联邦、州和地方应拥有必要的资源、程序和训练有素的人员，以便对证实了的灾难性恐怖主义威胁作出反应；指挥其他组织的活动，如中央情报局的秘密行动，经参谋长联席会议主席批准的军事行动，或由联邦调查局采取的执法行动等。[1]

值得一提的是，20 世纪 90 年代，虽然美国对非国家行为体从事核恐怖袭击的重视程度不高，远不如其对生化恐怖袭击的关注，但在其具体实践中仍有一些重要的举措。如设立了核紧急事态搜寻队（Nuclear Emergency Search Team，NEST），一旦发现核材料或者核武器遗失、遭窃，该机构将承担起搜寻、辨认、判断与评估，以及对找回的失窃核材料、核装置进行处理（使之丧失效用或对其进行密封等）的任务。又如，制订了联邦放射性紧急事态应对计划（Federal Radiological Emergency Response Plan，FRERP）。该计划得到 17 个联邦政府机构的支持与配合，主要负责协调联邦各部门对涉核材料事件进行处置，包括监控并评估形势，对受到影响的群体提出保护性的行动规划与建议，在放射性事件中作为联邦政府的主要技术和公开信息来源。[2] 此外，联邦调查局和美国海关均增加了相关资源并开展相关活

---

[1] 艾什顿·卡特、威廉姆·佩里：《预防性防御：一项美国新安全战略》，胡利平、杨韵琴译，上海人民出版社，2000，第 163～164 页。
[2] "Report to Congress on Response to Threats of Terrorist Use of Weapons of Mass Destruction," January 31, 1997, http://www.fas.org/spp/starwars/program/wmd_970131.htm.

动,以便识别、定位、抓捕从事核材料走私和交易的个人;中央情报局亦被要求维持较强的能力以应对美机构与人员在海外可能受到的核与放射性威胁,一旦出现威胁,将迅速向海外派出专家,为美驻外使团以及驻在国提供应对威胁的建议和指导等。① 美国的这些政策举措为其他国家应对类似威胁提供了借鉴。

除了公众防范危机意识的强化,政府危机管理的宏观决策机制、能力的建设,国家有关部门及工作人员在危机初始阶段的一线应对能力也至关重要。此即所谓"第一线应对者"处理危机与降低危机损害的能力。第一线应对者主要是指警察、消防人员、医疗救护人员及其他在一线工作的基层政府工作人员。他们涉及政府众多机构以及公共服务部门,② 是在第一时间处置危机的关键力量。如果这些人员在平时能得到充分的有关应对核恐怖主义的培训,能够配备基本的应对装备,能够在第一时间做出比较恰当的处理,将有助于遏制事态的进一步恶化,有助于稳定公众情绪和减轻袭击后果,从而为随后更大范围的动员和采取后续行动奠定基础。

第六节 小结

冷战结束初期,非国家行为体染指大规模杀伤性武器的问题还没有得到国际社会的重视,尽管1995年曾经出现了奥姆真理教在东京地铁释放沙林毒气,但人们普遍觉得非国家行为体获取核材料或者核武器的可能似乎仍然"很遥远"。然而,在"9·11"事件之后,没有人能够排除非国家行为体获取核武器的可能。过去的十年亦发生过多起核材料失窃或者走私的事件,卡迪尔·汗地下核黑市的曝光进一步揭示了核扩散的危险。非国家行为体染指核扩散已经从过去的"潜在

---

① John M. Deutch, "Testimony before the Permanent Subcommittee on Investigations of the Senate Committee on Government Affairs," March 20, 1996, https://www.cia.gov/cia/public_affairs/speeches/1996/dci_testimony_032096.html.

② "First Responders," http://www.wmdfirstresponders.com/.

的"威胁成为当前的"显在的"威胁,"非国家行为体+核"成为防扩散的主要目标之一。

防范非国家行为体染指核扩散不仅要有积极的"进攻",还应包括积极的"防守"。对任何国家而言,将所有涉嫌或者可能从事核扩散的非国家行为体全部消灭是最为理想的,显然也是最不现实的,非任何国家力所能及的。一国的努力、国家间的合作乃至国际防扩散合作可以对潜在的非国家行为体扩散者构成持续的压力,降低核扩散的可能。但最根本的措施应当是从源头上加强防控,它包括加强对核武器、核材料的保护,尽快回收民用反应堆核燃料并实现反应堆堆型转换,加强对裂变材料的管理等,这是防控非国家行为体染指核扩散的第一道防线;同时增进国家间的合作建立第二道防线。此外,虽然各国均不希望非国家行为体制造核恐慌,但各国均应对最坏的情况有所准备。这些积极的"防守"措施可以"扎紧篱笆",提高核扩散的成本,增加核扩散的难度,从而降低或者减少非国家行为体从事核扩散的可能。

所有那些有可能成为非国家行为体购买、窃取核材料或者核武器,劫持或者攻击核电站制造核恐怖的目标国家,或者有可能成为非国家行为体从事核扩散渠道的国家均建立有效的防控体系是最为理想的结果。但实际上各国对非国家行为体从事核扩散的威胁评估不同、政策的轻重缓急有别,或者受到技术、经费等因素的制约,各国在防控非国家行为体核扩散问题上投入的时间和资源是不同的。迄今,美国在此领域投入了较多的人力、物力和财力。美国此举并非是"以天下为己任"的"天下为公",而是因为美国的利益无处不在,美国认为非国家行为体从事核扩散将严重威胁美国利益。另外,美国对目前存在的一些核扩散问题也是负有主要责任的,例如民用反应堆高浓铀燃料的问题、美国自身的高浓铀以及钚材料的巨大存量、美国仍然维持庞大的核武库等,美国采取或者倡导的防控非国家行为体核扩散的措施、手段不过是修补之前的漏洞。

第三章
防控非国家行为体核扩散：
社会层次的对策

当人们提及非国家行为体与核扩散时，一般都会联想到从事扩散活动的个人、公司或恐怖组织。但事实上，他们只是当今国际关系中活跃的非国家行为体中的消极力量。在当今的世界上，除了"坏"的非国家行为体之外，还有更多"好"的非国家行为体。在战后的国际关系中，尤其是冷战结束以来，无论是"坏"的还是"好"的非国家行为体，其地位和影响均在不断扩大。

2012年，获得联合国经社理事会咨询地位的非政府组织已达到3500个。[①] 据美国国家情报委员会预测，到2025年，民族国家将不再是世界舞台上最重要的行为主体，国际关系中的权力从民族国家手中向非国家行为体手中扩散几乎是确定无疑的趋势。[②] 显而易见，在应对各类全球性的政治、经济和安全挑战时，主权国家的政府需要与非国家行为体围绕具体的问题形成跨国网络。目前，非国家行为体在环境保护、贸易平衡及金融稳定等方面已经具备举足轻重的影响力。在

---

① http://csonet.org/.
② National Intelligence Council, *Global Trends 2025: A Tranformed World*, November 2008, p.81.

军控领域，其积极作用也是有目共睹的。例如，著名的《渥太华地雷公约》和《禁止集束炸弹公约》都是它们通过跨国合作，影响公众舆论，最终说服各国政府而达成的。因此，防止核恐怖主义不仅要依靠各国政府和国际组织的共同努力，还必须善用各类"好"的非国家行为体的力量，从社会层面加大防止核扩散的力度。

本章主要探讨两类非国家行为体在防止核扩散问题上可能发挥的积极作用。一类是以防扩散为宗旨，为之鼓为之呼的非政府组织，包括从事军控研究的智库和反对核扩散的群众运动等。另一类是处于防扩散第一线的企业。对自身的出口行为进行自律与企业的逐利天性存在矛盾，但这是它们为了维护良好的贸易环境和自身长远利益必须担负的社会责任。企业能否采取有效的措施从源头上控制核材料与核技术的转让与流失将在很大程度上决定国际防扩散努力的成败。

第一节 防扩散的重要倡导者与监督者之一：非政府组织

一 非政府组织的相关概念

与非国家行为体的概念一样，国际上非政府组织的概念也是五花八门，竟有上百种之多。其中美国约翰·霍普金斯大学非营利组织比较研究中心的萨拉蒙提出的非政府组织定义在国际上接受度较高。他总结了非政府组织的七大特征，即组织性、民间性、非营利性、自治性、志愿性、非宗教性和非政治性。[①] 按照这一概念，涉足核扩散活动的非国家行为体尽管也具备组织性、民间性、自治性、志愿性等特征，但在非营利性、非宗教性、非政治性等方面则不太符合标准。因

---

① Lester M. Salamon, and Helmut K. Anheier, *The Emerging Sector: the Nonprofit Sector in Comparative Perspective - An Overview* (Johns Hopkins University Institue for Policy Studies, 1994).

此，非政府组织与涉及核扩散的非国家行为体有着明显区别。

国内有学者对核军控领域的非政府组织作了更加严格的界定，将其定义为"不受政府或军工企业等利益集团资助的、非营利性的、致力于核军控核裁军目标的、相对独立地在核军控领域进行研究、咨询、游说、群众性活动的团体与机构"。① 这种组织按成员及性质可以分为五类：一是由核科学家和专门研究人员组成的科研机构和智库，以瑞典的斯德哥尔摩国际和平研究所为代表；二是由前政府官员、著名科学家、知名人士组成的组织，以普格瓦什科学和世界事务会议为代表；三是由某一职业或领域的人员为主组成的职别组织，以律师反核国际协会、工程师和科学家反扩散国际网络等组织为代表；四是群众性组织与和平运动，以2000年消除核武器条约运动为代表；五是妇女组织，以妇女争取和平与自由国际联盟为代表。其中，军控类的科研机构和智库最值得重视。它们长期跟踪国际军控与不扩散形势，对核恐怖主义等前沿问题能够及时作出专业、独立的分析；在教育公众，向政府提出政策建议，推动国际社会开展合作时，它们往往更具公信力和说服力。

二 非政府组织在防止非国家行为体核扩散活动方面的作用

智库等非政府组织在防扩散领域发挥作用的动因和机制可以用"公共企业家"理论解释。一些美国学者称那些在公共政策领域倡导和实行新政策的行为体为"公共企业家"。② 与经济领域的企业家一样，"公共企业家"也追逐巨大的"利润"，并且善于提出和推广新思想、新做法；但其追求的"利润"并非单纯的物质利益或金钱收益，而是权威性和影响力。为让自己提出的建议转化为国家政策，"公共企业家"需要设法吸引政治家的眼球，争取让自己的政策主张影响政

---

① 刘华平：《析冷战结束后核军控领域的非政府组织》，《世界经济与政治》2002年第1期。
② 如 Jameson W. Doig, Erwin C. Hargrove, Barbara Freeman, Martin A. Levin, David Price, Mark Shocider, Paul Teski 等学者均在著作中提到了"公共企业家"或者"政治企业家"的概念。

府的决策。①

军控领域的"公共企业家"包括军控专家、从事军控活动的非政府组织以及在政府中任职的热衷军控事务的政治家和官员。政府中的军控热心人士的防扩散努力属于政府层面的活动，而军控非政府组织，包括为其工作以及与其保持密切联系的军控专家和学者则在社会层面上为防止大规模杀伤性武器扩散作出了贡献。冷战期间，他们的关注重点是核裁军问题，在推动美苏进行军备控制方面发挥了重要作用。例如，在美苏关系陷入僵局的时候，普格瓦什科学和世界事务会议邀请双方的学者官员参加研讨会，为打破坚冰创造了条件。在冷战之后，非政府组织继续提出核军控建议，为促成1995年《不扩散核武器条约》的无限期延长和1996年《全面禁止核试验条约》的签署作出了一些贡献。20世纪90年代末，在"国际禁雷运动"、红十字国际委员会等军控非政府组织的推动下，《禁止杀伤人员地雷公约》得以签署。在防止非国家行为体扩散问题上，军控非政府组织是预见扩散风险的"先知"，是沟通政府与社会的"桥梁"。② 本节将具体分析一下非政府组织在防止非国家行为体核扩散方面的作用。

第一，利用专业优势，及早发现非国家行为体的扩散风险，向国家和社会发出预警信息。

个人、公司或恐怖组织等非国家行为体的核扩散活动涉及大量具体而复杂的技术性和政策性问题。例如，恐怖组织能制造出核武器吗？发生核恐怖袭击的概率有多大？核恐怖袭击能造成多大危害？如何才能有效防范核恐怖主义？对于这些问题，相关政府部门、公司企业和社会公众或因缺乏专业知识，或因利益羁绊，不能或不愿给出答案。相比较而言，军控非政府组织具有两个突出优势。一是拥有一大批训练有素的专家、学者，长期跟踪研究相关议题，可以较早认识到某项

---

① Richard T. Cupitt, *Reluctant Champions: US President Policy and Strategic Export Controls* (Routledge, 2000), pp. 17–20.
② 李根信：《非政府组织在出口管制中的作用》，在"中欧许可证管理及产业拓展出口管制研讨会会议"上的发言，中国成都，2007年1月23～25日。

新技术发展带来的扩散风险，也可以较早发现政府政策存在的漏洞和不足。二是军控非政府组织的利益与政府和企业不完全相同。对道义和影响力的追求使其在分析核恐怖风险、企业或个人扩散风险时具有相对的独立性，而不是盲从政府或企业的判断。正是凭借这些独特优势，军控非政府组织已经在防止非国家行为体扩散问题上作出了两方面的重要贡献。

一是推动国际防扩散机制的建设。目前，针对非国家行为体获取核材料、核技术的种种防范措施都是在现有核不扩散机制的基础上提出的，是对现有机制的补充和完善。而军控领域的非政府组织和个人曾是国际核不扩散机制建设的发起者和推动者。早在首枚原子弹爆炸之后，他们便开始呼吁美国政府关注核扩散问题。

著名科学家爱因斯坦曾以个人身份在1947年2月写信给原子科学家紧急状态委员会，试图筹集100万美元经费以开展不扩散教育，防止核武器扩散。后来，他与其他一些科学家一起成立了普格瓦什科学和世界事务会议，专门讨论大规模杀伤性武器对人类社会的威胁。

在1945到1947年之间，参加"曼哈顿工程"的原子弹研制专家曾向政府提交了三份重要报告，即《杰弗里斯报告》《弗兰克报告》和《艾奇逊－利伦塞尔报告》，报告中提出了在战后控制核能，对原子能进行国际控制的建议。[1] 虽然这些报告旨在维护美国的核垄断地位，但其中的一些观点对于理解今天的核扩散与核恐怖主义仍然具有参考价值。例如，报告指出，核武器可以让进攻者获得不对称的优势，拥有核武器的侵略者能够"通过成功的突袭击败远比它强盛的国家"。[2] 又如，报告提出，应该通过国际合作对核能生产进行严格管控，为此，应成立国际原子能局，对所有危险的核活动，如裂变材料生产、原子弹研究、铀矿开采以及铀浓缩等进行监督管理。报告还认为，民用核活动的潜在军事用途值得高度重视，建议拟议中的国际原

---

[1] Henry D. Sokolski, *Best of Intentions: America's Campaign Against Strategic Weapons Proliferation* (Praeger Publishers, 2001), p.13.

[2] "Prospectus on Nucleonics," a report submitted to Arthur H. Compton, November 18, 1944.

子能局拥有、管理和监督全世界的核燃料循环项目。正是根据这些建议，美国政府制定了防止核扩散的"巴鲁克计划"。①

到了20世纪50年代，美国的军控专家又进一步预见到了核武器加速扩散的危险。美国艺术科学研究院开展了一项研究——"第N个国家问题：全世界核武能力调查"（The Nth Country Problem: A World Wide Survey of Nuclear Weapons Capabilities），并在1958年5月发表了题为《没有实施军备控制的1970年》②的报告。报告指出，如果不实施有效的军备控制措施，核扩散形势将越来越严峻，会有第四个、第五个，乃至第N个国家拥有自己的核武器。这将增加发生核冲突的风险，既不符合核武器国家的利益，也不符合无核武器国家的利益。报告还指出，只有全面禁止核试验，并且在国际监督下有效削减武器级核材料的生产，才能起到防止核扩散的作用。这些有远见的看法构成了后来《不扩散核武器条约》谈判的基本框架。③

二是不断就核恐怖主义威胁发出预警信息。早在20世纪60年代中期，劳伦斯·利弗莫尔国家实验室就进行了"第N个国家实验"，让没有核武器知识的"门外汉"利用公开资料设计核武器。结果，3位年轻博士用3年时间成功设计出了核武器。④ 这表明，恐怖组织等非国家行为体只要拥有几名受过良好训练的科学家，就可以设计出简单的核武器。

20世纪80年代以后，随着国际恐怖活动趋于活跃，美国军控界开始广泛讨论核恐怖主义所造成的威胁。1987年，核控制研究所与纽约州立大学国际恐怖主义研究所联合出版了《防止核恐怖主义》（Preventing Nuclear Terrorism）一书，对核恐怖主义的可能性、核恐怖

---

① 在当时铁幕徐徐降落的时代背景下，这种让美国独家垄断原子弹生产能力的建议当然无法得到苏联的认同，"巴鲁克计划"很快就于1946年12月流产了。
② Natioal Planning Association, *1970 Without Arms Control* (National Planning Association, May 1958).
③ Henry D. Sokolski, *Best of Intentions: America's Campaign Against Strategic Weapons Proliferation* (Praeger Publishers, 2001), p. 43.
④ Dan Stober, "No Experience Necessary," *The Bulletin of the Atomic Scientist*, Vol. 59, No. 2, March/April 2003, pp. 56 – 63.

主义可能采取的手段以及可能攻击的目标、政府和企业应如何做出有效的回应、如何防止核暴力活动等问题进行了深入探讨。①

20世纪90年代初，苏联刚刚解体，蒙特雷国际问题研究所就发布报告，指出前苏联的核材料和核设施安保设施存在漏洞，可能给恐怖分子提供可乘之机。② 该所还提出，冷战结束后兴起的宗教恐怖组织比以往的恐怖组织更血腥，更可能使用放射性装置发动恐怖袭击。③

"9·11"事件之后，美国的科学与国际安全研究所立即于9月13日发表《核恐怖主义：不可思议的梦魇》的报告，提醒美国政府和公众非传统的恐怖分子可能发动核恐怖攻击。④ 斯坦福大学国际安全与合作中心的专家也连续发文，呼吁强化核设施和核材料的安保措施，防止恐怖分子盗窃核材料。⑤

第二，整合防扩散的社会力量，提高群众对核恐怖主义威胁的认识，夯实防范核恐怖主义的民意基础。

在各国国内政治中，防止非国家行为体核扩散都是一个政策成本较为集中，而受益者较为分散的议题。在防止非国家行为体核扩散的过程中，核材料的生产、使用、处理单位要承担较多的责任和成本，受益者则是整个国家和社会。因此，反对者较易形成合力，支持者的

---

① Edited by Paul Leventhal, Yonah Alexander, *Preventing Nuclear Terrorism: the Report and papers of the International Task Force on Prevention of Nuclear Terrorism* (Lexington, Mass.: Lexington Books, c1987).

② Oleg Bukharin, *The Threat of Nuclear Terrorism and the Physical Security of Nuclear Installations and Materials in the former Soviet Union* (Center for Russian and Eurasian Studies, Monterey Institute of International Studies, 1992).

③ Gavin Cameron, *Nuclear Terrorism: A Threat Assessment for the 21st Century* (Palgrave Macmillan, 1999).

④ David Albright, Kevin O'Neill and Corey Hinderstein, "Nuclear Terrorism: The Unthinkable Nightmare," September 13, 2001, http://www.isis-online.org/publications/terrorism/nightmare.pdf.

⑤ George Bunn, and Fritz Steinhausler, "Guarding Nuclear Reactors and Material from Terrorists and Thieves," *Arms Control Today*, October 2001; George Bunn, Fritz Steinhausler, and Lyudmila Zaitseva, "Strengthening Nuclear Security Against Terrorists and Thieves Through Better Training," *The Nonproliferation Review*, No. 8, Fall/Winter 2001.

政治影响力却较为分散。这在强调多元竞争的美国政治中体现得尤为明显。然而，美国相对松散的政治体制及政党制度也给军控类非政府组织积极开展游说，宣传自己的防扩散主张提供了较大的空间。① 它们为此做了四方面的工作。

一是成立团体，凝聚共识。在20世纪80年代，为了制衡里根政府偏重军备竞赛，忽视防扩散的政策倾向，美国国内先后成立了8个以防扩散、反核战为宗旨的非政府组织（见表3-1），要求加强防扩散。②

表3-1 从事防扩散的美国非政府组织

非政府组织	成立年份	成员（人）
军控协会（Arms Control Association）	1971	5000
可生存世界委员会（Council for a Livable World）	1962	10万
全球教育联合会（Global Education Association）	1973	5000
和平奶奶（Grandmothers for Peace）	1982	500
简·亚当斯和平协会（Jane Addams Peace Association, Inc.）	1948	NA
遗产公司（Legacy, Inc.）	1982	35
生存动员（Mobilization for Survival）	1977	150（个组织）
全国不首先使用核武器运动（National Campaign for No-first Use of Nuclear Weapons）	1984	2500
核时代和平基金会（Nuclear Age Peace Foundation）	1982	2000
无核区注册会（Nuclear Free Zone Registry）	1982	3000
和平发展基金会（Peace Development Fund）	1982	2500
促进持久和平公司（Promoting Enduring Peace, Inc.）	1982	4600
社会责任心理学家（Psychologists for Social Responsibility）	1982	1000
忧思科学家联盟（Union of Concerned Scientists）	1969	10万

资料来源：Thomas Woodhouse, ed., *The International Peace Directory* (Plymouth, UK: Northcote House, 1988)。

---

① 中国现代国际关系研究所：《美国思想库及其对华倾向》，时事出版社，2003，第39~40页。
② Richard T. Cupitt, *Reluctant Champions: US Presidential Policy and Strategic Export Controls* (Routledge, 2000), p.129.

"9·11"事件后,美国军控智库对核恐怖主义、核出口管制、核实体保护、核恐怖袭击后果处理等课题的研究力度大幅提升。一些老牌的智库,如蒙特雷国际问题研究所防扩散研究中心、国际战略研究中心、美国企业研究所、卡内基国际和平基金会、史汀生中心、防务分析研究所、海军分析中心、亚太安全中心、国防信息中心、国防大学大规模杀伤性武器研究中心、哈佛大学贝尔弗中心、麻省理工学院国际研究中心、斯坦福大学国际安全与合作中心、佐治亚大学国际贸易与安全中心、忧思科学家联盟、对外关系委员会、美国科学家联合会等都积极开展相关研究,并推出了自己的成果。此时还成立了一些新的防扩散智库,如前参议员奈恩牵头的"核威胁倡议"、前白宫办公厅主任波德斯塔担任主席的"美国进步中心"、前国务院助理国务卿帮办坎贝尔和前国防部助理部长帮办弗卢努瓦联手成立的"新美国安全中心"等。它们一经成立即积极活跃在防扩散舞台上,从不同视角研究核恐怖主义问题,并提出不少颇有见地的主张。

二是通过报纸、电视以及网络等大众传媒,向公众传播防扩散知识,提高防扩散政策的社会支持度。反恐战争其实就是一场宣传战。非政府组织需要通过媒体,向公众宣传核恐怖主义的知识,提高其防范意识,消除其不必要的恐慌心理。美国的军控非政府组织在这方面作了很多努力。

例如,哈佛大学贝尔弗中心曾与美国广播公司合作普及防核恐怖知识。形式包括讲授核扩散的挑战,核材料走私入境的风险以及美国反应堆安保措施不足等。该中心主任、哈佛大学肯尼迪政治学院的创办者埃里森还出版了《核恐怖主义》一书,在书中详尽描述了核恐怖主义活动可能带来的可怕后果,提出假如在纽约时代广场引爆1万吨当量的核弹,将会导致100万纽约人丧命。[1] 作者专门就此书的内容设立了互动式网站[2]。美国读者输入自己所在城市的邮政编码,就可

---

[1] Graham Allison, *Nuclear Terrorism: The Ultimate Preventable Catastrophe* (Times Books, 2004).
[2] http://www.nuclearterror.org/about.html.

以看到本地区遭受核恐怖袭击后可能出现的惨状，从而让人直接感受到核恐怖主义的威胁。《纽约时报》评论说，该书为增加公众对核恐怖主义威胁的认识作出了很大贡献。①

又如，科学与国际安全研究所也注重通过媒体向大众宣传防扩散知识。它曾与CNN合作，对"基地"组织的核能力进行评估。② 该所认为对"基地"组织是否拥有发展核武器的能力不能过早作出判断，需要进一步的观察和分析。

再如，斯坦福大学国际安全与合作中心（Center for International Security and Cooperation, Stanford University）于2002年举办主题为"传递核风险知识：告诉大众核恐怖主义的风险和现实"的研讨会，邀请地方官员、反恐专家、防扩散专家和媒体与会，探讨如何把握对公众宣传核恐怖主义知识的尺度，在提高公众安全意识的同时，避免造成恐慌或扩散敏感的技术信息。

三是发起倡议，积极造势，营造防扩散的政治氛围。例如，近年来，为了突破在核扩散问题上的困境，一些智库倡导"无核武器世界"理念，主张美国带头裁减核武器，以便于说服无核武器国家切实遵守防扩散义务，防止核恐怖活动的发生。2006年和2007年，美国斯坦福大学胡佛研究所先后召开两次会议，重提80年代美苏雷克雅未克会晤倡导的彻底销毁核武器理想，提出"通往更安全世界的10个步骤"。美国前国务卿舒尔茨、基辛格、前国防部长佩里和前参议员奈恩（简称"四人帮"）以胡佛研究所的建议为蓝本，在2007年年初和2008年年初连续发文，呼吁彻底销毁核武器，实现无核武器世界。他们认为，美国目前遭受冷战式大规模核攻击的可能性已经很小，对美国本土最大的威胁是恐怖分子使用核装置攻击美国城市。近年来由于石油等化石能源价格飙升，国际上掀起了新一轮核能发展热潮，由此带来了更大的核材料、核技术扩散风

---

① "Counting Down to the New Armageddon," *The New York Times*, September 5, 2004.
② Al Qaeda Nuclear and Conventional Explosive Documents: CNN – ISIS Collaboration, http://www.isis-online.org/publications/terrorism/intro.html.

险，恐怖分子获取武器级裂变材料的可能性随之增加。美国维持庞大的核武库对于威慑恐怖分子并不能起到多大作用。在这种情况下，美国推动核裁军进程符合自身的安全利益。之后，围绕"彻底销毁核武器"的各种倡议也应运而生，如国际废核运动、无核武器世界运动、全球零核运动等。在这股军控热潮推动下，核安全问题受到了空前的重视。美国总统奥巴马上台不久即提出在4年内确保全球核材料安全的目标，并召开核安全峰会，推动加强全球核材料和核设施的安全。2009年7月，英国发布军控蓝皮书，主张把核安全作为国际核不扩散机制的第四根支柱，以弥补现有防扩散机制的不足。

第三，进行核恐怖主义基础研究，深入防控核恐怖主义的基本规律，出版相关著作和报告。

一是系统研究核恐怖主义的动因、形式和前景，为各方面加深对核恐怖主义的认识提供必要的理论框架。蒙特雷国际问题研究所防扩散研究中心2005年推出中心研究人员弗格森、波特等人撰写的《核恐怖主义的四张面孔》[①]一书颇具代表性。该书认为核恐怖主义可能以四种形式出现，即偷窃并引爆核武器、自制简单的核武器、攻击核电站、制造并使用脏弹。这种看法得到较为广泛的认可，使政府相关部门、非政府组织和国际社会可以此为基础，继续深入探讨各类核恐怖主义活动的特点和对策。该书还研究了可能从事核恐怖活动的恐怖组织，认为最可能实施核恐怖活动的组织包括世界末日教派、政治宗教团体、传统民族分裂主义团体以及单一问题团体等，启迪人们思考恐怖组织从事核恐怖活动的社会动因和根本解决之道。

二是跟踪监督各国的防扩散记录，提供独立的权威数据库。美国科学与国际安全研究所与萨塞克斯大学、圣安德鲁斯大学先后出版过

---

① Charles D. Ferguson and Potter William C., *The Four Faces of Nuclear Terrorism* (Routledge, 2005).

《1992年世界钚和高浓铀库存量》以及《1996年世界钚和高浓铀库存量》。① 这些数据对政府部门、科学家来说都非常重要。

三是制定各类防扩散标准,在世界范围内推广。以美国哈佛大学的贝尔弗中心为例,它旗下的"控制原子能"项目汇集了各领域的学者和政府官员,关注核弹头与核材料、核走私、核专家、核库存监督与裁减、武器级裂变材料禁产等各方面与核恐怖相关的问题。联合国安理会通过1540号决议之后,该中心积极制定关于核安全的"黄金标准",推动国际社会实行这些标准。该中心确定的衡量核材料安全系数的标准包括四个方面。一是数量标准,即一个场所核材料的数量是否足以制造一枚炸弹。二是形式标准,即核材料是否便于偷盗、运输和加工。三是安全水平标准,即安全防护措施以及安全责任制的落实情况。四是威胁水平标准,即该场所以及附近地区是否有恐怖分子和有组织犯罪活动,是否存在腐败、盗窃现象,员工工资水平和道德水准如何等。

按照上述标准衡量,贝尔弗中心认为,在核材料安全方面,当今世界有3个重大威胁源。首先是俄罗斯的核材料。俄罗斯核材料的保管面临严重的安全隐患,从外部攻击到监守自盗,再到内外勾结,各种风险都存在。其次是世界各国使用高浓铀的民用反应堆。全球有40多个国家的130个反应堆在使用高浓铀作为燃料,大部设施的安全保护措施都比较差。最后是巴基斯坦的核材料。②

第四,监督政府打击核恐怖主义的政策,通过议会以及直接参政影响国家决策。

一是根据长期研究,提出有针对性的意见和建议。智库思维活跃,提出的观点多种多样。有的比较温和一点。比如,对外关系委员会的

---

① David Albright, *Civil Inventories of Highly Enriched Uranium*, October 8, 2003, Revised June 11, 2004, http://www.isis-online.org/studies/category/global-stocks-of-nuclear-explosive-material/.

② Matthew Bunn, Anthony Wier, *Securing the Bomb: An Agenda for Action*, May 2004, http://www.nti.org/cnwm.

莱维认为，不能用政权更迭的办法阻止国家支持核恐怖主义，而应该加强与存在核扩散风险的国家的合作与对话，共同来解决问题。他还建议，发展核刑侦学，以便尽快查清核材料来源，威慑国家的扩散行为。有的建议则要强硬一些。例如，同是对外关系委员会的弗格森提出，美国必须明确表示，帮助核恐怖分子的国家会遭受报复性打击。[1] 有的综合考虑裁军、防扩散与反核恐等问题，布鲁金斯学会高级研究人员顾德拜呼吁，充分利用现有的外交和安全手段限制各核武装国家的核武计划，否则恐怖分子获取核武器的风险将越来越大，核恐怖攻击的发生就只是时间问题。[2] 有的非常大胆，提出一些出乎常人想象的建议。例如，贝尔弗中心的高级研究员拉尔森建议进行"善恶决战测试"，让情报官员组建一支团队，看看他们能否能够得到足够的核材料制造一枚炸弹，并将其运入美国境内。如果他们能够做到，就可以让政府和公众认识到核恐怖主义威胁的迫切性[3]。2010年4月13日，首届核安全峰会期间，美国裂变材料工作组在奥巴马发表讲话30分钟之后，就召开新闻发布会，对其内容进行评说。次日，美国的赫德逊研究所和"安全美国伙伴关系"也举办评估核安全峰会的研讨会，对国际核安全合作未来走向提出自己的看法。

通过智库的努力，它们有不少政策建议被美国政府采纳，成为国家政策，进而影响着国际防扩散进程。如贝尔弗中心提出的俄美建立伙伴关系、各国建立全球反对核恐怖主义联盟等主张在布什政府的防扩散政策中有所体现。

二是通过到国会作证或游说议员影响有关的防扩散立法。美国国会拥有立法、调查与监督、拨款等权力，对核恐怖主义等议题也有举足轻重的影响力。军控智库可以通过国会听证会、调查委员会等宣传

---

[1] Charles D. Ferguson, *Nuclear Energy: Balancing Benefits and Risks*, CRS No. 28, April 2007, http://www.cfr.org/content/publications/attachments/NuclearEnergyCSR28.pdf.
[2] James E. Goodby, "U.S. Must Take Offensive Against Nuclear Terrorism," *The Baltimore Sun*, February 4, 2007, http://www.brookings.edu/opinions/2007/0204terrorism_goodby.aspx.
[3] Mark Clayton, "One man's quest to keep nukes away from Al Qaeda," *Christian Science Monitor*, August 9, 2009, http://www.csmonitor.com/USA/Military/2009/0811/p17s01-usmi.html.

自己的主张。例如，忧思科学家联盟坚持维护《1992年能源政策法舒默修正案》，反对美国放宽对高浓铀的出口管制，建议国会拒绝向停止低浓铀改造项目的进口商提供高浓铀，鼓励公司改用低浓铀反应堆燃料。[①] 2008年，哈佛大学贝尔弗中心主任埃里森、传统基金会研究员格雷厄姆、不扩散政策教育中心主任索克尔斯基等军控专家参加美国国会的大规模杀伤性武器和恐怖主义委员会，对美国防御核恐怖主义的政策、计划进行评估，并提出系统的政策建议。[②]

三是到政府或国际组织任职，直接为国际防扩散服务。2009年，奥巴马走马上任以后，即从新美国安全中心、核威胁倡议（Nuclear Threat Initiative）等军控智库里起用了大批军专家，组成其军控班底。新美国安全中心的两位创始人坎贝尔和弗卢努瓦均受重用，前者担任了国务院负责东亚和太平洋事务的助理国务卿，后者任负责政策的国防部副部长。核威胁倡议的副主席霍尔盖特则进入国家安全委员会，负责"减少威胁计划"。国际战略研究中心的国际安全项目负责人沃尔夫·斯塔尔成为副总统拜登的防扩散顾问。卡内基国际和平基金会的军控问题专家罗斯·戈特莫勒（Rose Gottemoeller）被奥巴马政府任命为负责核查与履约事务的助理国务卿，2012年又晋升为负责军控与国际安全的代理副国务卿。还有些组织的研究人员以专家身份参加国际组织的防扩散项目。例如，出口管制专家、佐治亚大学国际贸易与安全中心的前研究人员丘比特（Richard T. Cupitt）在联合国1540号决议委员会担任顾问。科学与国际安全研究所所长奥尔布赖特曾受聘担任联合国伊拉克核查小组的首位非政府组织专家成员。

第四，进行国际交流，构建国际防扩散网络，弥补官方合作的不足。

---

① http://www.ucsusa.org/nuclear_weapons_and_global_security/nuclear_terrorism/technical_issues/fissile-materials-basics.html.

② *World at Risk: the Report of the Commission on the Prevention of WMD Proliferation and Terrorism*, December 2, 2008, http://documents.scribd.com/docs/15bq1nrl9aerfu0yu9qd.pdf.

非国家行为体的扩散活动往往是跨国行为,仅靠单个国家的努力很难予以有效防范。但由于防扩散问题的敏感性,很多相关合作议题在政府之间沟通不畅。非政府组织在促进与加强相关合作上发挥了十分积极的作用。

一是成立国际团队,就核恐怖主义威胁展开合作研究。早在1986年,位于华盛顿的美国核控制研究所召集9个国家的26名专家,其中包括洛斯·阿拉莫斯国家实验室前主任阿格纽、前中央情报局局长特纳、前瑞典裁军部副部长索尔森、以色列核武专家尼曼等重量级人物,成立了世界上第一个专门研究核恐怖主义的课题组——国际核恐怖主义课题组。他们提出,随着恐怖主义活动日趋活跃,发生核恐怖主义的风险在增加,可能打破战后关于使用核武器的禁忌,并可能引发超级大国核战争,从而对工业社会造成灾难性影响。另一个比较有影响的合作项目是普林斯顿大学的科学与全球安全项目2006年发起成立的国际裂变材料委员会。该委员会成员包括来自巴西、中国、法国、德国、印度、爱尔兰、日本、韩国、墨西哥、荷兰、挪威、巴基斯坦、俄罗斯、南非、瑞典、英国、美国等17个国家的军控和不扩散专家,专门研究如何确保高浓铀和钚的安全,以防恐怖分子将其用于制造核武器。该中心每年发布《全球裂变材料报告》,供国际组织、各国政府和非政府组织参考使用。

二是通过努力,逐渐争取到了政府的支持,形成了一些具有影响的"一点五轨"和"二轨"的防扩散对话机制。例如,史汀生中心于2006年8月启动了"又一百"计划。[①] 该计划是一个为期18个月的研究和"二轨"交流活动,目的是将不扩散与地区经济发展结合起来,向100个国家推广。为实施该计划,史汀生中心在2006年11月15日与美国国务院官员、非政府组织专家、驻华盛顿的各国外交官举行"二轨"对话,与各国代表讨论如何帮助实施1540号决议。2007年1

---

① http://www.stimson.org/spotlight/non-state-actors-and-nonproliferation-the-ngo-role-in-implementing-unscr-1540/.

月17日，史汀生中心又和斯坦利基金会在纽约联合国大厦举行了有50个国家代表参加的研讨会。与会者就改进援助条款，以及如何对轻视大规模杀伤性武器扩散工作的国家加强宣传进行了深入的讨论。

再如，2006年哈佛大学贝尔弗中心举行了一系列头脑风暴式的研讨会，邀请美国能源部部长博德曼、前俄罗斯安全会议秘书科科申、国土安全部部长切尔托夫以及国际原子能机构总干事巴拉迪等人与会参加讨论。这些讨论对全球的防扩散议程产生了积极影响。在2006年圣彼得堡的八国峰会上，小布什和普京宣布了新的"反对核恐怖主义全球倡议"，该倡议即吸收了不少贝尔弗中心的意见，如美俄两国共同从第三国回收高浓铀，并且一起推动核"最佳行为规范"。①

又如，美国佐治亚大学国际贸易与安全中心于2006年发起成立了国际出口管制联合会，为各国军控非政府组织讨论核出口管制提供了一个平台。

2010年4月，全球核安全峰会在华盛顿召开之际，由40多名美国专家组成的裂变材料工作组在华盛顿举办"下一代核安全"峰会，邀请中国、美国、英国、法国、挪威、加拿大、阿根廷、巴西、印度的官员、学者汇聚一堂，讨论核恐怖主义的威胁、未来4年确保易流失核材料可能取得的进步及面临的挑战，以及多边核材料管控机制存在的问题。这种非政府组织"影子峰会"的模式可能形成惯例。2012年3月，第二届核安全峰会于韩国首尔举行。韩国的核不扩散与控制研究所和外交与国家安全研究所筹备在峰会召开3天前举办国际核安全研讨会，重点讨论创新全球核安全管理办法，还举办了核安全技术展览会。

总之，面对日益上升的非国家行为体扩散和核恐怖主义威胁，军控非政府组织在发现问题、影响公众舆论、开展基础研究、提供政策建议，以及促进国际合作等诸多方面都十分活跃，他们对政府组织防扩散和打击核恐怖主义起到了重要的促进、配合与支持的作用。

---

① http：//belfercenter.ksg.harvard.edu/about/policy-impact.html.

第二节　防止非国家行为体扩散的前沿阵地：企业[①]

一　建立企业内部出口控制机制的背景与动因

企业是核材料、核设备等敏感物项的直接生产者、保管者、使用者、销售者和运输者，是管控"危险商品和技术的'前线'"。如上文所述，核恐怖活动有 4 种可能的形式，即恐怖分子盗窃核武器、用裂变材料自制核武器、攻击核设施、脏弹等。在这 4 种核恐怖活动中，除核武器完全由各国军方直接保管之外，其余 3 种形式的核恐怖活动都会涉及企业。恐怖分子无论是要制造初级的核装置，还是制造脏弹，都要谋取核材料。各类生产和使用这些材料的企业是恐怖分子觊觎的主要目标之一。恐怖分子如果攻击核电站，核电企业将直接成为被攻击目标。此外，某些跨国公司也可能卷入核扩散，其国际网络可能成为蓄意进行核扩散的国家和个人买卖核材料、核设备和核技术的便利工具。所以，各国政府和国际社会采取的各种防扩散措施只有落实到企业的层面，才能真正发挥作用。

一般来说，企业非公益事业，其存在的主要目的是获取利润，市场份额和经济效益是衡量一个企业成功与否的主要标准，也是一个企业用以衡量其员工是否称职的主要标准。政府对企业的出口行为实施管制，不仅可能使出口审批手续更为繁复，而且可能使某些金额巨大的生意付诸东流，因而可能与企业的短期经济利益不尽一致，甚至与市场营销部门的利益发生直接冲突。但从长远看，建立严格的内部出口控制机制有利于企业的发展。这主要表现在以下五个方面。

第一，有助于遵守法规，避免高昂违法成本，还可以得到政府的优惠。各国的出口管制法对于违法出口行为都规定了惩罚措施，而且

[①]　企业指各类涉及核材料生产、使用、储存、运输、销售的公司。

惩处力度在不断加大。企业建立完善的内部出口控制机制可以确保企业商业活动正常有序地进行,避免违法行为带来的行政处罚、民事处罚和刑事处罚。任何可疑的违法出口行为调查都会让企业付出高昂的成本。例如,在美国,公司为应付一天的司法调查,要付出5万美元的成本。而对于建立了完善内控机制的企业,各国政府往往给予一些优惠条件,如允其出口审批走"绿色通道",向其颁发可进行多次交易的通用许可证,在进行违法调查时,将其内控机制的建设情况作为从轻量刑的考虑因素之一等。此外,从事扩散的非国家行为体往往还有洗钱、贩毒、诈骗、勒索、恐怖活动等其他劣迹。建立内控机制的企业可以及时排查可疑客户,避免与其交易带来的金融损失、技术泄密等方面的巨大风险。

第二,有助于企业从其他国家合法进口两用物项和技术。建立了严格出口管制制度的国家均对产品最终用户的资质有一定的要求。如果进口企业没有建立起严格的内部控制制度,无法确保物项不被滥用,那么它将难以从有着严格出口管制制度的国家进口所需产品。反之,完善的企业内控机制则有助于进口企业获得商品和技术供应国的出口许可证。

第三,有助于树立企业的正面形象。企业形象是企业文化的重要组成部分。良好的企业形象有助于凝聚人心,激发员工热情,促进市场销售。目前,防扩散和打击恐怖主义是国际社会的主流话语。加强内控管理,防止本公司产品落入恐怖分子之手,对于树立企业遵纪守法、承担社会与国际责任的正面形象,具有十分积极的意义。

第四,有助于维护和改善企业的商业环境。企业需要同时追求经济效益和社会效益。社会效益属于长期效益,对企业的长期繁荣和发展不可或缺。加强内部出口控制是企业追求社会效益的一个重要方面。企业只有建立起完善的防扩散出口控制机制,才能防止和降低恐怖主义组织等非国家行为体对国际贸易、投资和运输安全的危害,使企业自身的海外资产和对外贸易得到更好的保全,使交易的总体风险得以维持在较低水平。

第五，有助于迅速作出出口决定，在竞争激烈的国际市场中胜出。出口管制涉及的物项和用户数量众多，而且管制标准随着技术更新经常变化，企业在申请出口时需要与不同的政府部门打交道，还需要及时了解国外出口管制法规调整变化的情况。在没有建立起完善的内部出口控制机制的情况下，只能就出口管制业务临时咨询相关政府部门和法律从业人员，这将使企业的决策程序变得拖沓冗长，丧失转瞬即逝的商机。

由于上述种种益处，在世界各国，已有越来越多的企业在建立企业内控机制方面作出了积极的努力。相比较而言，发达国家在这方面起步较早。例如，为推动企业重视防扩散工作，早在1992年，美国产业界成立的商界国家安全执行委员会（The Business Executive for National Security）就组织制定了企业应对扩散的道德规范。截至2007年，日本已经有9万多家公司建立了内部出口控制制度。近年来，一些新兴工业国和发展中国家也把建立和完善企业内控机制提上日程。目前，大多数俄罗斯和东欧国家的主要企业已开始建立内部出口控制机制。印度为获得美国的高技术和战略物项，也鼓励企业建立内部出口控制机制。

二 企业内部出口控制机制的要素

根据美国商务部、日本通产省颁布的企业内部出口控制机制建设指导方针，以及美、日、德等国大型企业的成功出口控制经验，有效的企业内控机制主要应包含以下要素。

1. 企业领导高度重视

只有企业最高领导层对加强内控机制的重要性有深刻认识，亲自出面，力倡企业出口控制文化，才可能让内控机制生根发芽，有效运行，而不至于空有架子而无实质内容。企业领导应从四个方面着手推动企业内控机制建设。

首先，要发布政策声明，强调防扩散出口控制的重要性。政策声明必须付诸文字，简明扼要，经由企业高层签发生效。声明应当表明公司实施控制的决心,解释控制的目的,说明违反控制规定可能带来的危害。政策声明发布之后,企业领导层应利用会议、培训、讲话等各种机会,大力宣传出口控制对于企业形象、企业效益、国家利益的重要意义,指出出口控制虽然可能使企业牺牲一点眼前利益,但却有利于公司长治久安,做大做强。

其次,要积极担负起出口控制程序中的管理责任。企业董事会应高度关注出口控制事务,在程序上严密监督出口管理行为。应指定行政委员会、行动委员会、执法委员会、审计委员会或其他适当的委员会来执行监督职能。

再次,要为内控机制提供必要的人力、财力和物力。企业领导应高度重视出口控制人员的招募、培训,并制定相应的薪酬、奖励、评价和晋升机制,使企业建立起一支高素质的内控队伍。对出口控制人员应充分授权,以确保其得到足够尊重,顺利开展工作。

最后,要不断进行计划评估与经验总结,确保内控计划的有效性。企业高层必须积极推动对公司的出口控制活动进行定期的、严格的内部和外部审计,并根据审计结果,及时、认真总结经验教训,修订出口控制计划,防范可能出现的漏洞,使企业的内控机制不断得到加强。

2. 建章立制,规范管理

完善的制度可以确保企业的内部出口控制有章可循,从而保证管制的稳定性和连续性。企业日常的防扩散出口控制机制由两部分组成,一是专设的组织机构,二是周密的规章制度。

(1) 企业出口控制的组织机构。一方面,企业应当成立负责出口控制事务的执行委员会。委员会的主席应由企业高层领导出任,以确保高层对委员会的控制,并使委员会有足够的权力来履行其监督出口管理计划的任务。除公司高层领导人员外,委员会的组成还应包括其他涉及出口业务的单位人员,如审计人员、销售经理代表、信息技术经理等,以确保委员会能够有效传播出口管制信息,制定公司的出口控制政策,及处理出口中遇到的问题。委员会每个季度至少应召开一次会议，讨论包括非国家行为体扩散在内的战略出口控制问题。

另一方面，企业也应配备必要的出口控制人员。企业的出口控制人员应该能够满足技术评估、许可应用、许可执行、内部安全程序、审计、咨询、计划安全管理等多方面的需求。要在职务晋升、工资待遇、工作授权等方面对他们给予特殊考虑，以保证其工作积极性，维护其独立性。

（2）出口控制的规章制度。首先，要建立许可申请制度。一个企业如果建立起了完善、有效的内部出口控制制度，将会明显增加其遵纪守法的业绩，提高其出口许可申请的效率。企业内部的许可证申请程序包括以下五个基本方面。

一是通过出口申请指导程序对负责出口的人员提供实施指导大纲，帮助其明确自己的出口控制责任。二是通过出口控制对业务影响的评估程序，将出口控制与营销、销售、顾客关系、合同、计划管理以及保险等各个方面工作有效整合起来。三是通过许可申请的标准化作业程序，加快出口控制评估流程，减少管理人员和政府部门的评估时间。四是通过客户筛选程序，排除恐怖组织等潜在的可疑客户。五是通过多层审查程序，让生产人员、销售人员和经理主管层层把关，把扩散隐患消除在企业内部。

其次，要建立记录保存制度。一旦发生违法事件，可以根据档案记录，追究具体人员应负的责任。公司应明确需要保持记录的交易的范围和内容，及其保存时间和保存方式。

最后，要根据"视同出口控制"的相关规定，建立和完善外国人出口管理制度。在与外国人员交往过程中，企业首先要了解外国人员的基本情况。之后，企业要审查外国人所要获得的产品和技术，决定是否需要申请公司和国家的出口许可。

3. 广泛宣传教育，让防扩散出口控制的内容深入人心

很多企业卷入非国家行为体的扩散活动是因疏忽大意所致。通过宣传教育，可以使企业员工更好地掌握出口控制的标准和要求，提高员工的警惕性和防扩散意识，培养和强化其执行控制法规的自觉性。

公司企业可通过以下三种方式来开展这项工作。

（1）编制《出口控制指导手册》。现在，美国、欧洲、日本等国的核及相关两用材料、技术的出口企业已经普遍制定了公司的《出口控制手册》。公司员工通过手册可以系统了解本公司的出口控制制度，学习出口控制规定。公司下属的有关业务单位也应当制定和拥有自己的控制指导手册，以适应自身的业务运作和公司控制计划的需要。

（2）建立出口控制内部网。现在网络的使用已经十分普遍，许多公司都建立了自己的内部网络。出口控制的内容应置入内部网，以方便员工上网了解、查询。

（3）开展各种形式的出口控制培训。企业应当针对不同的人群开展不同的培训：对高层领导进行战略培训，向其系统介绍本公司的出口管制情况及重大的出口控制政策；对普通员工进行初级培训，使其了解什么是出口控制，为什么要进行出口控制，本公司哪些产品可能受到控制，什么时候可能出现违法情况，违法将带来哪些严重后果，员工有哪些义务和责任，等等；向负责出口的员工提供中级培训，使其熟悉出口控制的目的和规模，许可证的类型与要求；对于出口控制人员提供高级培训，可以请其他公司的出口控制人员来介绍情况，交流经验，也可以派遣本公司的出口控制人员参加政府或者其他企业的出口控制培训班。

4. 严格审计，奖惩分明

企业是否严格、有效地执行了防扩散出口控制规定，必须通过审计才能得出结论。企业应聘请合格的审计人员对内部管控机制进行审计。经验不足的审计人员可能对内控机制存在的问题视而不见，遗留隐患。出口控制审计包括三部分。首先是业务部门的自查，其次是公司的内部审计，最后是外部审计。企业在进行外部审计时，应注意保护自己的商业秘密和技术信息。

针对企业内部可能出现的违法情况，企业应当鼓励员工按照既定的程序向上级举报。企业应当为举报违法行为的员工保密。一旦发现可疑情况，企业应及时向政府汇报。对于违反国家出口管制法规和企业出口控制规定的员工应予以处罚。处罚措施根据违法情节的严重程度确定，包括罚款、警告、严重警告、停职、开除，以至诉诸司法部门等。

值得指出的是，在主要核供应国普遍采取"全面控制"① 的原则之后，对核敏感物项的控制已不仅仅局限于核供应国集团所开列的清单。任何出口物项，只要存在核扩散风险，就要受到出口控制。如此一来，一国出口管制制度涉及的企业数量大增。它们可能来自不同的生产行业，位于不同的地域省份，规模及企业性质也相去甚远。有的企业以核材料和核物项出口为其主业，有的企业仅仅偶尔涉足核出口业务。因此，不同企业采取的内部出口控制措施不应千篇一律，除共性措施之外，量体裁衣，因时制宜，因地制宜，制订具有自身特色的措施，也十分重要。

---

① 全面控制原则是指，即使出口物项不在管制清单上，但可能造成核、生、化等大规模杀伤性武器的扩散，其出口也必须获得相应政府主管部门的批准。20世纪90年代初，美国开始针对有扩散嫌疑的实体实施"全面控制"。1994年，欧盟制定了所有成员国都必须遵守的"全面控制"规定。澳大利亚集团、导弹技术控制制度等国际出口管制机制也采纳了这一原则。

第四章
防控非国家行为体核扩散：
国际合作

非国家行为体层面上的核扩散是当今国际社会面临的一个严重的新挑战。由于以往的核不扩散机制和反恐措施主要是针对国家行为体的，而非国家行为体的核扩散直接增强了核恐怖主义威胁以及国家核扩散的危险，因此，全球亟须在防止非国家行为体核扩散方面开展与加强新的全球合作。

非国家行为体的核扩散是与核恐怖主义直接相联系的。目前，核恐怖主义活动越来越倾向于依赖非国家行为体。虽然各国面临的核恐怖主义威胁的程度和形式各不相同，但是，随着核扩散形势的日益严峻，特别是非国家行为体层面上的核扩散、核黑市的出现，核恐怖主义威胁向全球主要国家蔓延的可能性正在增大。国际上相当多国家已经认识到了这一新的威胁，并且认识到消除核恐怖主义，必须要有全球性的全方位努力，必须要与防扩散特别是防止非国家行为体核扩散的努力相结合。值得肯定的是，20世纪90年代以来，全球已经在防止非国家行为体核扩散方面开始了一些合作，"9·11"事件后，国际层面的合作更是日益加强。但是，我们也必须看到，这方面的努力在政治、法律、技术等方面还存在诸多困难，需要国际社会深入研究和推动。

本章将首先对国际社会防止非国家行为体核扩散的合作现状及面临的挑战进行评估，然后，在此基础上，对未来如何建立全球合作机制提出建议。

第一节 国际合作现状及面临的挑战

目前，在防止非国家行为体核扩散领域，国际社会各方已经在政治、法律以及行动上作出了许多努力，特别是在联合国和国际原子能机构等层面的努力已经取得了比较明显的进展。下面，就国际上的一些主要合作项目和措施进行评述。

一 联合国方面的努力

在2001年9月11日恐怖分子对美国发动袭击之前，联合国已经通过了一些反对恐怖主义和大规模杀伤性武器扩散的条约或决议，但这些条约或决议并不是专门针对非国家行为体有关核扩散、核恐怖主义方面的活动。"9·11"事件后，联合国陆续出台了一系列专门针对非国家行为体核扩散及核恐怖主义的决议等法律文书，为形成这方面的国际共识和建立国际法机制作出了重大努力，其中最重要的是安理会通过的1540号决议和联合国大会通过的《制止核恐怖主义行为国际公约》。

1. 联合国安理会1540号决议

2004年4月28日联合国安理会通过1540号决议，这是联合国范围内防扩散和防范恐怖主义活动的标志性事件。该决议直接针对的是非国家行为体的恐怖主义威胁，目的在于在全球范围内防止非国家行为体获取大规模杀伤性武器。[①] 这一决议弥补了《不扩散核武器条约》等其他国际条约缺乏针对非国家行为体扩散和恐怖活动的不足，是对现有国际核不扩散机制的重要补充与加强。

---

① 1540号决议将非国家行为体定义为：未经任何国家合法授权而进行本决议范围内活动的个人或实体。赵永琛、李建主编《联合国反对恐怖主义文献汇编》，群众出版社，2006，第215页。

该决议要求各国制定国内法律，禁止非国家行为体制造、获取、拥有、开发、运输、转移或使用核生化武器及其运载工具的恐怖主义犯罪，要求各国建立防止核生化武器及其运载工具扩散的有效国内管制，并对核材料进行有效衡算，对核材料、核设施进行实物保护。该决议设立了报告制度，要求各国于2004年10月28日前，就已经采取或准备采取的措施提交第一份报告。决议专门成立了一个委员会，负责监督该决议执行情况。该委员会工作期限为两年。联合国安理会在2006年、2008年和2011年分别通过三个决议，将该委员会工作期限延长至2021年4月25日。

1540号决议是全球反恐国际合作方面的一个里程碑，其重要意义是，它将非国家行为体的扩散和恐怖主义活动界定为全球性威胁，初步形成了全球防止非国家行为体的扩散和恐怖主义的共识，并明确了各国建立防范非国家行为体恐怖主义所不可或缺的出口控制制度和实物保护措施的义务。由于该决议对联合国所有成员国均拥有法律约束力，印度、巴基斯坦、以色列等游离于《不扩散核武器条约》外的国家也被纳入这个防扩散、防恐怖主义的机制之中。

该决议出台以后，在国际上引起了广泛关注，各国舆论普遍对之持肯定、支持的态度。相关法律界、学术界对此决议中存在的某些不足与缺点也进行了广泛讨论。目前看来，该决议在法律授权方面存在一定争议，在一些术语定义、要求的具体含义方面也存在模糊不清的地方，在如何监督各国依照决议行动、具体履行决议等方面还缺乏具体措施。

首先，一些法律界学者认为，1540号决议在很大程度上扩充了联合国安理会的权力，因为它不是针对威胁国际安全的某一具体行动制定的决议，而是针对一种广泛的威胁对各成员国的国内立法提出要求。这一要求接近于强迫各国遵守某种义务的国际造法行动，对各国的有关立法、司法具有直接影响，是对威斯特伐利亚体系下的国家主权概念的挑战，是一种越权行为。但是，也有一些学者认为，考虑到"9·11"事件后国际核扩散与恐怖主义威胁的特殊性和紧迫性，考虑到各成员国的广泛支持与理解,安理会出台这一决议是有其合理性的,可以看做是一种特殊情况下的权宜之计。事实上,各成员国对此决议所表示的支持与同意,应视为是对此种特殊的权力扩充做法的一种默许。[①]

其次,该决议在术语定义及要求的具体含义方面存在模糊不清的地方。例如,该决议将"相关材料"定义为:有关多边条约和安排涵盖的或国家管制清单载列的可用以设计、开发、生产或使用核生化武器及其运载工具的材料、设备和技术。[②]人们不清楚有关多边条约和安排指的是哪些条约和安排,也不清楚该词汇所涉及的物项与目前一些出口控制机制(如核供应国集团、桑戈委员会等)中的"双重用途物项"有什么区别和联系。该决议对其要求各国制定的出口管制清单的具体内容也缺乏指导。另外,决议要求各国制定"合适而有效"的措施,但对"合适而有效"的含义却没有作具体解释。

再次,不少国家对决议内容的涵盖面持批评意见,认为它缺乏针对核武器国家核裁军、核材料管控等义务的规定。

最后,对该决议最普遍的怀疑性意见来自对决议履行方面的担忧。决议仅仅设立了报告制度,但没有对不履行决议的行为作出处置的规定,缺乏执行决议的具体指导监督机制。[③]

为了完善1540号决议,安理会以及1540委员会有必要对上述批评意见给予认真考虑,并尽快制定改进举措,力争使这一加强和补充国际不扩散机制的主要决议真正体现其价值,发挥其应有的作用。

---

① Andreas Persbo, "UN Security Council Resolution 1540 and its Relevance for Global Export Control," Paper presented at the South Asian Strategic Stability Institute Conference on "Strengthened Export Controls: Pakistan's Export Control Experience Current and Future Challenges and Options," Brussels, 16 – 17 November, 2006; Lars Olberg, "Implementing Resolution 1540: What the National Reports Indicate," *Disarmament Diplomacy*, Issue No. 82, Spring 2006; Lawrence Scheinman ed., *Implementing Resolution 1540: The Role of Regional Organizations* (Geneva: UNIDIR, 2008), p. 157.
② 赵永琛、李建主编《联合国反对恐怖主义文献汇编》,群众出版社,2006,第215页。
③ 截至2008年7月1日,共有155个国家提交了报告。有关1540号决议执行情况,请参照"1540号决议"网页http://www.un.org/sc/1540/。

2. 《制止核恐怖主义行为国际公约》

2005年4月13日,在经历了长达七年的谈判之后,第59届联合国大会通过了《制止核恐怖主义行为国际公约》①（International Convention for the Suppression of Acts of Nuclear Terrorism）。这是联合国范围内反对核恐怖主义的第13个公约,也是"9·11"事件后的第一个反恐国际公约。该公约可以说是一个针对非国家行为体恐怖主义问题的国际文书,它涵盖面比较广,涉及的法律问题比较全面,为防止非国家行为体进行核扩散和核恐怖主义活动的全球努力提供了一个在调查、诉讼、引渡等问题上进行法律合作的较好框架。

该公约对核恐怖主义活动涉及的放射性材料、核材料、核设施、核装置以及犯罪行为都进行了具体定义,所有以制造伤亡、损害财产或环境为目的拥有或使用放射性物质或放射性装置的行为都被视为核恐怖犯罪。此外,出于同样目的破坏核设施或威胁使用放射性物质或核装置的行为也属于核恐怖犯罪。公约要求签约国调整本国法律,将这些活动列为犯罪行为并配以相应的刑罚。公约还要求缔约国在核材料防护、恐怖主义活动信息交流等问题上进行全面合作。显然,公约的这些条款对防范、制止恐怖主义分子获取致命性武器和材料的活动具有重要意义。

该公约非常重要的一项内容是规定了对"跨国性"核恐怖主义行为的管辖权问题。公约第九条规定,缔约国可以对下述核恐怖主义犯罪确立管辖权。

（1）犯罪在本国境内实施;

（2）犯罪发生在犯罪实施时悬挂本国国旗的船舶或根据本国法律登记的航空器上;

（3）犯罪行为人是本国国民;

（4）犯罪的对象是本国国民;

---

① 有关这个公约的全文内容,请参见 http://untreaty.un.org/English/Terrorism/English_18_15.pdf。

（5）犯罪的对象是本国在国外的国家或政府设施，包括本国使馆或其他外交或领事馆舍；

（6）犯罪行为人是其惯常居所在本国境内的无国籍人；

（7）犯罪的意图是迫使本国实施或不实施某一行为；

（8）犯罪发生在本国政府营运的航空器上。

根据上述条款，在核恐怖主义犯罪发生在本国境内或本国是被威胁对象等情况下，缔约国可以对他国核恐怖主义分子进行调查，并提起诉讼、引渡程序，而其他缔约国应在涉及恐怖主义犯罪的调查、诉讼、引渡等问题上给予全面合作。这些条款为防止、制止和处理"跨国性"核恐怖主义活动提供了必要的国际法律基础。

总之，《制止核恐怖主义行为国际公约》为防范、制止非国家行为体进行核扩散和核恐怖主义犯罪提供了重要的法律武器，是反对非国家行为体核扩散和反核恐怖主义领域的一个标志性条约。根据规定，公约在第22个国家签署批准30天后生效。2007年7月7日，公约正式生效。截至2011年底，批准该条约的国家数目只有70余个，还需要各国加快批准程序。只有越来越多国家的加入，该公约才能具有普遍意义。

二　国际原子能机构框架内的合作

作为一个与联合国有密切关系的国际组织，国际原子能机构（IAEA）在防扩散和防范核恐怖主义领域内担负着重要使命，起着领导作用。根据《不扩散核武器条约》的授权，国际原子能机构长期承担的一项主要职责是对缔约国和平利用核能进行保障监督，防止民用核材料转为军用。这项工作实际上已经从防止核扩散的角度，对防范核恐怖主义起到了重要作用。此外，国际原子能机构还在核材料、核设施的安全与保安方面进行了大量的技术服务和监督工作。包括颁布行为准则，提供实物保护技术评价咨询服务，进行有关安全保护技术培训，提供应急反应措施服务等。

自20世纪70年代始，国际原子能机构就已经相当关注有关核材料的保安问题了。1980年,它颁布了《核材料实物保护公约》①(Convention on Physical Protection of Nuclear Materials),首次对缔约国在运输有关核材料的安全规则方面提供指导意见。此后,国际原子能机构负责制定并颁布了一系列的公约、行为准则或协议,其中比较重要的有:1986年的《及早通报核事故公约》(Convention on Early Notification of a Nuclear Accident)、1986年的《核事故和辐射紧急情况援助公约》(Convention on Assistance in the Case of a Nuclear Accident or Radiological Emergency)、1998年的《乏燃料管理安全和放射性废物管理安全联合公约》(Joint Convention on the Safety of Spent Fule Management and on the Safety of Radioactive Waste Management)、2003年颁布的修订版本的《放射源安全和保安行为准则》②(Code of Conduct on the Safety and Security of Radioactive Sources and the Supplementary Guidance on the Import and Export of Radioactive Sources)等。不过,这些文件多半属于建议性质的行为准则,不具有法律约束力。

目前,在实物保护方面唯一具有国际法约束力的法律文书是《核材料实物保护公约》。该公约于1980年签订,1987年生效,是一部制订较早并与具体防范核扩散、核恐怖主义问题相关的国际公约。它规定缔约国在进行国际核运输时,需要采取特殊保护措施。该公约的缺点在于涉及的范围较窄,仅针对国际间核材料运输安全问题。当时,大部分国家还没有意识到国内核材料的安全保护问题需要国际法的促进。随着20世纪90年代核走私形势的日益严重以及近年来恐怖主义活动的日益猖獗,越来越多的国家开始认识到国内核材料防护安全问题的重要性。为此,国际原子能机构于2005年对该公约进行了重要的修订,修订后的条款内容覆盖了国内敏感材料的运输、储存以及核设施安全等方面。公约修订后改称为《核材料与核设施的实物保护公约》(Convention on Physical Protection of Nuclear Materials and Nuclear

---

① 有关本节提到的 IAEA 框架下的一些公约文件内容,请参见 http://www.iaea.org/Publications/Documents/Conventions/index.html。

② 内容参见 http://www.iaea.org/Publications/Documents/Treaties/index.html。

Facilities)。由于条约的修订案需要得到成员国中 2/3 国家的批准才能生效,而截至 2011 年 12 月 13 日,145 个签约国中只有 52 个国家批准,因此,估计近期修订案仍难以生效。①

2002 年 3 月,国际原子能机构理事会通过了一项为期 3 年的"反对核恐怖主义保护行动计划"(Plan of Activities to Protect against Nuclear Terrorism),目的是在成员国要求的基础上,协助成员国改善其核安保状况,减少核扩散、核恐怖主义的危险。目前,该计划已经以 "2006~2009 年核安保计划" (Nuclear Security Plan for 2006 - 2009) 名称得到延续。为了提供一个统一的概念,国际原子能机构的核安保咨询组(Advisory Group on Nuclear Security)还专门对 Nuclear Security 进行了定义:核安保是指对涉及核材料、其他放射性物质或与其相关设施的偷盗、破坏、非授权进入、非法转移及其他恶意行为的防范、探测和反应。② 目前,国际原子能机构正在继续为提高各成员国的核安保状况而努力。

由于民用核燃料生产过程所涉及的技术与设施与生产核武器材料的技术与设施基本一样,因此,民用核燃料的生产可以作为发展核武器计划的基础。这种情况已经日益引起国际社会的关注,人们将这种现象称为和平利用核能过程中的"潜在核扩散"(Latent Proliferation)。这种"潜在核扩散"的进一步扩展无疑会增加核恐怖主义获取材料与技术的可能。针对这一问题,国际原子能机构开始采取限制措施,其中一个主要做法是将保障监督措施更加严格化。为此,国际原子能机构颁布了保障监督方面的"附加议定书"。另外,它还开始探索新的全球核燃料生产供应途径,以减少拥有核燃料循环主要环节设施国家的数量。

---

① 有关《核材料与核设施的实物保护公约》条约内容和进展情况,请参见 http://www.iaea.org/Publications/Documents/Conventions/cppnm.html。
② Nuclear Security-Measures to Protect Against Nuclear Terrorism: Progress report and Nuclear security Plan for 2006 - 2009, http://www.iaea.org/About/Policy/GC/GC49/Documents/gc49 - 17.pdf.

2005年2月2日,国际原子能机构总干事巴拉迪针对核材料循环提出建议,建议内容包括:全球在未来5年内暂时停建新的铀浓缩和钚后处理设施,加速推进由美国"全球威胁减少倡议"和其他计划所倡导的工作,改装世界范围的研究堆使之不再使用高浓铀燃料等。另外,国际原子能机构还责成一个专家组研究多边核燃料供应方案。该专家组经过研究提出了五种多边核燃料供应方案:(1)加强现行的商业市场机制,通过商业燃料银行和租借协议以及乏燃料返还协议,对全球民用核能提供燃料循环服务;(2)发展由国际原子能机构参与的国际核燃料供应保证制度,比如,由国际原子能机构担当燃料银行管理者;(3)促进各国自愿地把现有国家核设施转为多国核设施;(4)创造新的多边或地区拥有和控制的核设施;(5)发展更强的具有多边安排的核燃料循环体系。[①]

2006年9月19日,在第50次国际原子能机构全体成员国大会上,巴拉迪又发表了题为"核燃料循环新框架"的演讲,建议采取渐进形式,最终过渡到实行核燃料循环的国际专门供应方式。在达到这个目标前,可以先采取三个步骤:一,建立确保核电站燃料供应的机制;二,发展有保证的核燃料获取机制;三,将后处理、铀浓缩设施从国有化逐步向国际共有化发展,鼓励各国限制后处理、铀浓缩设施发展并向建立多边设施发展。

由于这些建议涉及无核国家的政治意愿问题,以及一系列技术、法律、经费问题,要形成国际共识绝非易事。目前,这些建议仍处于研究探讨之中。

三 美俄之间以及八国集团(G8)的合作

世界上90%以上的军用核材料在美俄两国境内,民用储存中近20%的分离钚和近90%的高浓铀在美俄两国手中。优先保护好美俄核

---

① Expert Group Release Findings on Multilateral Nuclear Approaches, February 22, 2005, http://www.iaea.org/NewsCenter/News/2005/fuelcycle.html.

材料是防止核扩散的重中之重。目前西方世界最为担心的是俄罗斯的核安全状况。俄罗斯曾拥有数万枚核武器,其中很多为战术核武器,还有数十吨可以用于制造核武器的民用钚和近百吨退役的高浓铀。冷战结束后,俄罗斯经济状况一度恶化,其核武器、核材料、核设施的安保状况也出现窘境。在此情况下,俄罗斯核资源成为西方特别关注的对象。美国于1991年底通过的《纳恩-卢格法案》引发了一系列"合作减少威胁"(Cooperative Threat Reduction)计划下的合作倡议,这些合作倡议旨在为苏联各加盟共和国特别是俄罗斯提供援助,援助的范围包括:拆除核生化武器,预防拆除和处理过程中的材料扩散问题。美国希望通过这些计划和倡议,在透明监督和有效核查的前提下,帮助俄罗斯看管好过剩的钚材料,并彻底消除过剩的高浓铀。但事实上,由于涉及安全、保密问题,难以协调资助方的责任与权利间的矛盾,两国在这方面的合作受到干扰,进展不顺利。其中,合作比较成功的主要是安保状况升级改造和高浓铀购买两个项目。

资助俄罗斯全面升级其核武器、核材料、核设施的安保状况是"合作减少威胁"计划中的一个重要项目。截至2005年底,根据美国国家核安全局的统计,美国已经帮助俄罗斯对其80%存有武器用核材料的地点进行了保安方面的升级改造工作。

自1995年开始,美国在"百万吨到百万瓦项目"名义下,与俄罗斯开始合作,计划将500吨多余的退役核弹头中的高浓铀稀释成反应堆用的低浓铀,然后由美国买下。这个计划实现后可以大大减少俄罗斯境内的高浓铀数量。此项计划仍然有加速的余地,为此,可以开展更大范围的国际合作。近几年,在八国集团范围内已开展类似合作项目,目的是使更多国家参与到这个进程中来。

2000年9月,美俄之间签订了《钚管理和处理协议》,双方承诺处理34吨多余的军用钚材料,将其转化为民用核材料。由于存在一系列政治、技术、资金问题,该协议进展比较缓慢。2010年,美俄修订了该合作协议,签订了相应的议定书,并请IAEA合作核查协议执行情况。

在2002～2006年期间，八国集团在一系列峰会中通过了若干有关防扩散行动的计划，其中2002年达成的"10年内10＋10"计划（10 plus 10 over 10），旨在为全球特别是原苏联境内各国加强对核材料的安全保障提供资金支持。"合作减少威胁"项目是这一计划中的一个主要项目，为此，美国承诺在10年内提供100亿美元，其他国家也承诺共同提供100亿美元。八国集团的努力无疑有利于加强原苏联境内各国核设施的安全保障，减少了其核材料失窃的危险。

四　其他多边合作

除了上述国际合作外，近些年，美国还倡导一些由其主导的多边合作，其中比较重要的有"集装箱安全倡议"、"防扩散安全倡议"、"全球威胁减少倡议"以及"全球核能伙伴关系"等。这些多边合作比以多边国际条约为基础的国际组织要松散和灵活一些，美国的主导作用也更为突出。

1. 集装箱安全倡议

"集装箱安全倡议"（Container Security Initiative，CSI）是美国于2002年1月推出的一项国际合作项目，旨在防范恐怖组织利用集装箱走私大规模杀伤性武器及相关物资到美进行恐怖袭击，这是美反恐、防扩散的又一重要举措，也是一项有利于防范非国家行为体进行核扩散和核恐怖主义活动的多边合作项目。该倡议包括4项内容：（1）建立安全标准以鉴定危险集装箱；（2）在危险集装箱抵美之前进行检查；（3）使用探测技术手段对危险集装箱进行检查；（4）使用智能安全集装箱。该倡议实施之初，美国主要锁定世界上与其有密切海运贸易的20个大港口：香港、上海、盐田（深圳）、高雄、新加坡，安特卫普（比利时），鹿特丹（荷兰），勒阿弗尔（法国），阿尔赫希拉斯（西班牙），东京、名古屋、神户、横滨、釜山，斯培西亚（意大利），热那亚，费利克斯（英国），兰乍邦（泰国），汉堡和不来梅。随着项目的发展，美国对外合作的范围逐步扩大。

目前，包括中国在内的主要相关国家都在与美国就该项安全倡议开展合作尝试。由于该倡议涉及国家主权、安全及海运业等诸多问题，合作中出现了一些反对意见。不少国家和承运公司提出，此项合作增加海运成本，影响、拖延交付，还会造成港口间的不公平竞争，影响港口未来业务的发展。不过，与下面谈到的"防扩散安全倡议"相比，"集装箱安全倡议"的进展还是比较顺利的，主要原因是该项倡议有更多法理依据。由于各国海关具有刑事执法权，由海关进行这方面的合作容易被理解和接受。另外，该项倡议实行对等原则，双方均可派官员常驻对方港口，随时进行监督协调，各国还可就合作权益等问题与美单独签订协议，体现了国家间公平对等的原则。展望未来，"集装箱安全倡议"可能会有较好的合作前景。

2. 防扩散安全倡议

"防扩散安全倡议"（Proliferation Security Initiative，PSI）是2003年5月31日由美国总统小布什公布的一项措施，目的是通过多边合作，广泛地利用外交、经济、军事等各种工具，阻禁大规模杀伤性武器与相关设备和材料的海陆空运输与扩散。倡议参加国在制定的拦截原则声明中"承诺遵守以下各项拦截原则，以建立更加协调有效的基准，在符合国家司法授权和相关国际法以及包括联合国安理会在内的国际框架基础上，阻止大规模杀伤性武器及其运载系统和相关材料在有扩散之虞的国家和非国家行为体之间的运输"。

该倡议对非国家行为体进行有关非法贩运等行为有一定的威慑力，但是存在的问题也比较多，主要是涉及国际法问题以及政治性问题。比如：在领海和公海范围内非船旗国进行登船拦截与国际法关于船只"无害通过"和"航行自由"的原则相冲突。1982年的《联合国海洋法公约》规定，船旗国可拥有登临权和紧追权，其他国家不可拦截公海上的船只，除非是：该船属于无国籍，或是海盗、运送奴隶或载运非法毒品的船只。防止大规模杀伤性武器扩散虽然得到国际公认，但是并没有形成习惯法；而《不扩散核武器条约》、《禁止化学武器公约》、《禁止生物武器公约》等相关条约又均未赋予缔约国对他国船只进行检查的权利。因此，在公海实施拦截、检查，将超越国际（海洋）法所赋予的权利。

另外，该倡议存在定义不清问题。倡议中提到拦截行动将针对大规模杀伤性武器的"相关材料"，但有些两用物项如果用于和平目的，其运输就不应该受到干扰。倡议中提到的"有扩散之虞的国家"一词也有问题，因为这在很大程度上是一个政治定义，况且如果该国未参加《不扩散核武器条约》或其他有关条约，也就没有承担某些禁止运输活动的义务。

该倡议的一个实际问题是，面对朝核、伊核相当复杂、敏感的形势，针对朝鲜等国家开展拦截行动，不仅容易激化矛盾，而且可能使国际社会正在进行的相关努力遇到更大的困难。事实上，到目前为止，该倡议仅在部分西方国家中得到响应，真正有效拦截的实例十分有限。

目前，美国正在努力通过某些双边协定来解决拦截行动的法律问题。但总的看来，由于上述种种原因，再加上该倡议对技术扩散行为没有作用，该倡议在防止核扩散和核恐怖主义方面的作用将是有限的，其发展还有待进一步评估。

3. 全球威胁减少倡议

2004年5月26日，美国能源部部长宣布了一项题为"全球威胁减少倡议"（Global Threat Reduction Initiative，GTRI）的措施。倡议的目的是通过加强保安、转移、重新放置或处理等方法，尽快降低民用核能领域可用于武器的核材料和可用于制造脏弹的放射性材料的潜在风险，防止这些材料以及相关设备落入恐怖主义分子手中。倡议提出，与国际原子能机构及其他国家一道，确认目前存在的所有危险材料，采取措施将之转移并实施保安措施，将使用高浓铀的研究试验堆转化为使用低浓铀的堆型，并争取最终实现全球民用核燃料循环领域不再依赖高浓铀。

美国能源部所属的核安全局国防核不扩散处专门成立了一个办公室负责此项工作。倡议的具体行动计划包括：与俄罗斯和其他国家合作，将俄罗斯生产、输出的高浓铀燃料尽快遣返，并争取在2010年前将原产于俄罗斯的所有乏燃料回收；加快美国目前正在进行的回收所有原产于美国的研究堆乏燃料的计划；改造全球使用高浓铀的研究试验堆，使之转化为使用低浓铀的堆型；确定目前威胁减少倡议没有覆盖的其他危险的核材料或放射性材料以及相关设备，并设法尽快解决其中最危险部分的问题。

在管控核材料、核设施方面，"全球威胁减少倡议"提出的措施比较具体和有针对性，加之其主要目标是回收有关核材料和进行部分堆型改造，措施的可操作性也比较强。这一优先解决眼前危险材料问题的倡议具有很强的现实意义。

4. "全球核能伙伴关系"倡议

"全球核能伙伴关系"（Global Nuclear Energy Partnership，GNEP）倡议是布什政府于2006年初公布的一项多边合作项目，其目的是在促进国际核能发电的同时，减少核扩散风险，并最大限度地减少核废物危害。这项庞大而又长期的计划（需要二三十年的时间完成）由一系列要素构成，主要包括以下几个方面。

• 开发防扩散的先进后处理技术（UREX+流程），把乏燃料中的铀元素分离出去，将长寿命超铀元素（主要是一些锕系元素）与钚元素留下；

• 发展使用长寿命超铀元素与钚混合物的燃烧堆（Advanced Burner Reactors，ABRs）；

• 建立可靠的核燃料国际供应服务体制，实行燃料租借和乏燃料回收制度，限制能进行铀浓缩和钚后处理的国家的数目；

• 设计适合发展中国家的有防扩散功能的（一次性、不可拆换燃料）小型反应堆；

• 强化保障监督措施。

从目标和内容看，这一倡议雄心勃勃，很吸引人，但要付诸实践，需克服技术、资金、政治、法律等诸多方面的难题。

首先，通过UREX+流程达到防扩散的目的效果并不明显。事实上，在通过后处理产生的钚中，虽然超铀元素与钚元素留在一起，增加了材料的放射性，但其放射性比国际原子能机构需要自我防护的放射性标准仍然低三个量级,因而不能有效增加钚材料被挪用于核武器的难度;况且这样的钚仍然可以用来制造核武器,为提高核武器质量,对这样的钚进行再处理并不难,只需要一个简单的化学处理过程就可将钚与超铀元素分离开。①

其次,发展燃烧堆在技术路线上存在障碍,有国家质疑此种堆型不如增殖快堆有利于铀资源的充分利用。此外,采取这一措施增加了后处理和燃料制造次数,反而增加了扩散及环境风险。从经济角度看,倡议提出的方案也远不如利用轻水堆发电并采取直接贮存乏燃料的方案经济实惠。事实上,自从20世纪70年代以来,美国为了减少扩散危险,一直执行直接贮存乏燃料而不进行后处理的政策。目前美国国内支持这一倡议的人争辩说,美国现有的育卡山乏燃料贮存地到2010年将会达到库存限度,因此必须放弃长期坚持的不进行后处理的政策。但是,许多美国专家认为,如果进行扩建改进,育卡山贮存地将可以安全地贮存乏燃料达100年以上。因为乏燃料问题而盲目恢复后处理是不合适的,特别是考虑到美国以及世界现有的分离钚已经大大过剩的情况。

最后,将拥有核燃料循环设施的国家限制在少数几个国家之内,无核国家将会担心核能源安全被少数国家操纵,这样的方案在政治上缺乏可行性。另外,乏燃料集中回收储存对很多国家来说也还存在法律障碍。

有不少专家批评该倡议的整体设计存在问题。的确,这一倡议将核燃料循环控制、核废物危害最小化、提高核材料核设施保安性、扩大核能发展等一系列棘手问题放到一起,试图找到一条从技术上一揽子解决的路线,但它没有对要解决的问题作出适当的先后排序,不是一个经过充分研究论证的、成熟的方案。目前看,该倡议在美国国内也存在很大争议,发展前景不明。

---

① Jungmin Kang and Frank von Hippel, "Limited Proliferation-Resistance Benefits from Recycling Unseparated Transuranics and Lanthanides from Light-Water Reactor Spent Fuel," *Science and Global Security*, Issue 13, 2005, pp. 169 – 181.

五 核安全峰会

2010年4月12～13日,首届全球核安全峰会在华盛顿召开,该会旨在唤起国际社会对于核恐怖主义威胁的高度重视,以确保全球核安全。这是近年来国际社会发起的强化防扩散、反核恐努力的新的合作形式。2010年核安全峰会发表了《华盛顿核安全峰会公报》和《华盛顿核安全峰会工作计划》,承诺通过负责任的国家行动和持续有效的国际合作以及强有力的安全措施,应对和减少核恐怖主义威胁。这次峰会对于防范非国家行为体核扩散、推动国际核安全进程具有重大意义。具体体现在以下几个方面。

第一,核安全已经成为一项国际议程。这次峰会有47个国家、地区组织及国际组织的领导人参加,是首次就加强核安全召开的国际多边峰会。对于这次会议,核大国均采取了积极合作的态度,这是会议取得成功的重要保证。峰会达成的重要的共识得到了国际舆论的普遍好评。这次峰会的成功召开标志着一个高层次核安全平台的建立,表明核安全国际合作的进程正在走向机制化。这一重大进展当然有利于美国,美国一直是这一议程的主要推手;但也有利于世界各国,因为核恐怖主义已成为国际安全的严重威胁,各国在此问题上的分歧明显小于在其他核问题上的分歧。

第二,这次峰会对统一认识,动员国际舆论,加强各国安全措施和国际合作,具有积极推动作用。峰会达成的共识主要反映在"公报"和"工作计划"两个文件之中:明确提出"核恐怖主义是对国际安全最具挑战性的威胁之一",[①] 指明了核恐怖主义威胁的严重性、紧迫性;吸收了主要反恐公约条款中的一些重要内容,对核安全的内容作了更为准确的规定;指出核安全是"核裁军、核不扩散及和平利用

---

① 《核安全峰会公报》,人民网,2010年4月14日,http://politics.people.com.cn/GB/1026/11367784.html。

核能"三大共同目标之外的又一"共同的目标",①明显提高了核安全的地位;强调各国要各行其责并加强国际合作,大力加强国家和国际法规的建设;重申国际原子能机构在国际核安全框架中至关重要的作用,并确认了联合国的作用和贡献;保持了和平利用核能权利与加强核安全之间的必要的平衡。会议期间,一些国家还达成了一些具有实质意义的加强核安全的双边、多边协议。由于提出了实现目标的4年时间框架,这次峰会将会加快一些国家批约和参加国际核安全机制、开展国际合作的进程。

第三,这次峰会不是一项孤立的行动,而是与2010年一系列核动向、核议程联系在一起的。峰会之前,4月6日,美国国防部发表了新的《核态势评估》报告,对美核政策、核战略作出调整以适应新的安全形势。4月8日美俄签订新的《削减和限制进攻性战略武器条约》,进一步削减两国部署的战略核武器。5月,在峰会之后,五年一次的《不扩散核武器条约》缔约国审议大会召开并通过了《最后文件》,朝着核裁军与不扩散的方向作出了新的艰难努力。核安全峰会确定的议程与内容与上述重大事件有着重要的、难以分割的联系,已经成为国际社会维护和完善以NPT为核心的国际核不扩散机制,推动核裁军、核不扩散、和平利用核能协调发展的一个重要组成部分。值得指出的是,这次峰会集中应对核恐怖主义威胁而不直接涉及核裁军、防扩散,也不针对特定的国家,但它又对这些领域产生间接的正面影响,这正是峰会的成功之处。

2012年3月26~27日,第二届核安全峰会在韩国首都首尔举行。来自53个国家和4个国际组织的领导人或代表出席。会议回顾了2010年华盛顿核安全峰会以来国际社会在核安全领域取得的进展,并对加强核安全的国家措施和国际合作问题进行了深入讨论,会议通过了《首尔公报》。这次峰会进一步提高了国际社会对核安全的认识和关

---

① 《核安全峰会公报》,人民网,2010年4月14日,http://politics.people.com.cn/GB/1026/11367784.html。

注，扩大了国际社会核安全共识。峰会公报重申各国领导人加强核安全的政治承诺，就完善国际核安全体系、加强核材料管理、打击核材料非法贩运、强化国际合作与援助等11个方面提出了具体措施建议。这些建议将由各国根据本国法律和国际义务自愿实施，它连同2010年峰会通过的公报和工作计划，对各国开展核安全工作具有重要意义。[①]

然而，在充分肯定核安全峰会取得的成功的同时，也必须看到，落实峰会共识与承诺仍是一个长期曲折的过程。核安全峰会形成的文件并不具有国际法效力，各国承担的责任是建立在自愿基础之上的，在核安全领域形成初具规模、有国际法约束力、有专门监管机构的多边合作机制仍是有待完成的任务。而要使更多的国家加入这一进程中来，提升核安全意识，培育核安全文化，建立核安全能力，更须付出长期的、艰苦的努力。

第二节 深化国际合作的建议

通过上述分析可以看出，目前，国际社会在防止非国家行为体核扩散方面已经进行了不少合作，也出现了很多合作倡议，但也还存在不少问题。存在的主要问题和挑战是：防止非国家行为体进行核扩散、反对核恐怖主义活动的国际法律体系初步建成，但其履约和普适性的问题还远未解决；某些地区、国家集团间的合作还存在国际法上的障碍；全球在建立全面有效的核材料控制保护方面还缺少具体合理的合作机制。各国应该加强合作研究，制定一项可以有效防范非国家行为体进行核扩散特别是反对核恐怖主义的全球战略。这个战略应该具有全球性、平等性、次序性和长期性，应该有轻重缓急之别，还应该与现存的针对国家扩散行为体的不扩散体制相结合。针对主权国家的全球核不扩散体制毕竟已经存在数十年，尽管存在一些漏洞，需要进一

---

① 吴绮敏、荞九晨、马菲：《中方认为首尔核安全峰会取得积极成果》，人民网，2012年3月28日，http://politics.people.com.cn/GB/8198/240881/240955/17513882.html。

步完善，但是相对而言，已有一套比较完整的政治、法律和技术基础，防止非国家行为体核扩散的努力只有依靠这个全球机制，才能获得广泛支持和强有力的保障。

下面，就防范非国家行为体进行核扩散的全面国际合作战略框架提出一些具体的设想与建议。

一　建立全球政治共识，完善法律框架

联合国通过1540号决议这一行动，充分说明国际社会在反对非国家行为体核扩散和核恐怖主义方面已经形成一定的共识，但是，从目前决议执行的情况看，不少国家缺乏对问题紧迫性、重要性的认识。联合国应该在加强共识方面有进一步举措，首先应该大力宣传非国家行为体进行核扩散、核恐怖主义活动的现实危害性。

从技术角度看，制造核武器必须掌握三个重要元素：原理、构型和核材料。与复杂的核武器——氢弹相比，原子弹的原理相对简单。自从20世纪80年代以来，关于核武器设计的很多信息已经解密，原子弹原理方面的知识在许多公开资料中即可得到。对于拥有相关专业知识的恐怖组织而言，制造简易的核武器已不存在太大的技术障碍。美国部分核武器专家曾对此作过较为详细的研究评估，得出了明确的结论。制造脏弹等放射性武器，其技术要求更为简单。在此情况下，对于核恐怖主义组织、恐怖分子来说，要制造核武器（严格地讲，是简易核爆炸装置）最重要的步骤就是设法获取一定数量的核材料。本·拉登就曾向"基地"组织成员发出号召，要他们设法获取大规模杀伤性武器的材料，并称其为"宗教使命"。有资料显示，"基地"组织曾设法寻求有核国家的核武器专家的帮助。俄罗斯的车臣恐怖主义分子也曾设法获取核武器并试图对核设施开展破坏行动。[①]

目前，全球民用核能领域有200多吨分离的钚，以及200多吨高

---

① Matthew Bunn, Anthony Wier, and John P. Holdren, *Controlling Nuclear Warheads and Materials: A Report Card and Action Plan* (Washington, D.C.: Nuclear Threat Initiative and the Project on Managing the Atom, Harvard University, March 2003), pp.9, 10, 12, 14.

浓铀，分布在几个主要的核国家以及日本、德国等国的民用设施中。这些可用于核武器的民用核材料是恐怖主义组织觊觎的主要目标，加强其安保至关重要。美国对俄罗斯境内数百吨军用和民用核材料的安保状况非常担心，美国专家一直抱怨俄罗斯在核材料衡算和实物保护方面缺乏严格管理措施。关于俄核材料走私，美国也有各种不同的报道。有学者指出，在20世纪90年代初，俄罗斯核设施有数公斤的90%的高浓铀失窃。[1] 来自国际原子能机构方面的资料指称，从1993年至2011年底，该机构共收到2164起涉及核材料和放射性材料的非法走私或非授权活动报告，其中588起涉及核材料和放射性材料的偷盗和丢失事件，有16起涉及核武器用核材料。[2] 人们担心，可能还有更多的核材料已经通过黑市流失而未被发现和截获。据一些专家估计，某些国家的边境走私案的截获率仅为10%～40%。[3] 按照这样的比率估计，未被拦截的核材料走私事件大量存在，情况之严重，令人担忧。由此看来，核恐怖主义的威胁是现实存在的，并非是假设性的虚构情景。对于非国家行为体进行核扩散、核恐怖主义活动危害性、紧迫性和严重性，国际社会必须加大宣传力度，加强全球共同防御的决心和共识。

与此同时，联合国还应该尽快制定加强1540号决议及其他相关决议执行力度的措施，包括形成一定的辅助各国履行相关决议主要条款的行动方案，在各国将非国家行为体核扩散和核恐怖主义定为犯罪的问题上，进一步加大督促力度等。例如，在卡迪尔·汗博士核走私网络的问题上，由于涉及国家安全与主权，巴基斯坦政府不愿美国和国际社会直接介入对汗博士的处理过程。因此，在防止非国家行为体核扩散的过程中，如何协调1540号决议与国家主权两者之间的关系，面临着重要的法律挑战。在这方面强行施压很难行得通，只能通过联合

---

[1] George Bunn and Christopher F. Chyba, *U. S. Nuclear Weapons Policy* (Washington, D. C.: Brookings Institution Press, 2006), p. 163.
[2] http://www-ns.iaea.org/security/itdb.asp.
[3] 根据笔者参加一次内部国际研讨会的记录整理得来。

国的有力协调，形成某种督促合作措施，才能帮助各国根据1540号决议精神，逐步建立起针对非国家行为体扩散和恐怖主义犯罪行为的强有力的惩治机制。在要求各国建立防止非国家行为体核扩散的有效国内管制方面，应该根据联合国决议制订具体的控制清单，并帮助各国尽早完善国内出口控制体系；在要求各国对核材料进行有效衡算，对核材料、核设施进行实物保护方面，应该结合国际原子能机构框架下的各种努力，促进各国加入新的《核材料与核设施的实物保护公约》，并明确履行公约的具体核查监督步骤。应该讲，1540号决议就其性质而言，不可能成为有严格核查制度的国际条约。为实现这一决议的基本精神和目标，比较现实的做法是利用其所具有的全球影响力，将实现这一决议的努力与其他国际公约及国际原子能机构框架下的各种努力紧密结合起来。只有这样，才能使联合国这一加强和补充国际不扩散机制的主要决议真正发挥其应有的价值和作用。

至于根据美国提出的"防扩散安全倡议"及其他防止非国家行为体核扩散及反对核恐怖主义倡议所建立的多边国际机制，均是一定范围内的局部合作，并且普遍存在着短期内难以解决的法律问题。在未来，这些机制可以发挥一定程度的威慑作用，但应该避免其行动过度膨胀激化矛盾。从长远看，这些机制要较好地实现其目标，必须设法完善其行动的法律基础。争取获得联合国安理会某种形式的授权与支持将是一个重要的途径。

二 建立全球防范非国家行为体核扩散的合作机制

为了有效减少非国家行为体进行核扩散和核恐怖主义活动的威胁，需要对全球一切核材料和放射性材料进行有效管理控制。俗话说，"巧妇难为无米之炊"。材料是危险之源，只要控制好材料，特别是武器用核材料，就可以实质性减少非国家行为体进行核扩散和核恐怖主义活动的危险。这方面的管控需要一个有效的全球性合作机制，这一机制应包括三方面的内容：减少非国家行为体可以获取核材料的来源；保护、控制好现有的核材料；在扩散事件的探测、反应与后果处理方面进行合作。

1. 加强全球核不扩散机制，减少扩散源

核国家数目越少，全球核材料量越少，核材料储存地点数量和运输次数越少，恐怖主义分子获取核材料的来源和机会也就会越少。因此，设法防止更多国家成为核武器国家，强化出口控制制度，设法减少核材料库存、流动和储存场地，设法减少拥有浓缩铀和后处理设施的国家数目是减少危险扩散源的主要努力方向。

（1）维护全球核不扩散机制，完善《不扩散核武器条约》。虽然目前的全球核不扩散机制主要是防止国家层面上的核扩散，但是它对防止非国家行为体核扩散亦具有重要意义，因为它是全球合作防止非国家行为体进行核扩散的法律基础。在防止核扩散的诸多努力中，以《不扩散核武器条约》为基础的全球核不扩散机制是最重要的一部分。到目前为止，其成员国已经由最初的40余个发展到190个。在几十年中，核不扩散机制不断发展壮大，各种防止核扩散的措施日益严格和强化。虽然它不能完全阻止核扩散，但是应该承认，《不扩散核武器条约》在防止核扩散方面取得了较大的成效，它为核扩散设置的障碍使得获取核武器成为一项更艰难、更花成本和时间的工程，从而减缓了核扩散的速度，缩小了核扩散的范围，促使一些具有核能力的国家在发展核武器问题上采取了克制的态度。鉴于这样的情况，国际社会应该继续维护《不扩散核武器条约》机制，并且使之更加完善。为此，特别需要完善条约的安全保证制度。

安全需求是一些国家谋取核武器的最主要动机。要想从根本上防止国家行为体的核扩散并完善全球核不扩散机制，必须从根本上消除这些国家发展核武器的动机。但遗憾的是，迄今为止，核不扩散机制内缺乏强有力的安全保证制度，因而无法消除这些国家发展核武器的动机。这是造成目前核不扩散机制陷入某种困境的主要原因。

具体检查一下核不扩散机制的安全保证制度就可以发现，它存在着两个方面的不足。第一，它的安全保证制度缺乏法律约束力。《不扩散核武器条约》的无核缔约国多次试图获得来自核国家的有法律约束力的"消极"和"积极"安全保证,① 但遗憾的是,这方面的努力一直没有获得成功。第二,核不扩散机制内缺乏常规安全保证。即使核国家给予无核国家有法律约束力的"积极"与"消极"安全保证,也只是消除了核国家对无核国家随意使用核武器的危险,但一些无核国家在国家安全上严重缺乏安全感的问题仍未解决。因为对一些无核国家而言,安全威胁不仅来自强大敌国的核武器,而且来自甚至主要是来自强大敌国的常规军事能力。在冷战结束后的一段时期内,个别军事大国实行单边主义,随意对他国实行军事打击、军事干涉。这种错误做法恶化了国际政治和安全环境,激发或加强了一些国家谋求核武器的动机。

简而言之,在维护国家安全问题上,无核缔约国放弃了核选择,而核不扩散机制却未能在安全上给他们提供必要的替代手段。因此,我们需要对现行的以《不扩散核武器条约》为基础的核不扩散机制进行发展、补充与完善,特别是需要从安全制度安排方面进行努力,为无核缔约国提供有法律约束力的"消极"与"积极"安全保证,从法律上消除来自核国家的核威胁。

同时,国际社会还应共同努力,充分发挥联合国的主导作用,倡导通过和平对话方式解决国家间的争端,反对随意诉诸武力和进行武力威胁的错误做法,更要坚决反对对他国内政进行军事干涉。只有较好地消除了来自强国的常规武器威胁,才可能有效消除弱小国家发展核武器以自卫的需求。有效控制更多国家走向核武器化的趋势,将有助于全球对非国家行为体核扩散的控制,因为核国家数目越少,非国家行为体偷盗核材料的源地与机会也就越少。

(2) 增强全球出口控制合作,消除双重标准。《不扩散核武器条约》主要是通过国际原子能机构对核材料进行技术上的监督控制与核

---

① "积极安全保证"(Positive Security Assurances)是指当无核国受到核攻击或核威胁时,核国家采取行动并给予必要援助,这一声明被称为核国家对无核国提供的"积极安全保证";声明不对无核国使用和威胁使用核武器,这被称为"消极安全保证"(Negative Security Assurances)。

查，防止无核缔约国在和平利用核能时秘密发展核武器，但国际原子能机构的核查体系无法涵盖游离于条约之外的国家，因此，其他的一些出口控制组织，比如"核供应国集团"组织（Nuclear Suppliers Group），以及桑戈委员会（Zagger Committee）等，成为《不扩散核武器条约》的良好补充机制。这些组织在核出口控制方面比《不扩散核武器条约》的出口控制更严格，其规定限制的物项不仅包括用于军用核反应堆的材料、设备、技术，还包括许多既可军用也可民用的两用物项，受控的出口接受国范围涵盖所有无核国家，包括《不扩散核武器条约》之外的国家。① 进一步强化这些出口控制制度，将有利于防止敏感核技术、核设备、核材料的扩散。目前，美国在这方面采取的双重标准对出口控制制度具有很大的破坏作用。许多西方出口商为了商业利益秘密出售与核武器技术相关的产品也是一个严重的问题。事实显示，巴基斯坦、巴西、阿根廷、伊拉克等国家的许多核设备，都是通过秘密核交易从美国、加拿大、英国、荷兰、瑞士、德国和意大利等国的出口商那里得到的。② 在最近十几年汗博士的核走私网络中，大部分的技术供应商或中间人是来自欧洲的企业或个人，而且他们的政府对其中大部分活动是知晓的。③ 西方对这类非法活动责任人并没有执行严肃的惩处，而只是对非西方国家中一些被怀疑有扩散嫌疑的企业执行严格的制裁行动。这种政治化的双重标准做法，严重腐蚀了现有的出口控制制度。只有对所有参与非法核走私的企业和个人进行严肃惩处，才能有效遏制日益猖獗的走私网络。在这方面，全球主要国家应该统一认识，统一标准，这是控制非国家行为体进行核扩散努

---

① Tariq Rauf, *Inventory of International Nonproliferation Organizations and Regimes* (Monterey Institute of International Studies, 2000), pp. 31 – 35; Jeffrey M. Elliot, Robert Reginald, *The Arms Control, Disarmament, and Military Security Dictionary* (California: ABC – CLIO, Inc., 1989), p. 233.

② 朱明权：《核不扩散：危险与防止》，上海科学技术文献出版社，1995，第 106～111 页；Rodney W. Jones et al., *Tracking Nuclear Proliferation: A Guide in Maps and Charts*, A Carnegie Endowment Book, 1998, p. 188。

③ George Perkovich, " 'Democratic Bomb': Failed State," *Policy Brief*, No. 49, November 2006, Carnegie Endowment for International Peace, p. 2.

力中非常重要的一环。目前，一个比较有利的条件是安理会1540号决议为防止、处理这类扩散活动进行了国际法上的准备。国际社会应该利用这一条件，争取早日建立起一个有统一标准的、全面合作的出口控制制度。

（3）减少全球核材料库存、流量、储存场所。目前，全球拥有的军用钚材料储存为241吨、军用高浓铀1203吨，分离的民用钚材料256吨、民用高浓铀237吨。[1] 民用核材料储存中，可以用于武器的主要是分离的钚和高浓铀。

设法减少全球核材料总量的努力，应该与核裁军进程中的其他努力相结合。目前，全球90%以上的核武器和军用核材料在美国与俄罗斯手中，这两个核大国肩负率先大幅度裁减核武器、减少并尽快处理多余军用核材料的重任。另外，促使全球达成停止武器用核材料生产的条约也有利于实现减少全球核材料总量的目标。

在全球民用核材料储备中，有256吨分离的钚和237吨高浓铀是可用于核武器的危险材料，它们分布在几十个国家中。包括国际原子能机构在内的有关各方应该大力支持美国能源部发起的"全球威胁减少倡议"。该项倡议将努力重点放在发现、保安、运走和帮助处理散落在全球各地的高危险度的民用核与放射性材料，这是一项紧迫又有较大可操作性的计划，可以在今后数年内较快减少全球危险性核材料的数量和贮存场所数量。应该鼓励有关国家在将使用高浓铀的研究堆转化为使用高密度低浓铀的研究堆方面进行技术合作，争取尽快实现减少、直至最后消除民用核能领域使用高浓铀的目标。

另外，在民用核燃料领域，每年都有100次左右、总运输量约为25吨的商业钚运输，主要是将分离的钚从法国等欧洲国家的主要分离设施运往日本等国。据估计，到2020年，将大约有1500次、重约500

---

[1] *Global Fissile Material Report 2011*: *Nuclear Weapon and Fissile Material Stockpiles and Production*, Sixth annual report of the International Panel on Fissile Material, January 2012.

吨的这类长途商业钚运输。① 分离的钚是可以用于核武器的危险材料，长途运输中的这种材料容易成为非国家行为体截取的目标。国际社会应该设法减少这类危险材料的运输次数，强化国际运输的保安等级。由于这类国际运输大部分发生在法国与日本间，法日两国尤应采取有力的改进措施。

日本政府曾在 1997 年向国际原子能机构作出书面承诺，将遵守"无过剩钚"的原则，即将分离出的钚都用于反应堆，保证没有过量的分离钚累积。② 然而事实上，截至 2010 年底，日本已经拥有分离钚 44.9 吨（其中 35 吨暂时滞留在欧洲，9.9 吨在国内），如果用于核武器，可制造数千枚核弹头。③ 目前，由于一系列的技术事故、人为事件和地方公众反对等因素的阻碍，日本的钚消耗计划大大延迟。即使钚使用计划如期进行，在今后十几年中，日本计划的钚供应量也远远超过需求。这样一来，日本向国际原子能机构承诺的"无过剩钚"的原则在今后十几年中都难以实现。国际社会应劝说日本政府无限期推迟六所村后处理厂的运行，并重新考虑调整核燃料循环政策。在暂停钚分离活动期间，日本还应暂停运回滞留在海外的钚，先将国内现存的分离钚尽快消耗掉。

（4）制定合理的民用核燃料循环控制方案。如前文所述，民用核燃料循环所涉及的技术、设施与生产核武器材料所涉及的技术、设施基本一样。因此，只要拥有民用核燃料循环项目的国家一旦作出发展核武器的决定，很容易在短时间内将民用核设施转为军用。民用核燃料循环设施很容易成为非国家行为体进行核材料和核技术扩散的猎取

---

① David Albright and Kimberly Kramer, "Chapter XIV, Shipments of Weapons-Usable Plutonium in the Commercial Nuclear Industry," in *Global Stocks of Nuclear Explosive Materials*, http：//www.isis – online.org/global_ stocks/end2003/plutonium_ shipments.pdf.

② IAEA Information Circular, INFCIRC/549/Add.1, March 31, 1998.

③ IAEA, "Communication Received from Japan Concerning Its Policies Regarding the Management of Plutonium," INFCIRC/549/Add.1/14, October 12, 2011; "Japanese Plutonium Program Threatens Nonproliferation Regime, Warn Nobel Laureates and other Experts," *UCS Press Release*, May 5, 2005, see http：//www.ucsusa.org.

目标。因此，国际社会有必要加强这方面的监督与控制，这已成为当今核不扩散机制中的新挑战。目前，国际原子能机构以及美国都提出计划，希望全球限制核燃料循环生产取得进一步发展。

2006年9月19日，国际原子能机构总干事巴拉迪发表"核燃料循环新框架"的构想，提出这方面的全球控制需要分阶段地渐进进行；当前存在的主要障碍是无核国家的政治意愿难题；要建立这一框架，需要进行全球性讨论协商。美国在2006年提出的"全球核能伙伴关系"计划则是将核燃料循环技术控制、核废物最小化、提高核材料核设施保安性、扩大核能发展等一系列棘手问题放到一起，试图从技术上一揽子加以解决，但即使从技术、经济等方面看，这也不是一个已经成熟的方案。

着眼长远，减少核燃料循环项目中蕴涵的核扩散风险，是防止核扩散、核恐怖主义的重要努力，因此，有必要深入分析，探索出一条合理有效地限制其发展的方案。

制订全球核燃料循环控制方案必须在政治上获取大多数国家的支持。因此，它不可能一开始就是一个强制性的方案，而应该是一个具有妥协性的渐进方案。未来全球核燃料循环控制机制可以依托《不扩散核武器条约》机制，采取"以鼓励、协助换取放弃发展独立核燃料循环"的方式。具体而言，一方面，承认广大无核国家和平利用核能的正当权利，允许各国发展独立的核燃料循环项目，但同时要强化国际原子能机构的保障监督力度，提高国际市场核燃料、核技术、核设备供应的门槛和价格；另一方面，实行核燃料供应机制，确保对自愿放弃发展核燃料循环的国家提供优惠核燃料。显然，要实现这种控制机制，关键是要建立起一个不会因国家性质、国家关系受到影响的可靠的核燃料供应机制，只有这样，无核国家才可能同意放弃发展独立的核燃料循环项目，而不必担心核能源工业会因此受到强权国家或供应国组织的牵制甚至阻碍。

2006年5月31日，法国、德国、荷兰、俄罗斯、英国和美国常驻国际原子能机构代表团向国际原子能机构总干事和理事会提交了一份有关"可靠获得核燃料的多边机制概念"的信函。这个"六国倡议"提议建立多边供应机制，重点开展浓缩铀服务，通过鼓励无核国与核燃料供应国签订长期合同、缔结双边协议以及建立浓缩铀储备等方式，确保无核国的核燃料供应，从而使它们放弃独立生产浓缩铀的计划。这一建议有一定的积极意义，需要各国就具体措施展开进一步讨论。

长期以来，美国在不扩散领域执行双重标准或有选择的政策，这显然是有损全球核不扩散机制的。美国以与其关系好坏作为划分标准的做法，严重腐蚀了核不扩散机制的信誉。例如：美国为了支持美印民用核合作计划，不惜修改多年形成的核供应国集团的基本法律规则。这不利于国际社会劝说伊朗放弃其浓缩铀的计划。美国对日本也采取了十分宽容的态度。日本在累积的分离钚已经达到四十余吨的情况下，依然运行新建的大型后处理厂，对此，美国未作任何反对。在这种双重标准或选择性政策前提下，很难建立一个全球性合作方案。民主制度不能保证一个国家不发展核武器，现在友好的国家也不能保证将来友好，因此，防止核扩散的努力不应该建立在政治关系好坏的基础上，在这方面坚持一致的标准是至关重要的。目前看来，日本的核燃料政策以及美国对它的态度已经具有一种消极的示范效应。若是对日本核问题处置不好的话，将直接影响当今国际社会加强核不扩散机制的有效努力，特别是给伊朗、朝鲜核问题的处理带来负面影响。在现有国际核不扩散机制内就核燃料生产技术方面，分成"可以拥有"和"不可以拥有"两类国家，实际是在建立一种新的双重标准。目前的《不扩散核武器条约》没有这样的法律依据，如果强行这样做，无疑将动摇《不扩散核武器条约》的法律基础，对整个核不扩散机制带来重大冲击。

建议美国重新考虑其提出的"全球核能伙伴关系"计划的行动路线和优先发展顺序，采取比较现实可行的办法，将核燃料循环技术控制、核废物最小化、提高核材料核设施保安性、扩大核能发展等一系列棘手问题分开解决。同时，应该优先鼓励"燃料租赁－乏燃料回收"机制。我们建议这方面的努力应该放在《不扩散核武器条约》审议大会的有关议题讨论日程中,这是一个具有广泛参与性和合作基础的讨论平台,有利于与核不扩散机制的改进结合起来。任何全球核燃料循环控制机制都必须有广大无核国的支持,否则不可能真正实现。为此,一个特别重要的前提是,必须要采取统一标准,避免在无核国家中再进行分类。

2. 有效控制、管理现有扩散源

对现有核材料、核设施进行有效、妥善的控制和管理,是防止非国家行为体进行核扩散的最重要的步骤,国际社会需要大大加强这方面的努力。具体内容应该包括对全球军用和民用核材料、核设施进行全面的保安管理并有效提升其控制标准,其中也应包括对核技术人员的有效管理与控制。

(1) 加强对核武器、核材料的管控。核材料可以分为军用、民用两大类。一般而言,核武器国家手中的核武器或军用核材料,是直接关系到各国核威慑力量的主要资源,具有极强的保密性。相对于民用核材料而言,对军用核资源的安保要严格得多。但是,随着核恐怖主义形势的日益严峻,所有核武器国家的核安保状况日益受到关注,人们普遍希望各国的核安保状况在新形势下进一步强化。目前,在核武器国家之间,还没有就有关核武器、核材料的安保方面进行合作的正式机制。国际社会应该探索可能的合作方式,加强这些国家的核安保。

20世纪90年代中期以来,根据双方签订的《关于核武器弹头安全和安保方面的技术交流协议》,美俄在监测技术、封闭容器运输、信息屏障技术交流等方面开展了一系列合作,取得了不少成绩。虽然双方也存在某些分歧,例如俄罗斯认为有关钚材料的构成、丰度、质量等方面的情况为保密信息,不能涉及,而美方却不这样看。但这没有阻碍双方在保留分歧的同时继续进行交流合作。

巴基斯坦作为事实上的核国家,其境内核武器及核材料的安保状况一直受到国际社会的特别关注。据报道,"9·11"事件后两天,巴基斯坦总理穆沙拉夫命令将核武器部件重新安置，后来还将核武器分散放置到六个不同的秘密地点。尽管穆沙拉夫一再对巴基斯坦核武器的安全作出保证，但是，考虑到巴基斯坦国内政局的复杂性，特别是其国内伊斯兰极端组织的存在，美国依然非常担忧。巴基斯坦一般不愿意外国人涉足其核设施，也拒绝美国接触其核武器专家卡迪尔·汗博士。不过，为了提高巴基斯坦的核安保状况，美国已经低调地与巴方在实物保护以及核弹头安全等方面开展了合作。[①] 这种合作将减少非国家行为体或核恐怖主义分子在巴基斯坦进行核材料偷盗行为的可能性。

应该说，在所有核武器国家之间的正式合作机制尚难以建立的情况下，一定形式的双边或小多边合作是值得鼓励的。当然，这些合作应该被严格限制在有利于提高彼此间的相互信任和加强核安全的框架之内。根据这样的精神，所有有核能力的国家都可以考虑进行某种形式的核安全合作。

（2）改善《不扩散核武器条约》对民用核领域的保障监督功能。在过去的几十年中，核不扩散机制主要上是通过控制核材料来防止核扩散，即通过国际原子能机构对无核缔约国的民用核设施（包括铀浓缩厂、各种反应堆和钚后处理厂等）的视察，以及核材料供应方面的限制与跟踪，来防止无核国家利用民用核活动秘密发展、制造核武器。但实践表明，尽管核查制度日趋严格，从技术上讲，这些措施在防止扩散方面仍存在严重不足与漏洞，实现控制无核国家不累积核材料的目标面临着巨大的挑战。

例如，国际原子能机构在监督核查中规定了一个技术精度下限——"重要量"，即武器级铀25公斤，武器级钚8公斤，要求核查必须保证当被核查方缺失的核材料超过"重要量"时能够被发现。但从技术上对核材料进行的控制监督难以做到滴水不漏，被核查国完全

[①] Charles D. Ferguson, *Preventing Catastrophic Nuclear Terrorism*, CSR No. 11 (Council On Foreign Relations, New York, March 2006), pp. 11 – 13.

可能移走少量核材料而不被发现,以至积少成多,慢慢达到可观的数量。当年伊拉克就曾秘密转移了部分民用核材料。

又如,为了避免各国在民用核能利用过程中累积越来越多的钚材料,核不扩散支持者建议各国不要使用烧铀钚混合燃料的反应堆,将钚材料排除在核燃料循环之外,并对含钚的废料作永久埋藏处理。但有些国家反对这样做,它们认为铀燃料(铀-235)在地球上储量有限,总有用完的时候,而钚燃料可以(通过转换)从储量很大的铀-238中得到。它们把将钚引入燃料循环的"钚经济"作为长远目标,尽管其成本远比单烧铀燃料要高。日本就是典型的持有此种观点的国家。

在上述情况下,拥有核燃料循环能力的无核国家,由于平时存在大量的工业钚,一旦它们具有发展核武器的意愿,这些钚(或其中的一部分钚)就可能被用来制造核武器。

就当前情况看,在短期内,一些无核国家在民用核能框架下拥有后处理设施、一定量的浓缩铀及其他可用于武器的核材料的状况将难以完全改变。因此,大力加强对各国民用核工业的保障监督应是当前国际原子能机构的努力方向。1997年《不扩散核武器条约》组织通过了条约的《附加议定书》,并敦促各缔约国尽快与国际原子能机构签订议定书。过去国际原子能机构与各缔约国签订的全面保障监督协议主要是针对缔约国申报的设施和活动进行视察核准,而新的《附加议定书》则全面加强国际原子能机构保障监督的能力和权限,允其对缔约国申报的核活动和可能出现的未申报的核活动进行监督保证。议定书增大了信息获悉和地点准入的范围,扩大了使用先进视察技术手段的权限,如允许进行环境取样,允许在短时通知情况下进入核设施所有建筑物进行视察,允许使用包括卫星在内的一些现有国际通信系统,以及要求缔约国提供涉及所有核燃料循环环节的信息,及时提供新设施的设计信息等。如果各缔约国都能签署、批准这一《附加议定书》,《不扩散核武器条约》的保障监督功能无疑将得到极大改善。国际社会应推动所有缔约国尽快签署批准《附加议定书》。

国际原子能机构原有的保障监督技术手段也需要大大提高。在对核材料衡算核查方面，国际原子能机构的标准是允许有1％左右的误差。这个标准已经不能满足对各国日益增强的生产能力的有效监督。例如，日本新建的六所村后处理厂每年可分离出8吨钚，按照上述监控能力计算，每年的衡算误差可以达到200多公斤，日本如果每年从中转移几公斤的钚，将不是一件难事。因此，如何针对六所村后处理厂这样的大型后处理设施进行及时可靠的安全保障监督，将是国际原子能机构和国际社会面临的一个重大技术挑战。国际原子能机构有必要在这方面尽快通过改进视察技术手段和视察程序来提高核查精度。2005年，为加强对各个缔约国履约情况的监测能力，国际原子能机构设立了保障监督与核查委员会。国际原子能机构可以通过该委员会的工作，全面提高核查精度。

（3）建立全球民用核领域的核安保（实物保护）体系。面对非国家行为体的核扩散、核恐怖主义活动，全球的民用核材料、核设施是最脆弱的环节。对全球民用核材料、核设施进行高标准保护将是防止非国家行为体核扩散最直接、最前沿的防范性措施。由于《不扩散核武器条约》的主要目标是防止民用核活动转为军用，重点在于对核材料衡算等民用核活动进行保障监督，因此，该条约缺乏对现有核材料、核设施进行实物保护的专门要求。其保障监督方面功能的完善只能间接减少非国家行为体进行核扩散和核恐怖主义活动的机会。因此，在加强《不扩散核武器条约》机制的同时，防范非国家行为体进行核扩散和核恐怖主义活动的国际机制应更多地依靠专门的全球性实物保护公约及相关法律、措施。目前看，《制止核恐怖主义行为国际公约》对这方面的努力具有积极作用，但其重点是针对核恐怖主义犯罪制定有利于全球合作的法律框架，其中虽然也有敦促各国加强实物保护的内容，却并未提出具体的措施。2005年修订的《核材料与核设施的实物保护公约》可以说是目前唯一比较全面涵盖核安保问题的国际公约，其内容涉及核材料、核设施的实物保护以及国际运输过程的安全防护。

我们建议，增强全球民用核领域核安保的全球努力可以以《核材料与核设施的实物保护公约》为核心，以国际原子能机构为依托，以联合国安理会的具体授权和决议为国际法依据，建构一个全面、有效的核安保国际体系。具体而言，这方面的努力应该包括以下几个方面：一是制定可行计划，敦促所有相关国家特别是那些有大量民用核活动和核能力并长期游离于核不扩散机制之外的国家，尽快签署、批准《核材料与核设施的实物保护公约》和《制止核恐怖主义行为国际公约》。二是为监督履约，可在公约下成立某种形式的专门组织，或让国际原子能机构内在实物保护方面有具体实践经验的机构来承担这一任务；除监督履约外，这些机构还应做好技术咨询和协助性服务的工作。三是联合国安理会应就此问题进行更多努力，在现有1540号决议基础上，就如何监督各国依照决议行动、如何具体履行决议等问题制定具体措施，并可通过更加具体的授权，促进全球核安保体系尽快建成，并确保这一体系囊括所有必要的国家。

总之，只有尽可能多的国家加入全球核安保体系，该机制才能真正起到有效的防护作用。

（4）加强全球核技术人员的管理与控制。当谈及核扩散源时，人们往往集中于核材料、核装置或核设施本身，而忽略了那些从事核武器、核工业的科研和技术人员，其实这些科技人员也是一个不容忽视的核扩散因素，因为他们掌握专业的核技术，有的还拥有接触核材料的特殊权限，容易成为核扩散者猎取的对象，或者因为经济或政治等原因他们本身就有可能成为核扩散的行为体。特别是最近十余年来，随着有些国家核武器或核工业部门的收缩或改组，不少原来从事这些部门的科技人员面临失业或重新改换工作的命运，这就增加了他们成为扩散源的风险。因此国际社会应该重视核科技人员的有效管理与控制。

目前人们已经逐步意识到对核科技人员进行有效管控的重要性，某些国家和组织也已经开始在这方面作出努力。比如，"八国集团"在2002年峰会上发起了"反对大规模杀伤性武器和材料的全球伙伴"

计划，该计划就包括对苏联核科学家重新改换工作的资助安排。不过，由于各国核科技人员分布广泛，各国管理体制存在巨大差异，因此，仅仅通过一两个资助计划来管控是无法满足需要的，国际社会必须高度重视这方面的问题，开展国家间的广泛合作，切实做好人员管控工作。这方面的国际努力应该包括：敦促各国提高核科技人员的管理与控制标准、加强人员管控机制的国际交流与合作、建立专门的国际基金项目，以及为需要的国家与地区提供人员管控方面的资助等。总之，对现有扩散源的控制不能仅仅局限在核材料、核设施这些"物"的方面，而且也应该涵盖那些掌握核技术、核技能的人员。

3. 建立核扩散事件的探测与反应合作

在反对非国家行为体进行核扩散和核恐怖主义活动的斗争中，完善现有核不扩散机制，建立全球核安保体系等努力是第一道防线，如果扩散行为正在发生或已经发生，就必须在第二道防线上进行努力，对非国家行为体扩散事件进行及时的探测与应急反应。

比较明显的核材料走私案件大都发生在20世纪90年代，至今世界上还没有发生真正意义上的核恐怖主义事件。但是，恐怖主义的猖獗及核材料走私黑市的发展却预示着核恐怖主义事件发生的可能性正日益增大。国际社会必须防患于未然，加强第二道防线方面的研究与合作。这方面的合作主要包括：发展边防海关高效率探测核材料、放射性材料技术；在核走私案件发生后，尽快确认核材料或放射性材料的种类、身份，辨别其原始来源和走私途径；对核装置、放射性武器进行探测、类型判断和处置；在核装置、放射性武器、核材料被发现后，做好现场保护等。积极开展这方面的国际合作，不仅能有效阻止核扩散事件的进一步发展，而且对核走私、核恐怖主义活动具有一定的威慑作用，对于发现核材料管理漏洞、完善现有核安保体系也具有重要价值。

目前，对于核材料、核部件、核装置探测技术，主要核国家都在开展研究，美国等一些国家的边防海关已经开始使用放射性探测仪器。尽快推广这些技术，使之在各国得到广泛使用是一项紧迫的任务。此外，从技术上看，某些核及放射性材料的可测中子及 γ 射线等强度较弱，在高屏蔽材料内较难发现。各国应该加强这方面的技术探索与交流，以找到解决之道。

在核材料、核部件、核装置的身份确认方面，近十年来，已经逐渐诞生了一门新兴学科——核法证学（Nuclear Forensics）。它是对核材料或放射性材料进行探测分析，确定其成分，判断其来源，为追踪扩散源以及事件的后果处理、司法处理提供技术支撑。其目标主要有两个：一是对样品的源属性进行分析判断，确认构成、质量、年龄（或历史属性）以及原始出处；二是对其路径属性作出判断，分析其来源途径和扩散路线，追踪可能的黑市渠道。[1] 在源属性判断方面，涉及的技术有放射性化学、质谱分析技术等。由于核材料的同位素构成等基本属性与生产材料的反应堆性质、种类、燃耗深度、冷却时间等因素有关，分析起来有相当的难度。如果要对材料出自哪国、哪种反应堆作出较为准确的判断，需要结合各国反应堆的生产数据来分析。推进这方面的国际合作将会遇到很多困难。

目前，在扩散事件探测与反应方面的合作主要以国际原子能机构的规则和其提供的协助为基础。国际原子能机构的核安全与安保署负责有关安全与安保方面的规则制定、技术研究、技术咨询培训以及服务提供等，其内容广泛涉及反对非国家行为体进行核扩散和核恐怖主义活动所需要的防范、探测及反应措施。国际原子能机构已经颁布了一系列的相关指导规则，包括 1986 年的《及早通报核事故公约》、《核事故和辐射紧急情况援助公约》，1998 年的《乏燃料管理安全和放射性废物管理安全联合公约》，2003 年修订的《放射源安全和保安行为准则》等。国际原子能机构的应急反应中心还向各成员国提供多方面的应急反应措施研究和服务。各成员国可以向国际原子能机构的核安保办公室提出核法证学调查申请，以寻求这方面的直接协助。国际

---

[1] Kenton J. Moody, Ian D. Hutcheon, and Patrick M. Grant, *Nuclear Forensic Analysis* (New York: Taylor & Francis, 2005), pp. 13 – 14; *Nuclear Forensics Support*, IAEA Nuclear Security Series No. 2 (Technical Guidance), IAEA, Vienna, 2006.

原子能机构理事会在 2002 年 3 月通过的 "反对核恐怖主义保护行动计划" 的后续内容中，有专门的探测与反应支持计划，目的是在成员国要求基础上，协助成员国改善其核安保状况，减少核扩散、核恐怖主义危险。可以说，国际原子能机构在防范、探测与反应非国家行为体核扩散方面已经为全球建立起了一个初步的合作框架。

我们建议，在现有国际原子能机构的合作机制之上，加强多边交流与合作，特别是在情报交换、探测技术、核法证学技术方面开展合作。美俄核武器实验室在核材料探测认证技术方面已经有十多年的研究及交流合作历史。美欧的一些研究机构和实验室等单位在核法证学技术研究方面已经开展了大量工作，中国部分学者也开始了核法证学技术的研究。希望国际原子能机构能将目前的这些研究成果和研究力量联合起来，尽快提高全球有关核扩散事件的探测与反应能力。

第五章
中国学术界的认识及中国的政策

进入21世纪以来,面对日益上升的恐怖主义和非国家行为体核扩散的威胁,中国作为负责任的大国,积极采取措施,增加核相关设施核材料的安保,参与国际防扩散进程,努力采取措施防止国家行为体和非国家行为体的核扩散威胁,为应对核恐怖主义威胁,维护核安保作出了重要的贡献。本章主要介绍中国学术界对这一问题的认识与探讨,分析中国面临的非国家行为体核扩散威胁,并对中国政府在这一斗争中采取的政策与措施进行概括与总结。

第一节 对非国家行为体核扩散的理论认识

近年来,随着经济全球化进程的加速、国际相互依存程度的不断提高以及全球公共问题的日益突出,跨国公司、非政府组织、国际组织等非国家性质的国际行为主体日趋活跃。长期以来,人们认为非国家行为体是主权国家的补充,在主权国家的默认或支持下发挥作用,国际恐怖主义的兴起却打破了这一传统认识。"9·11"事件的发生不仅引起了国际社会对非国家行为体与国家行为体之间矛盾和冲突的一面的高度重视，而且对其可能造成的巨大消极影响开始有了深刻的了解。事实上，对主要由主权国家构成的传统国际秩序和格局形成挑战与威胁的远不限于恐怖组织，无论是跨国公司还是形形色色的其他非政府组织都试图摆脱主权国家的控制，超越国家的界限独立发挥自己的国际行为功能，非政府组织的积极影响与消极影响都在迅速增长。其中，非国家行为体对核扩散行为的卷入，特别是恐怖主义可能与大规模杀伤性武器的结合，已经成为国际安全中的一个重大关切。[1]

中国的学术机构对非国家行为体核扩散问题高度重视，中国工程物理研究院、中国社会科学院、中国工程院、中国原子能科学研究院、中国现代国际关系研究院、中国国际战略研究基金会、中国军控与裁军协会等许多学术和智库机构以及一些大学的专家学者都在对此问题进行专门研究，有些还与国外研究机构开展合作研究，陆续发表了许多学术文章和政策研究报告。中国学术研究界所作出的积极努力不仅促进了公众对非国家行为体核扩散的危害性、严重性和紧迫性的认识，而且对于政府有关部门采取相关政策及应对措施起到了积极的促进与配合作用。

据粗略的统计，当前中国已发表的讨论核安保及反核恐怖主义问题的中文论文三千余篇，以反核恐或核安保为主题的专著十余本，如中国工程院出版的"反爆炸、生物、化学、核与辐射恐怖活动"丛书，潘自强主编的《核与辐射恐怖事件管理》等。

从这些研究成果可以看出，中国学术研究界对非国家行为体核扩散的定义、成因、形式、后果、对中国的威胁等问题以及如何应对这一威胁已经开展了较为广泛的研究，部分研究已经具有相当的深度。

中国学者已经认识到非国家行为体核扩散的危害性和防范难度，认为非国家行为体获取大规模杀伤性武器、技术和材料的隐蔽性更强，恐怖分子可能跨越国界从事地下活动，国际社会如果不进行紧密合作就难以对这些活动进行持续的跟踪和控制。一些公司或个人并非出于

---

[1] 张幼文、黄仁伟：《2003年中国国际地位报告》，《世界经济研究》2003年第5期。

恐怖主义目的，但也可能非法获取、转移敏感技术和材料以牟取暴利或达到某种政治目的，这成为武器技术扩散的另一个渠道。① 2006 年，中国工程院专门出版了《如何应对核与辐射突发事件》的专著，认为非国家行为体核扩散的威胁并非遥不可及，而是随时可能在身边发生，公众应该接受应对突发事件的相关知识准备的教育。该书专门介绍了相关的应对知识。

联合国相关决议对非国家行为体参与核扩散进行了界定，中国学术界基本接受这样的界定。根据联合国 1540 号决议和《制止核恐怖主义行为国际公约》，非国家行为体核扩散是指任何个人或实体未经任何国家合法授权而意图或进行开发、获取、制造、拥有、运输、转移或使用核武器及其运载工具、裂变物质和放射性材料的扩散行为。如果非国家行为体因恐怖主义目的而进行上述活动，其危害性更加严重。中国学者认为，恐怖组织或个人策划和实施的核恐怖主义行为，是非国家行为体核扩散行为中最具危害性的部分。

中国学术界仔细分析了 2005 年联合国大会通过的《制止核恐怖主义行为国际公约》，认为该公约不但对核恐怖行为作了较为全面的界定，而且基本厘清了非国家行为体与核恐怖行为之间的关系，基本阐明了"非国家行为者"的基本概念和防止向"非国家行为者"扩散的必要性。中国学者认为，该公约有四个特点。第一，规定的行为主体是国际恐怖组织和个人等非国家行为体，核恐怖行为包括非国家行为体的核扩散。第二，规定"拥有"、"威胁使用"和"使用"三种行为都是恐怖行为。也就是说，不仅"使用"和"威胁使用"放射性物质和装置，而且"拥有"这样的装置或物质都是恐怖行为。第三，公约把核恐怖的行为者聚焦在非国家行为体身上，缩小了核恐怖活动的光圈。恐怖分子或恐怖组织是这一公约要制止或者说打击的对象。② 该公约的核心内容是，各国在防止非国家行为体核扩散时，应该根据该公约要求调整本

---

① 潘振强：《试论国际制止大规模杀伤性武器扩散及中国的对策》，《世界经济与政治》2006 年第 8 期。
② 李根信等著《2005 年国际军备控制与裁军进程》，《军备控制与安全》2006 年第 1 期。

国法律，把核恐怖行为列入犯罪行为，并配以相应的刑与罚。

中国政府和学术界已经清楚认识到非国家行为体对国际安全构成的新挑战，并密切关注非法贩运核、生、化武器及其运载工具和相关材料所造成的威胁。"9·11"事件前，国际社会和主要国家之间原有的安全机制主要是应对国家行为体层面的威胁与挑战。这类机制的突出特点是具有相对稳定的运作规则和相对迟缓的反应措施，其在应对传统的国家安全挑战方面具有一定的效果，所针对的国家行为体相对明确，其行为模式也为人们所熟悉。但是这些机制对非国家行为体卷入扩散的应对并不得力。"9·11"恐怖袭击之后，以跨国、跨地区国际恐怖主义为代表的各种非传统安全问题进一步凸显。作为非国家行为体的国际恐怖主义组织打破了国家行为体之间的游戏规则，借助全球化的网络和信息化科技成果，直接挑战传统的情报信息搜集手段与研判模式、传统的强力部门出击方式，以及传统的国际社会危机处理模式。原有的国际安全机制不足以有效应对由非国家行为体构成的各种威胁，这也是近几年来尽管国际社会打恐力度不断加大，而恐怖形势却日趋严峻的一个重要原因。[1]

冷战结束后，尽管国际局势总体缓和，但地区冲突加剧，国际安全领域中的不稳定因素明显增加，与此相适应，各国的安全战略选择仍然是以增强自身军事实力为主。目前，核武器仍是一些非核国家用来增强自身军事实力的手段，并试图通过发展核技术来掌握核武器技术，恐怖主义组织等非国家行为体也力图染指核武器相关技术及核材料。[2] 从印巴先后进行核试验跨过核门槛、全球地下核交易曝光，到朝鲜、伊朗核危机的上演，事实证明，原有的国际核不扩散体制还远远不够完善，加上核恐怖主义的现实威胁，国际防核扩散进程面临国家和非国家行为体两方面的严峻挑战。"9·11"事件以来，国际安全形势发生了重大变化，大规模杀伤性武器扩散，尤其是大规模杀伤性

---

[1] 杨明杰：《推进反恐要超越冷战思维》，《现代国际关系》2006年第9期。
[2] 杨明杰主编《国际危机管理概论》，北京时事出版社，2003，第30页。

武器向非国家行为体扩散及其与恐怖主义相结合的现实危险性明显加大。

在新形势下，一些国际恐怖主义分子和组织已开始把目光转向核材料和核装置，他们企图获取或制造核爆炸装置、放射性散布装置，或者通过蓄意破坏核设施、袭击含有核材料的装运工具等，攻击公众，造成严重的核毁伤或辐射危害，给国际社会制造恐慌和破坏。非国家行为体获取大规模杀伤性武器、技术和材料的隐蔽性很强，恐怖分子跨越国界从事地下活动，国际社会很难进行持续的跟踪和控制。而现代科学技术的发展也给防范非国家行为体核扩散带来了新的挑战。在全球化日益发展的今天，科学技术迅速发展与普及，加之各国和平利用核能事业的发展，核技术的发展与扩散已不可避免。现在任何一个国家、组织和个人都可以获得大量与核武器相关的公开技术资料，可以比较容易地采购到部分材料和工具，甚至可以购买到掌握核科技专门知识并且具有丰富经验的专家的服务。此外，一些高新科学技术都具有两用功能，即既有民用与和平利用的功能，又具有直接或间接的军事功能，两者往往难以严格区分。在此情况下，非国家行为体已可能搞到当年绝大多数国家难以了解与掌握的技术。这大大增加了国际防扩散的广度和难度。

还有一些私营公司、非政府组织，甚至是有野心的个人通过获取敏感技术和材料从事非法输出，以牟取暴利或达到某种政治目的，这又为核材料、核技术的扩散开辟了另一个方便的渠道。从巴基斯坦前首席核科学家卡迪尔·汗为首的国际非法核技术、材料交易地下网络这一案例可以看到，国际地下核交易已经发展到了多么惊人的程度。一批来自巴基斯坦、阿联酋、英国、德国、马来西亚、南非、斯里兰卡、瑞士和土耳其的科学家、工程师和中间人，多年来一直在出售生产核武器必备的设计图纸和设备。而西方许多跨国大公司也参与其中。[①] 现实情况已经

---

① 潘振强：《试论国际制止大规模杀伤性武器扩散及中国的对策》，《世界经济与政治》2006年第8期。

表明，原有的法律和出口管制措施不足以完全阻止核设备、核知识的转让。当初在设计构建该机制时，着眼的主要是世界上可能进行核扩散的国家而非核黑市交易者，更非故意造成大量平民伤亡的恐怖组织。

当前，世界上已有一批无核武器国家拥有了制造核武器的技术能力与资源。较长时间以来，这些国家没有选择走正式发展核武器的道路，要么是觉得没有这种必要（其安全环境较好），要么是觉得这样做得到的利益将抵不上可能付出的代价。对这些国家而言，是否拥有核武器主要不在于技术与资源，而在于意愿。然而，虽然它们不拥有核武器，但由于其已经掌握核材料和有关的先进技术，所以它们也是潜在的核供应者，它们的技术能力与资源构成了国际核市场的重要组成部分，也是非国家行为体获取核技术和资源的重要源头。

在这种情况下，非国家行为体的核扩散已经成为国际社会最担忧的扩散形式之一，核恐怖活动则已经成为国际社会最担忧的恐怖形式。中国学者充分认识到，如果我们不能有效地遏制非国家行为体的核扩散、核恐怖活动，这些活动不仅会给和平利用核能事业的健康发展造成损害，而且还会对国际社会的和平与安全构成严重威胁。[①] 即使核恐怖主义发生在西方国家，中国也将受到由此产生的安全冲击和影响。总之，无论非国家行为体核扩散威胁发生在何地，中国都将不可避免地成为受害者之一，因而中国有义务与国际社会一道共同应对非国家行为体的核扩散威胁。因此，中国应将核安保（非国家行为体核扩散是其主要威胁源）视为国际防扩散机制中的又一个重要支柱。[②]

此外，中国学者的一个一致看法是，作为一个重大安全议题，防止核恐怖主义涉及国际安全的诸多方面，包括全球范围内的防核扩散、打击国际恐怖主义以及维护各国的国土安全等，因而涉及宽泛的政策领域。防扩散和打击国际恐怖主义的目的在于切断核恐怖主义的源头，

---

① 《中国的核保安——加强国际核保安、促进国际合作》，中国国家原子能机构张华祝主任在伦敦核保安大会上的讲话，2005 年 3 月 18 日，http://www.caea.gov.cn/n16/n1100/n1298/34238.html。

② 张沱生：《非国家行为体的核扩散与核安全》，《外交评论》2010 年第 3 期。

维护国土安全的目标则在于构筑一道国土安全的屏障。然而，防止核恐怖主义的第一步仍是防止核扩散，尤其是防止非国家行为体的核扩散。如果恐怖组织无法获得核材料、核技术与核武器，那么核恐怖主义就难以实现。防止非国家行为体的核扩散是防控核恐怖主义成功与否的关键所在。

第二节　中国面临的非国家行为体核扩散威胁

随着全球化、网络化的不断深入发展，中国与世界的联系日益紧密。作为国内外因素综合作用的产物，中国面临的非国家行为体核扩散威胁日益上升。总体来看，这一威胁主要有以下三个方面。

首先，中国面临的外部核安保环境不容乐观。在信息技术日益普及和全球化不断深入的背景下，国际地下核走私活动猖獗，非国家行为体获取大规模杀伤性武器扩散的现实危险性增大。苏联解体后，包括俄罗斯在内的一些前苏联地区国家的核技术、核人才以及核材料流失比较严重，它们一度成为寻求发展大规模杀伤性武器的国家和非国家行为体瞄准和窃取核材料、核技术的主要对象。在此情况下，非国家行为体由境外向中国境内非法贩卖核与放射性物质的可能性明显上升，对中国的核安保构成了一定程度的现实威胁。目前，与中国毗邻的中亚和南亚地区已成为危险材料集结、扩散的中心地带，黑市交易猖獗，其渗透目标和活动路线飘忽不定，往往企图利用有核国家的管理漏洞。中国对核和放射性材料的管理虽然十分严格，但也应当充分重视上述风险。上述区域还是"东突"势力主要的境外生存和活动区域，中国境内的恐怖组织从境外获得核材料的可能性不能完全排除。

其次，"基地"组织等国际恐怖组织一旦拥有核材料和核技术，可能向与其关系密切的恐怖组织扩散，这将使中国面临很大的安全风险。获取大规模杀伤性武器一直是不少恐怖组织追求的目标，"基地"组织就曾在这方面下了不少工夫。阿富汗战争后，卷入"基地"组织的核与放射性工作的专家与技术人员的身份与下落至今不明，他们在恐怖组织纠集下重操旧业，甚至帮助部分恐怖组织掌握制作简易核爆炸装置技术的可能性难以完全排除。曾在新疆制造过多起恐怖爆炸事件的"东突"等恐怖、极端组织长期与"基地"组织等国际恐怖组织相互勾结，一直试图在中国境内策划有更大影响力的恐怖事件。一旦"东突"势力经国际恐怖组织牵线搭桥，或者直接从"基地"组织手中获得裂变物质或放射性材料，将对中国的国家安全构成重大威胁。

最后，放射源安全隐患较大，或成为制造脏弹的潜在来源。国际原子能机构曾指出，全球100多个国家在防止放射物质被盗方面都有程序漏洞，就连曾遭恐怖袭击的美国对本国的放射性物质也疏于管理。美国核管理委员会在一份报告中承认，1996年以来，美国1500多件放射源丢失，半数以上至今下落不明。此外，欧盟的一份报告显示，欧盟国家每年都有70多件放射源丢失。[①] 近年来，中国相关政府部门对放射源的管理措施虽然不断加强，但是仍然有放射源事故发生。根据2002年国家环保总局（2008年调整为环境保护部，下同）核安全与辐射环境管理司的调查，当时全国约有用源单位8300多家，放射源总数为63700余枚，其中有约30%的放射源未在卫生部门办理许可登记，待处理的废弃放射源超过13800枚。但据专家估计，当时全国放射源总数应在8万枚以上，其中有相当比例的放射源没有得到有效控制。据环保总局提供的不完全统计，我国1954～2004年共发生各类辐射事故1500多起，平均每年发生事故30余起。而近年来，放射性事故仍然居高不下，其中放射源丢失、被盗占首位。[②] 放射源管理中存在的漏洞可能被恐怖组织和犯罪团伙所利用，对国家和社会稳定造成严重危害，这使放射源管理成为当前中国核安保最为现实的重要问题。

---

① 方达：《防范放射性污染是一项重要的任务》，《国际技术经济研究》2005年第1期。
② 秦杰、沈路涛：《国家环保总局：我国每年发生辐射事故30余起》，新华网北京4月26日电。

第三节 中国防止非国家行为体
核扩散的实践

近年来,在原有防扩散措施的基础上,中国全面执行联合国安理会1540号决议。在国内,采取一系列有力措施加强核设施保护和放射性材料监管,建立健全出口管制机制和相关法律法规体系,加强国内管制知识的培训和执法力度,成立"国家核安保技术中心",逐步建立起了危机管理及应急机制。在国际上,中国努力参与国际防扩散体制和相关国际规则的建设,与国际原子能机构等组织联合举办各类有助于防止非国家行为体核扩散的培训班,并加强了与主要大国在防止非国家行为体核扩散方面的双边合作。

一 国内核安全与安保监管

中国核与辐射安全监管起步于20世纪80年代初。经过20多年的努力,这一事业从无到有,逐步发展,目前已基本建立起一套适合中国国情并与国际接轨的核与辐射安全监管机制,使中国在役核设施的运行安全得到了较好的保障。所有在役核设施没有发生过大的核安全[①]及核安保事件,安全屏障完整性均满足技术规格书的要求;在建核设施的建造质量得到控制;辐射环境、放射源与放射性废物监管力度得到加强,一些突出的放射性污染隐患得到了有效监管和妥善处理。经过多年不懈努力,中国不仅制定了完整的履行核不扩散和核安保义务的相关法规和具体措施,而且还形成了由核能、环保、商务、公安、海关等诸多政府部门共同参与的控制和监管体系,中国的防扩散和核安保工作水平正在得到稳步提升。

放射源监管方面,随着核技术的广泛应用,放射源在中国已遍及工业、农业、医疗等各个行业。由于周期长、数量大、分布散,放射

---

① 此处核安全特指核设施的设计与人员的操作。

源管理的难度很大,这为非国家行为体接触或获取放射源提供了可能。为提高放射源管理的普遍性和有效性,多年来,中国政府一直在作出不懈的努力。近年来,根据民用放射源事故仍时有发生的情况,政府部门依据法律法规,对放射源从生产、运输、使用、回收等各个环节进一步加强管理,明显减少了放射源丢失和被盗的风险,降低了非国家行为体在中国获取放射源的可能性。

早在1989年中国政府就颁布了《放射性同位素和射线装置放射防护条例》。2003年6月,中国政府颁布了《中华人民共和国放射性污染防治法》。随后,《放射源编码规则》、《放射源进出口许可证办理要求》等部门规章也相继出台。这些规章制度为加强放射源管理奠定了基础。为进一步完善管理体制,摸清情况,2004年5月,国家环保总局会同公安部、卫生部成立全国专项行动领导小组,在全国范围内联合开展了"清查放射源,让百姓放心"专项行动,摸清了全国放射源底数。初步核定全国目前废弃和使用的放射源共有142773枚,除专项行动前全国城市放射性废物库、西北处置场、北京及吉林的旧废源库共收贮了35000多枚放射源外,剩余的107380枚放射源分布在12412家涉源单位,其中在用源76767枚,闲置废弃源30613枚。行动清查并收贮了一批闲置的废弃放射源,并在现有25个城市放射性废物库的基础上,对全国城市放射性废物库进行全面规划,积极推进放射源统一收贮。中国海关也加紧引入相关的技术和管理手段,加大了对放射源进出口的监督查处力度。① 2005年,中国政府对《放射性同位素和射线装置放射防护条例》进行了修订,明确了县级以上地方人民政府环境保护主管部门和其他有关部门,对放射性同位素、射线装置的安全和防护工作实施监督管理和制订辐射事故预案的责任。从事故的数量上看,2005年中国放射源事故有了明显减少,人员受照事故也明显少于往年,丢失放射源的事故也比往年有所减少,这表明国家放射性

---

① 《王玉庆副局长、李干杰司长在2005年全国核与辐射安全工作会议上的讲话》,《国家核安全局文件》〔2005〕19号。

同位素与射线装置实行统一监管初见成效，但放射源丢失后未能及时找回的比例仍然较大（约占丢失总数的 2/3）。①

除对相关法律作出修订外，国务院和有关部门还相应调整了机构设置，以更好地履行监管职责。2003 年，中国政府将对放射源实施监管的政府职能由卫生部门调整到环保部门，由国家环保总局核与辐射安全中心专门负责。2004 年该中心开始筹建辐射源安全管理室，作为国家环保总局放射性同位素、射线装置、电磁辐射安全和防护监督管理的技术支撑，并在较短的时间内完成了放射性排查、相关法规修订、放射源监管、技术文件审查等大量工作。

中国的核材料及核设施实物保护也已进入法制化和规范化的轨道。多年来，中国政府颁布实施了一系列法律法规，对可用于发展和生产核武器的材料、设备和技术实施严格管理。任何个人或实体未经授权均不得制造、获取、拥有、开发、运输、转移或使用此类物项。② 为防止核材料被盗窃、破坏、丢失、非法转让和使用，早在 1984 年，中国政府就颁布了《中华人民共和国核材料管制条例》；1990 年又发布了《中华人民共和国核材料管制条例实施细则》，对核材料实行许可证管理制度，建立核材料衡算制度和分析测量系统，并明确规定了核材料监督管理部门和持有部门的职责，核材料管制办法，核材料许可证的申请，审查和颁发，核材料账务管理，核材料衡算，核材料实物保护及相关奖励和惩罚措施等，由国务院在核工业部门建立专门机构负责管理和监督该条例的实施。至此，中国已经基本建立起符合国际原子能机构保障监督要求的核材料衡算和控制系统，以及符合《核材料实物保护公约》要求的核材料安保系统，使核材料的管制更加严密和规范。近年来，中国政府有关部门又陆续出台了《核材料管制视察规定》《核材料国际运输实物保护规定》《核电厂安全保卫规定》《核材料实物保护导则》等相关法规和技术文件，从而将中国核材料管制

---

① 王晓峰等《2005 年全国放射源事故评估分析》，《核安全》2006 年第 3 期。
② 《中国执行联合国安理会第 1540 号决议报告》，《2004 年 10 月 4 日中国常驻联合国代表给委员会主席的信》附件，联合国文件 S/AC.44/2004/（02）/4。

及实物保护工作全面纳入法制化和规范化的轨道。为做好核材料和核设施的实物保护,政府有关部门增加了对实物保护技术水平研发和人员培训的支持力度,在确保大型核电站等新建核设施的实物保护标准与国际水平接轨的同时,正在对技术防范标准相对较低的老设施进行升级改造。①

二 出口管制

出口管制是防范非国家行为体核扩散的一个重要环节。中国一直认为,有效的出口管制是实现防扩散目标的重要手段。作为一个具有较强工业和科技能力的国家,中国坚持核出口只用于和平目的、接受国际原子能机构保障监督、未经中国政府许可不得向第三国转让的原则,在加强出口控制方面,采取极为负责任的政策和举措,作出了重大的努力。经过多年努力,中国的防扩散出口管制完成了从行政管理向法制化管理的转变,相关出口管制做法已与国际通行做法基本一致,有些方面甚至更加严格。

多年来,与国际通行规则相衔接,中国政府建立起成套的法律法规来约束国内企业向国外出口敏感技术和物项,同时在执法方面辅之以配套的相关措施。中国对与核相关的敏感物项的出口和转口,实行有效的国家管制,包括制订适当的法律和条例,以管制敏感物项的出口、过境、转口和再出口。同时,政府也管制为敏感物项出口和转口提供的资金和服务,对可能有助于扩散的融资和运输等环节建立了最终用户管制。1996年5月,中国就承诺不向未接受国际原子能机构保障监督的任何核设施提供帮助,包括不对其进行核出口,不与其进行人员与技术交流与合作。1997年中国颁布《核出口管制条例》,条例全面阐述了中国政府的核出口原则,规定不得向未接受国际原子能机构保障监督的核设施提供任何帮助;核出口由国务院指定的单位专营;

---

① 《中国的核保安——加强国际核保安、促进国际合作》,中国国家原子能机构张华祝主任在伦敦核保安大会上的讲话,2005年3月18日,http://www.caea.gov.cn/n16/n1100/n1298/34238.html。

国家对核出口实行许可制度。条例还规定对核出口实施严格的审查制度，对违规行为采取严厉的处罚措施，并制定了全面详细的管控清单。1997年5月，中国政府颁布的《关于严格执行中国核出口政策有关问题的通知》明确规定，中国出口的核材料、核设备及其相关技术，均不得提供给或用于未接受国际原子能机构保障监督的核设施。1998年中国政府颁布了《核两用品及相关技术出口管制条例》，对核两用品及相关技术出口实行严格管制，并确立了对核出口实行许可证管理制度、出口经营者登记制度、出口审批程序和违规行为的处罚办法等。2002年中国政府颁布的《核进出口及对外核合作保障监督管理规定》进一步加强了有关对外核合作的管理。

近年来，针对非国家行为体核扩散威胁日益增大的形势，中国又对许多相关法律作出专门修订和补充。例如，中国支持国际原子能机构为防范潜在的核恐怖活动作出的努力，积极参加《核材料实物保护公约》的修约工作，发挥了建设性作用。又如，2004年5月加入核供应国集团（NSG）后，根据加入NSG所承担的义务，中国分别于2006年11月和2007年2月修订了《核出口管制条例》与《核两用品及相关技术出口管制条例》。修订以核供应国集团出口控制准则和我国防扩散出口管制政策为重要依据，在两个条例中均增加了"防范核恐怖主义行为"的内容，并明确将其作为条例的立法目的之一。此外，通过修订，还进一步完善了"核两用品及相关技术出口"的定义以及核两用品及相关技术出口许可所遵循的准则，并在条例中加入了"国家严格限制铀浓缩设施、设备，辐照燃料后处理设施、设备，重水生产设施、设备等物项及其相关技术等核扩散敏感物项"等条文。① 再如，根据防扩散出口管制工作的具体需要，中国政府从2006年9月起对所

---

① 参见2006年11月9日公布新修订的《中华人民共和国核出口管制条例》和2007年2月17日公布新修订的《核两用品及相关技术出口管制条例》。两个条例修订后，均在第一条明确规定："为了加强对核出口（核两用品及相关技术出口）的管制，防止核武器扩散，防范核恐怖主义行为，维护国家安全和社会公共利益，促进和平利用核能的国际合作，制定本条例。"

有石墨类产品的出口实施临时管制,要求所有此类产品出口都要申请许可证。

中国政府颁布实施的防扩散出口管制法规普遍采取了国际通行的许可证管理制度、最终用户和最终用途证明制度、清单控制方法及全面控制原则,并对违反规定的行为制定了具体的处罚措施。其中,许可证管理制度规定——敏感物项和技术的出口须经中央政府相应的主管部门逐项审批,获取出口许可证件后方可出口。出口许可证持有者须在许可证件有效期内严格按照许可内容从事出口活动,如出口事项和内容发生变更,需交回原出口许可证件,重新申领出口许可证件。出口经营者出口上述物项和技术时,应向海关出具出口许可证件,依照《中华人民共和国海关法》和有关管制条例及管制办法的规定办理海关手续,并接受海关监管。最终用户和最终用途证明制度要求敏感物项和技术出口经营者提供由进口敏感物项和技术的最终用户出具的最终用户和最终用途证明。最终用户须在上述证明中申明进口物项或技术的最终用户和最终用途,并明确保证,未经中国政府允许,不将中国提供的有关物项用于最终用途以外的其他目的,或向最终用户以外的第三方转让。至于采取清单控制方法和实行全面控制原则,中国有关部门不仅编制了内容详细的敏感材料、设备和技术管制清单,还作出明确规定:如果出口经营者知道出口项目存在扩散风险,即使拟出口的物项和技术不属管制清单范围,也必须申请出口许可证。出口审批部门在审查出口申请、决定是否发放出口许可证时,将全面评估有关出口的最终用途、最终用户及大规模杀伤性武器扩散的风险,一旦发现扩散风险,有关主管部门有权立即停止发放出口许可证和中止出口行为。此外,有关主管部门还可对有关清单外特定物项的出口实施临时管制。[①] 由于坚持了上述措施和原则的实行,中国大大降低了敏感物项和技术落入外国非国家行为体的可能性。

近年来,为确保防扩散出口管制法律法规得到有效的贯彻执行,

---

① 国务院新闻办公室:《中国的防扩散政策和措施》,2003年12月3日。

中国政府在机构建设、政策法规宣传、企业教育、违法案件调查与处理等方面做了大量努力。目前，各有关政府部门间已形成了明确的分工和协调机制。相关条例和清单一经颁布，即在各有关政府部门、外贸企业和研究机构的行业刊物及网站上公布。商务部与海关总署已共同制定"敏感物项和技术出口许可证管理目录"，为相关出口管制清单涉及的商品制定了海关 HS 编码，以提高政府出口监管能力。有关出口管制主管部门建立了"国家出口管制专家支持体系"，以对相关物项的出口审批作出准确、科学的判断，并建立起面向全社会的申请、审批、发证和海关监管验证放行体系。此外，中国政府还积极采取各种宣传教育措施，不断提高相关企业和机构遵守条例法规的意识；加强出口管制执法能力建设，高度重视对防扩散违法案件的查处，对违法出口行为进行认真调查并依法进行处理。①

为进一步约束国内相关企业和单位在出口受控物项和技术方面的行为，使其变得更加自律，中国政府还在刑法等方面出台了配套处罚措施。2001年12月通过的《中华人民共和国刑法》修正案明确规定，非法制造、买卖、运输放射性物质的行为是犯罪，对这种行为将给予刑事处罚。对未经许可擅自出口受控物项和技术，擅自超出许可范围出口相关物项，伪造、变造或买卖有关出口许可证的出口经营者，政府将依照《中华人民共和国刑法》关于走私罪、非法经营罪、泄露国家秘密罪或其他罪的规定，依法追究刑事责任；不构成犯罪的，根据不同情况，由政府主管部门实施行政处罚，其中包括警告、没收违法所得、罚款、暂停直至撤销其对外贸易经营许可等。

除了政府直接作出的努力外，中国的军控智库、研究机构也在加强中国国内的出口管制特别是增强企业出口管制意识，提高企业对敏感物项经营管理的水平方面作出了积极的努力，许多中国企业也积极参与其中。例如，2007年11月，中国军控与裁军协会在安徽省黄山市举办"企业出口管制研习班"，来自北京、上海、安徽和河南等省

---

① 国务院新闻办公室：《中国的防扩散政策和措施》，2003年12月3日。

市的两用品经营企业代表近120人参加了会议。会议除邀请国家和地方一些主管部门官员、专家和企业代表讲课和进行经验交流外,还邀请美英两国的出口管制专家介绍美欧出口管制的情况及做法。同年12月,中国军控与裁军协会又在韩国首都首尔与韩国贸易安全研究所和日本贸易与安全研究所联合举办中、日、韩企业出口管制经验交流会,三国企业的代表均在会上介绍了各自进行出口管制和建立自律机制的经验。此次交流会吸引了中、韩、日近百家企业参加。

综上所述,中国在加强出口控制方面做了大量工作,并且已经实现与国际规范的接轨。为有效防范国内敏感物项和技术流向国际恐怖组织等境外非国家行为体,同时也为有效防范境外敏感物项和技术偷偷流入中国境内,特别是落入"东突"等境内恐怖组织和其他敌对势力手中,中国在这方面的努力将会长期坚持下去。

三 应急管理

作为应对非国家行为体核扩散威胁的必要措施,经过多年努力,根据自身情况和借鉴国际经验,中国已经建立起了比较完备的核安全管理体系、监督体系和核应急工作体系,初步具备了应对相关突发事件的应急能力。中国政府颁布实施了一系列与核应急相关的法律法规,正在抓紧"原子能法"的有关立法工作。在应急机制和预案建设方面,为应对核领域的各种突发事件和恐怖主义威胁,建立了各部门间的核应急协调机制,制定了相应预案,加强国家核应急办公室职能,强化核设施的核应急准备和演练,积极开展各项核反恐准备和研究工作。[①]

1. 核电厂应急管理

中国核设施众多,分布在浙江、广东、江苏、北京、四川、甘肃、辽宁、内蒙古、陕西等地区,核设施的安全已成为各级政府和广大公众愈益关注的重要问题。以核电站为重点的核应急工作是一项涉及面广、

---

① 《中国的核保安——加强国际核保安、促进国际合作》,中国国家原子能机构张华祝主任在伦敦核保安大会上的讲话,2005年3月18日,http://www.caea.gov.cn/n16/n1100/n1298/34238.html。

技术性强、社会影响大、政治和外交敏感度高、公众极为关注的系统工程。做好核应急工作是中国法规和相关国际公约的要求，是中国公共危机管理的重要组成部分，更是核能事业健康发展的保障。做好核应急工作，可以控制和减轻可能发生的核辐射后果，降低对环境的损害和对人类健康的伤害。

中国核应急工作起步于20世纪80年代中期，经过多年努力，特别是通过实现《国家核应急工作"十一五"规划纲要》的目标，现在已经基本建成覆盖各类核设施与核活动的核应急组织体系[①]；培养出了一支具有较高安全文化素养、应急意识、技术水平和决策能力的核应急指挥与管理队伍；建立起了布局合理、功能配套的核应急技术支持体系与救援队伍；建成了互联互通、信息共享的全国核应急网络。

国家核应急组织体系由三级组织组成，即国家核应急组织，核设施所在省（自治区、直辖市）核应急组织和核设施营运单位的核应急组织。国家核应急组织包括国家核事故应急协调委员会、国家核事故应急办公室以及国家核应急协调委联络员组、专家咨询组；其他两级应急组织也都建立了相应的应急管理机构。

国家核事故应急协调委员会的主要职责是：

（1）贯彻国家核应急工作方针，拟定国家核应急工作政策；

（2）组织协调国务院有关部门、核行业主管部门、地方政府、核电厂和其他核设施营运单位及军队的核应急工作；

（3）审查国家核应急工作规划和年度工作计划；

（4）组织制定和实施国家核应急预案、审查批准省级场外应急预案；

（5）适时批准进入和终止场外应急状态；

（6）统一决策、组织、指挥应急支援响应行动，随时向国务院请

---

① 中国的核应急组织体系最初主要是针对民用核设施的核事故建立的，应对核事故至今也仍是其主要任务，但在新形势下，其任务已扩展至其他核设施和对非国家行为体的核活动进行应急管理。

示报告；

（7）适时向国务院提出需实施特殊紧急行动的建议；

（8）负责履行与核应急相关的国际公约、双边或多边合作协议，审查批准核事故公报、国际通报，提出请求国际援助的方案等。

1993年中国国务院颁布《核电厂核事故应急管理条例》，明确了核应急管理三级组织系统在应急准备和应急响应中的职责，规定了应急防护和应急对策等主要内容，奠定了核应急工作的法律基础。此后，在国家核事故应急协调委员会的组织下，又陆续发布了《核电厂核应急演习管理规定》《民用核燃料循环设施营运单位的应急准备》及《核电厂应急计划区的划分》等多项管理规定和应急导则。

1996年，中国国务院发布《国家核事故应急计划》。2006年，该应急计划经修订后更名为《国家核应急预案》，相关地方政府和各核设施营运单位也制定了相应的核应急预案。福岛核事故后，在原有《国家核应急预案》的基础上，国家核事故应急协调委员会根据在汶川特大地震和日本福岛地震等重大事件中取得的经验教训，审议通过了新版《国家核应急预案》，加强了应对叠加自然灾害的针对性和实用性。国务院还决定成立国家核事故应急协调委专家委员会，作为协调委决策咨询的支撑机构。此外，作为国家核应急协调委牵头单位，国家国防科技工业局新成立核应急与军工核安全监管司，增加了相关编制，新设国家核安保中心，充实了队伍。①

通过演习和模拟发生事故来验证和评价应急组织的应急响应能力是核应急准备工作的重要组成部分。按照国家核应急演习的有关规定，中国各级核应急组织和核设施营运单位要定期举行各种形式的演习。2009年11月10日，中国成功举行首次国家核应急演习"神盾2009"，检验了中国核应急预案及执行程序的有效性。

注重与公众的信息沟通，对于加强核应急能力十分重要。中国各

---

① 《国防科工局：〈国家核应急预案〉审议通过》，人民网，2012年4月7日，http://politics.people.com.cn/GB/1027/17593492.html。

级核应急组织开展了形式多样的科普教育和宣传活动，使公众了解核辐射的特点，掌握辐射防护的知识，提高公众的公共安全意识和自我防护能力。

经过近20多年的努力，中国核应急工作在管理体制、运行机制、应急法制和应急预案等方面均取得了显著成绩，在应对各种核辐射事件的应急准备和响应方面积累了比较丰富的经验。目前，国家核应急指挥中心已经建成并投入使用，国家各有关部门的核应急中心、核电厂营运单位和所在省的核应急指挥中心也初步建成，为在核应急情况下的指挥和响应提供了新的重要保障。

2. 核恐怖事件应急处置

中国核恐怖事件处置能力建设主要包括预案建设和实战演练两个层面。

在预案建设方面，核恐怖事件处置预案是恐怖事件处置的重要环节，恐怖事件处置预案又是公共突发事件总体预案的重要子预案。根据国务院的相关规定，县级以上地方政府和职能部门都应当制定专项预案。中国多数地方政府和海关、环保、公安等职能部门都制定了相关预案。出于防止犯罪分子针对预案做出针对性准备的考虑，部分预案未予公开，如根据《环境保护工作国家秘密范围的规定》，"预防核与辐射恐怖事件、化学与生化恐怖事件应急预案"已列入"环境保护工作国家秘密目录"，不属于信息公开范围。[①] 此外，为提高公民反恐防恐能力，中国公安部反恐怖局于2008年7月印发《公民防范恐怖袭击手册》。此手册主要就发现、识别和应对恐怖活动和恐怖分子设计了39种情景，其中包括遇到核辐射的应对策略。手册中的情景设计具有很强针对性和可操作性，实施得当可以有效防范恐怖袭击。[②]

---

① 《核与辐射恐怖事件应急预案不属于信息公开范围》，2008年11月4日《中国环境报》，第3版。
② 《公安部反恐怖局印发〈公民防范恐怖袭击手册〉》，公安部网站，2008年7月18日，http://www.mps.gov.cn/n16/n1282/n1655045/1669256.html。

实战演练方面,国家、地方、重要口岸等职能部门都不断开展实战演习,以提高中国在相关事件上的应急处置能力。例如,筹备2008年奥运会期间,国家与地方组织进行了众多的反恐实战演习,应对核辐射事故或核恐怖袭击是其中的一项重要内容。又如,2009年6月,中国举行"长城6号"国家反恐怖演习,在内蒙古、山西、河北等地连续演练,处置"核脏弹"爆炸恐怖袭击是三大演习科目之一,有公安、武警、军队、卫生、环保、气象等多个部门协同参与。在内蒙古呼和浩特举行的演习假想一伙"恐怖分子"潜入该市,藏匿在该市广场附近某处。警方对该处所进行突袭,"恐怖分子"引爆屋内的"核脏弹",导致放射性粉尘大面积散布。内蒙古自治区反恐部门迅速调集公安、武警、环保、卫生等专业力量密切协同,在国家反恐专家远程指导下,成功完成了"核脏弹"恐怖袭击现场的检测和处置工作。这次处置"核脏弹"爆炸恐怖袭击模拟演习,检验了国家与地方反恐情报、防范、应急处置等工作的联动配合以及现场指挥部应急运转情况,有效提升了有关处置核辐射恐怖袭击事件的能力和水平。[①]

3. 核和辐射恐怖袭击事件应急救治

"9·11"事件发生后,鉴于国际反恐形势逼人,中华人民共和国卫生部制定了《卫生部处置核和辐射恐怖袭击事件医学应急预案》《卫生部处置核和辐射恐怖袭击事件医学实施方案》等一系列应急和防范措施,于2003年初颁布。2010年9月,卫生部又出台了《核事故医学应急管理规定》,以加强中国应对核和辐射恐怖袭击事件[②]的应急反应能力。

[①]《"长城6号"国家反恐怖演习三大关注亮点》,新华网,2009年6月18日,http://news.xinhuanet.com/mil/2009-06/18/content_ 11559798.htm。

[②] 根据上述文件的定义,凡是通过威胁(恐吓)使用或实际使用能释放放射性物质的装置(包括简陋的核爆装置)或通过威胁(恐吓)袭击或实际袭击核设施(包括重大的放射源辐照设施)引起放射性物质的释放,导致显著数量人群的心理影响、社会影响或一定数量人员伤亡,从而破坏国家公务、民众生活、社会安定与经济发展等的恐怖事件,均为"核和辐射恐怖袭击事件"。

根据应急管理规定,一旦发生核恐怖嫌疑事件,发现人或发现单位应立即报告当地公安部门和卫生部门,当地政府在迅速派人前往现场判明是否属于核恐怖袭击事件的同时,须在4小时内逐级上报公安部和卫生部,并由国家有关部门根据核恐怖事件级别启动相应的应急程序。

为应对核恐怖事件,卫生部核事故医学应急中心专门成立了一支核或辐射突发事件医学救援小分队,一共12人,组成两个行动小组,队员均是核辐射防护和放射病救治方面的中青年专家。中心对个人辐射防护装备、救援设备和防治药品做了必要的储备,救援小分队随时处于待命状态,一旦接到出发通知,队员们将以最快速度赶到核事故研究中心集合,并在最短时间内携带各种专业救援设备到达核恐怖事件发生现场,指导和帮助当地展开救援行动。[①]

除上述卫生部核和辐射事件应急预案外,中国还有若干法律法规,包括《中华人民共和国职业病防治法》《中华人民共和国放射性污染防治法》《放射性同位素与射线装置安全和防护条例》《核电厂核事故应急管理条例》《核事故医学应急管理规定》《国家突发公共事件医疗卫生救援应急预案》《国家核应急预案》《国家突发公共卫生事件相关信息报告管理工作规范(试行)》《核事故医学应急工作流程》《核事故医学应急处理流程》《突发放射事件医学应急工作流程》《突发放射事件医学应急处理流程》等,亦对核与放射性事故相关问题作出了规定。

此外,卫生部核事故医学应急中心还组织编写了一系列相关书籍,包括《核辐射事故医学应急》《核辐射恐怖事件医学应对手册》《核与放射事故医学应急计划指南》《核与放射突发事件医学救援小分队行动导则》《稳定碘预防在核事故应急中的应用》《核与放射事故医学应

---

① 曾伟:《我国制定防止核恐怖预案,4小时可启动应急程序》,中国国家原子能机构网站,2003年4月14日,http://www.caea.gov.cn/n16/n1100/n1298/33237.html。

急（公众版）》等图书，以利于更好地开展核和辐射应急医学救援工作。

四 国际合作

除履行本国在国际防扩散机制方面的应尽义务，中国高度重视包括防范非国家行为体核扩散在内的国际防扩散合作，签署了众多国际条约，参加了主要的国际防扩散组织，与联合国、国际原子能机构及美国等许多国家和国际组织开展了多方面、多层次的合作。

在不扩散领域，中国已经加入了《不扩散核武器条约》（1992年）、《全面禁止核试验条约》（1996年签约）等与防核扩散相关的所有国际条约。中国1984年加入了国际原子能机构，与其签署的保障监督附加议定书亦于2002年3月生效。该议定书赋予国际原子能机构对中国核出口的接受国实施全面保障的更为广泛的责任，使之能够在更大范围上完成核不扩散保障监督的责任和使命。自那时以来，中国依据议定书的规定，充分履行通报义务，一直及时、主动与相关机构和国家就防扩散问题互通情况、交换信息。此外，中国还分别于1997年、2004年加入桑戈委员会和核供应国集团，成为这两个最重要的多国出口控制机制的成员。

在核安保领域，中国批准了《核材料实物保护公约》（1989年）及其修正案（2008年）、《制止核恐怖行为国际公约》（2005年）等国际文书，加入了"打击核恐怖主义全球倡议"等国际机制（2006年）。中国支持《国际原子能机构放射源安全和保安行为准则》，积极参加了2003年3月在维也纳召开的"放射源安保大会"。[1] 自2004年10月起，中国根据联合国安理会1540号决议的要求，一直向联合国提交执行决议情况的国家报告，从立法、执法及国际合作等方面详细介绍中国政府为防止和打击非国家行为者的扩散活动所采取的措施。

---

[1] 隋笑飞：《中国批准〈核材料实物保护公约〉修订案加强防范核恐怖主义活动》，新华网北京2008年10月28日电，http://news.xinhuanet.com/newscenter/2008 - 10/28/content_10268486.htm。

中国还积极支持2010年4月在华盛顿召开的首次核安全峰会，胡锦涛主席在会上宣布中国将切实履行核安全的国家承诺和责任，为巩固现有核安全国际法框架，加强核安全国际合作，帮助发展中国家提高核安全能力而努力。

在核安全（nuclear safety）与核应急领域，中国参加了《及早通报核事故公约》（1986签署，1987年生效）、《核事故或辐射紧急情况援助公约》（1986签署，1987年生效）、《核安全公约》（1994年签署，1996年4月批准）、《乏燃料管理安全和放射性废物管理安全联合公约》（2006年）等公约，成为这些国际公约的坚定的支持者和履行者。

根据上述国际条约与公约，中国积极支持国际原子能机构工作，与其在加强国际核不扩散和核安保方面的合作日益密切。近年来，中国多次参加国际原子能机构组织的国际核应急演习及有关核设施安全主题的国际大会；与国际原子能机构合作开展了各方面的培训工作，包括2006年在华多次举办核保障与核安保联合培训班，为国际原子能机构成员国培训核材料实物保护方面的人才；为加强放射源管理，双方达成新的技术合作协议，多次安排国际原子能机构专家来华举办"失控放射源的恢复控制"培训班，以提高放射源监管水平和能力；中国国家原子能机构设立核不扩散国际合作专项资金；在大型公众活动的核安保方面，双方的合作为2008年北京奥运会的成功举行作出了重要的贡献；2010年8月，中国原子能机构又与国际原子能机构签订新的"核安保合作协议"[①]，以进一步加强双方在核安保法规标准等方面的合作。

此外，为加强核保安、核安全，中国与美国等许多国家的双边合作交流也不断加强。例如，在中美之间，防控非国家行为体核扩

---

① 合作协议就加强核安保领域国际合作的协调，促进《核材料实物保护公约》及其修订案的实施，推广、翻译并出版新编写的核安保丛书等方面的合作达成共识。协议旨在北京奥运会核安保成功合作的基础上，进一步加强在核安保法规标准、大型公众活动核安保、核安保能力建设与人员培训等领域的合作。

散已成为两国围绕核不扩散政策开展的定期对话中的一项重要内容。2002年中美双方在中国联合举办区域性核材料与核设施实物保护培训班①和核材料实物保护技术演示活动。为确保中国口岸安全,加强对集装箱的安全检测,中国与包括美国在内的许多国家在集装箱安全、核材料检测等方面积极开展安全合作。② 2007年12月,两国合作在北京成功举办"打击核恐怖主义全球倡议"框架下的"放射性物质探测与应急响应"研讨会。2011年1月,中美双方又就合作建立核安全示范中心达成协议。③ 除中美双边合作外,中国与澳大利亚、法国、德国、日本、韩国、巴基斯坦、俄罗斯、英国以及欧盟之间的相关磋商、交流与合作也在发展。

第四节 结语

非国家行为体核扩散威胁是摆在全世界面前的一道难题。中国作为负责任的核国家,积极参加并推动国际防扩散努力,在国内实行严格的核安保监管和出口控制措施,提出了一系列有针对性的防范非国家行为体核扩散威胁的对策,为国际防扩散机制作出了积极的贡献。

当前,中国面临的非国家行为体核扩散威胁十分复杂。国内以核电为主的核设施迅速发展,国际上的核黑市仍然活跃;国内、国际上各种恐怖主义势力的威胁也仍然较严重地存在,其中"东突"等国内恐怖组织活动频繁,它们可能从境内外获取核与放射性材料和其他敏感物项,甚至策动"脏弹"袭击和辐射事件,以制造轰动效应、引发社会混乱。此外,某些西方国家对"东突"等恐怖势力网开一面,不

---

① 培训班情况参见国家原子能机构网,http//:www.caea.gov.cn/n602669/33657.html。
② 2005年布什总统访华期间,中美双方就中美"特大型港口计划"签署了合作谅解备忘录。这是根据中美元首共识作出的重要安排。中美"特大型港口计划"对于加强各国在防止和打击核及其他放射性物质扩散方面的合作具有重要意义。
③ 根据双方协议,该示范中心将成为一个展示核材料衡算与控制、实物保护技术、分享最佳实践经验、开发设计培训课程、促进地区核安保技术合作的平台。

承认其为国际恐怖组织，也加大了中国防范非国家行为体核扩散威胁的难度。面对这样的形势，中国必须把应对非国家行为体的核扩散威胁，加强核安保的努力长期坚持下去。

在国内，中国政府需要不断加强跨部门的沟通和协调机制，集中各方面力量，形成防范非国家行为体核扩散威胁的强大合力；同时要长期持久地向公众宣传非国家行为体核扩散的危害性，加强核安全文化宣传，形成全社会共同应对这一新威胁的氛围。中国还要继续加强国内核安保监管和出口管制措施，力争从源头上堵住放射源管理中存在的漏洞，减少恐怖分子接近和获取放射源的可能性，并做好应急管理预案和危机处理演练。防范非国家行为体核扩散威胁涉及国内社会管理的方方面面，需要建立、健全全方位的应对体系，是一项综合性的社会管理工程。仍处在社会政治转型期的中国必须按照有利于国内社会稳定和国际和平与安全的要求，作出自己正确、可行的政策选择。

在国际上，中国将不遗余力地继续推动国际防扩散机制建设，并在双边层面上加强与美、俄、欧等大国及其他更多国家的防扩散合作，为防止非国家行为体的核扩散特别是防止核材料、核武器落入恐怖组织手中而作出更大的努力，发挥更大作用。从更广的角度来看，要加强核安保，战胜核恐怖主义，必须标本兼治，综合治理。为此，中国必须坚持以下四方面的努力。

首先，应继续倡导各国开展对话与合作，以政治和外交手段首先解决好各国的安全关切。

其次，中国应坚持确保防扩散机制的公正性、合理性和非歧视性，反对任何国家在此问题上搞双重标准，或借防范非国家行为体核扩散谋求一国之私利，从而争取使反对核扩散、加强核安全的努力获得国际社会最大多数成员的理解与支持。

再次，中国应继续倡导多边主义，支持通过健全和完善现有国际防扩散体系解决非国家行为体防扩散问题。任何一国的单打独斗，或者依靠少数国家组成志愿者联盟，都无法消除非国家行为体核扩散的威胁，只有全面的国际合作才能战胜这一重大威胁。

最后，中国应积极倡导处理好核安全与核军控裁军、防止核扩散及和平利用核能之间的关系，使其相互促进，共同发展，使世界朝着无核武器世界的方向发展。

总之，非国家行为体的核扩散特别是核恐怖主义，不仅是中国而且是整个世界面临的一项新的重大挑战，国际社会要战胜这一严重威胁仍然任重道远。作为一个新兴的、负责任的大国，中国有决心与世界各国一起，为战胜这一严重威胁，并为最终在世界上彻底销毁核武器，作出自己长期不懈的努力和较大的贡献。

附　　录
非国家行为体核扩散问题相关文件[*]

附录1　联合国安全理事会第1540（2004）号决议

联合国
安全理事会

S/RES/1540（2004）

2004年4月28日

第1540（2004）号决议

2004年4月28日安全理事会第4956次会议通过

安全理事会，

申明核武器、化学武器和生物武器及其运载工具[*]的扩散对国际

---

[*] 本文收录的附件均来自各机构官网，某些地方的语言或标点使用或不符合日常使用习惯，本书在收录此类文件时均采取忠实原文的原则，不对其作修改，明显有误之处书中加了注释予以说明。

和平与安全构成威胁，

鉴此重申 1992 年 1 月 31 日在安理会国家元首和政府首脑级会议上通过的主席声明（S/23500），包括全体会员国都必须履行有关军控和裁军及防止所有大规模毁灭性武器在所有方面的扩散的义务，

还回顾该声明强调全体会员国都必须根据《联合国宪章》，以和平方式解决在这方面对维持区域和全球稳定具有威胁或破坏作用的任何问题，

申明决心履行《联合国宪章》赋予安理会的首要责任，采取适当、有效的行动，应对核生化武器及其运载工具的扩散对国际和平与安全所造成的威胁，

申明支持旨在消除或防止核生化武器扩散的各项多边条约，并申明这些条约的所有缔约国全面履行条约以促进国际稳定的重要性，

欢迎多边安排在这方面所作的有助于不扩散的努力，

申明防止核生化武器扩散不得妨碍为和平目的而在材料、设备和技术方面进行的国际合作，与此同时，不得以和平利用的目标来掩护扩散，

严重关注恐怖主义的威胁，以及非国家行为者*，例如安全理事会第 1267 号决议所设委员会制定和保持的联合国名单所列的和第 1373 号决议适用的非国家行为者可能获取、开发、贩运或使用核生化武器及其运载工具的危险，

严重关注非法贩运核生化武器及其运载工具和相关材料*所造成的威胁，这给此种武器的扩散问题增加了新的层面，也对国际和平与安全构成威胁，

确认需要进一步协调国家、次区域、区域和国际各层面的努力，以便加强全球对这一严重挑战及其对国际安全的威胁作出的反应，

确认多数国家根据其为缔约方的条约承担了具有约束力的法律义务或作出了其他承诺，以防止核生化武器扩散并已采取有效措施，例如《核材料实物保护公约》所要求的和原子能机构《放射源安全和保

安行为准则》所建议的措施，对敏感材料进行衡算、保安和实物保护，

还确认所有国家亟须采取更多有效措施，防止核生化武器及其运载工具的扩散，

鼓励全体会员国全面执行其为缔约方的裁军条约和协定，

重申需要根据《联合国宪章》，采取一切手段，应对恐怖行为对国际和平与安全造成的威胁，

决心在今后促进在不扩散领域对全球威胁做出有效应对，

根据《联合国宪章》第七章采取行动，

1. 决定各国应不向企图开发、获取、制造、拥有、运输、转移或使用核生化武器及其运载工具的非国家行为者提供任何形式的支持；

2. 又决定各国应按照本国程序，通过和实施适当、有效的法律，禁止任何非国家行为者，尤其是为恐怖主义目的而制造、获取、拥有、开发、运输、转移或使用核生化武器及其运载工具，以及禁止企图从事上述任何活动、作为共犯参与这些活动、协助或资助这些活动的图谋；

3. 还决定各国应采取和实施有效措施，建立国内管制，以防止核生化武器及其运载工具的扩散，包括对相关材料建立适当管制，并为此目的应：

（a）制定和保持适当、有效的措施，对生产、使用、储存或运输中的这种物项进行衡算和保安；

（b）制定和保持适当、有效的实物保护措施；

（c）制定和保持适当、有效的边境管制和执法努力，以便按照本国法律授权和立法，并遵循国际法，包括必要时通过国际合作，查明、阻止、防止和打击这种物项的非法贩运和中间商交易；

（d）对这些物项的出口和转口建立、制定、审查和保持适当、有效的国家管制，包括适当的法律和条例，以管制其出口、过境、转口和再出口，管制为这种出口和转口提供资金和服务，例如有助于扩散的融资和运输，以及建立最终用户管制；并对违反这种出口管制法律

和条例的行为制订和实施适当的刑事或民事惩罚；

4. 决定根据暂行议事规则第 28 条，设立一个安全理事会的委员会，由安理会全体成员组成，任期不超过两年，该委员会酌情借助其他专门知识，向安理会报告本决议的执行情况以供审查，并为此目的吁请各国从本决议通过之日起至迟六个月向该委员会提交第一份报告，说明为执行本决议所采取或准备采取的步骤；

5. 决定对本决议所规定任何义务的解释均不得抵触或改变《核不扩散条约》《化学武器公约》及《生物和毒素武器公约》缔约国的权利和义务，或者改变国际原子能机构或禁止化学武器组织的责任；

6. 确认有效的国家管制清单对执行本决议的作用，呼吁所有会员国必要时尽早拟订此种清单；

7. 确认有些国家为在其境内执行本决议的规定可能需要援助，请有此能力的国家根据那些缺乏执行上述规定所需的法律和管制基础结构、执行经验和（或）资源的国家提出的具体请求酌情提供协助；

8. 吁请所有国家：

（a）促进普遍批准、全面执行以及必要时加强旨在防止核生化武器扩散的其为缔约方的各项多边条约；

（b）如果尚未颁布国家规章和条例，则应颁布这种规章和条例，以确保遵守主要的多边不扩散条约所规定的义务；

（c）重申和履行进行多边合作的承诺，尤其是在国际原子能机构、禁止化学武器组织及《生物和毒素武器公约》的框架内，这是谋求和实现不扩散领域内共同目标和促进为和平目的开展国际合作的重要途径；

（d）拟订适当的方式同产业界和公众一道努力，并周知它们本国根据此种法律承担的义务；

9. 吁请所有国家促进关于不扩散的对话与合作，以应对核生化武器及其运载工具的扩散所构成的威胁；

10. 为进一步应对这种威胁，吁请所有国家按照本国法律授权和立法，并遵循国际法，采取合作行动，防止非法贩运核生化武器及其运载工具和相关材料；

11. 表示将密切监督本决议的执行情况，并在适当级别为此目的作出可能需要的进一步决定；

12. 决定继续处理此案。

*仅适用于本决议的定义：

运载工具：专门设计的能够运载核生化武器的导弹、火箭和其他无人驾驶系统。

非国家行为者：未经任何国家合法授权而进行本决议范围内活动的个人或实体。

相关材料：有关多边条约和安排涵盖的或国家管制清单载列的可用以设计、开发、生产或使用核生化武器及其运载工具的材料、设备和技术。

附录2 2004年第1540（2004）号决议所设委员会的首次报告（节选）

联合国

安全理事会

S/2004/958

Distr.：General

8 December 2004

Chinese

Original：English

2004年12月8日安全理事会第1540（2004）号决议所设委员会主席给安全理事会主席的信

谨代表安全理事会第1540（2004）号决议所设委员会，向安全理事会提交该委员会主席的首次报告（见附件）。

请提请安全理事会成员注意本信及其附件并将它们作为安理会的文件分发为荷。

安全理事会第1540（2004）号决议
所设委员会
主席
米赫内亚·伊万·莫措克（签名）

安全理事会第1540（2004）号决议所设委员会主席向安全理事会提交的首次报告

一、导言

1. 本报告报告了安全理事会第1540（2004）号决议所设委员会在

2004年6月11日~12月5日期间开展的活动和取得的成果。

2. 虽说本报告由委员会主席提出，因此由其决断和负责，但主席与委员会成员国作了磋商，以期提出一个考虑到了委员会所有成员的共同意见的报告。

二、法律框架

3. 4月28日，安全理事会一致通过第1540（2004）号决议，其中申明核武器、化学武器和生物武器及其运载工具的扩散对国际和平与安全构成威胁。安理会根据《联合国宪章》第七章行事，决定各国须避免向企图发展、获取、制造、拥有、运输、转移或使用核武器和生化武器及其运载工具的非国家行为者提供任何形式的支助。安全理事会又决定各国须通过和实施适当、有效的法律，禁止任何非国家行为者制造、获取、拥有、发展、运输、转移或使用核武器和生化武器及其运载工具。安理会还决定各国须采取和实施有效措施，建立国内管制，以防止核武器和生化武器及其运载工具的扩散。管制包括看管和保护此类物品的措施、出口和边境管制、执法工作、拟订和改进相关的法律和行政规定。该决议是经过安全理事会内外的大量磋商和讨论后通过的。第1540（2004）号决议对所有会员国提出了具有约束力、意义深远的义务，要求它们根据国内程序采取法律和行政行动。

三、1540委员会的设立

4. 2004年6月9日，安理会成员任命米赫内亚·莫措克（罗马尼亚）为委员会主席，菲律宾代表为副主席。委员会于2004年6月11日开始工作。2004年10月26日，安理会任命贝宁和联合王国为另外两名副主席。

5. 2004年10月22日，委员会决定设立三个小组委员会，以期分担任务，审议会员国依照第1540（2004）号决议第4段提交的报告，为此目的，每个小组负责审议相同数目的国家报告，按字母顺序分配。委员会副主席将各负责一个小组委员会。

四、通过指导方针

6. 委员会自设立以来，在正式和非正式环境中均不断工作，努力通过必要的初步文件,以便委员会能全面运作。8月13日,委员会通过了委员会开展工作的指导方针以及各国依照第1540(2004)号决议第4段编写提交委员会的报告的指导方针。这两份指导方针已分发给会员国,供它们参考和提出意见。

7. 委员会工作指导方针详细说明了委员会的任务和工作方法,包括委员会的组成、会议形式、文件、所收信息、会员国的报告、决策和透明度问题。国家报告编写指导方针旨在指导会员国编写第1540(2004)号决议第4段要求提交的报告。该段吁请会员国在10月28日前向委员会提交第一次报告。

五、雇用专家

8. 9月26日,委员会通过了关于雇用专家的指导方针,通过主席的说明分发给会员国,以便它们了解情况。在审议根据第1540(2004)号决议提交的国家报告时,专家们将向委员会提供协助。任用专家符合第1540(2004)号决议的相关规定以及委员会开展工作的指导方针。专家们在获得秘书处任用之后,将协助审议会员国提交的第一次国家报告。

9. 2004年12月1日,委员会第三次正式会议核可聘用四位专家。委员会还决定,在征聘其他专家时,将邀请各方进一步提名必要专业领域的专家,特别是来自亚洲和非洲的专家。

10. 随着委员会的头四名专家受聘,委员会具备了进入实质性工作阶段的能力,即对会员国根据第1540(2004)号决议提交的国家报告进行审议。

六、报告

11. 安理会第1540(2004)号决议吁请所有国家在第1540(2004)号决议通过后的六个月内,即不迟于10月28日,就其为执行该决议已经采取或打算采取的步骤向委员会提出第一次报告。经委员会核准,主席向会员国发出了两份照会,提醒它们注意这一期限,并鼓励它们向委员会提交第一次国家报告。迄12月5日,有86个国家和一个组织向委员会提交了报告(见附录一)。尚未提交报告的国家名单见载于附录二①。

七、与国际组织的合作

12. 随着委员会开展工作，成员们一致认为，必要时，委员会可能需要在第1540（2004）号决议涉及的领域让具有专业知识的国际组织，特别是国际原子能机构（原子能机构）以及禁止化学武器组织提供技术援助。8月18日，主席致函原子能机构总干事以及禁止化学武器组织总干事，就委员会的成立以及委员会将视情况向他们提出要求一事通知他们。鉴于核供应国集团主席和桑戈委员会主席主动提出愿与委员会合作，主席也向他们发出了类似的信件。

八、透明度/对外联系

13. 透明度是第1540（2004）号决议通过过程的根本特征，也是委员会指导方针的组成部分，主席本着这一精神与联合国会员国以及有关国际机构进行了外联。他于9月15日与联合国更多的会员国举行了非正式会议。12月2日，委员会批准了将会员国提交的国家报告张贴在委员会网站的方法。

九、总结

14. 本报告所述期间所做的工作主要是使委员会在开始审议会员国根据第1540（2004）号决议提交的第一次国家报告之前能够行使职能并全面开展业务。随着委员会在今后几个月中工作的开展，主席以委员会的名义请各国提供合作。

所附提交国家报告名录（略）。

---

① 此处的附录一，附录二指1540号决议的附录，不是指本书中的附录。本书收录时省略了。

附录3 2005年第1540（2004）号决议所设委员会的报告（节选）

联合国
安全理事会
S/2005/799
Distr.：General
19 December 2005
Chinese
Original：English

2005年12月16日安全理事会第1540（2004）号决议所设委员会主席给安全理事会主席的信

谨代表安全理事会第1540（2004）号决议所设委员会，向安理会提交所附的委员会主席的报告。

请提请安全理事会成员注意此信及其附件，并将它们作为安理会文件分发为荷。

安全理事会第1540（2004）号决议
所设委员会
主席
米赫内亚·莫措克（签字）

安全理事会第1540（2004）号决议所设委员会主席给安全理事会的报告

一、导言

1. 本文件阐述了安全理事会第1540（2004）号决议所设委员会在

2005年1月1日~12月16日期间开展的活动和取得的成果。

2. 报告是主席编写的，因此由主席裁定和负责。但是，委员会主席同委员会成员进行了协商，以编写一份内有全体成员共同意见的报告。

二、法律框架

3. 安全理事会于2004年4月28日一致通过了第1540（2004）号决议。安理会在第1540（2004）号决议中申明，核武器、化学武器和生物武器及其运载工具的扩散是对国际和平与安全的威胁。安理会根据《联合国宪章》第七章采取行动，决定如下。

● 各国应不向企图开发、获取、制造、拥有、运输、转移或使用核生化武器及其运载工具的非国家行为者提供任何形式的支持。

● 各国应通过和实施适当、有效的法律，禁止任何非国家行为者制造、获取、拥有、开发、运输、转移或使用核生化武器及其运载工具。

● 各国应采取和实施有效措施，建立国内管制，以防止核生化武器及其运载工具的扩散。各国的管制包括采取措施安全存放和保护这类物品；实行出口和边境管制；管制过境和再出口，管制为这种出口和转口提供资金和服务，例如助长扩散的融资和运输；实行最终用户管制；采取执法行动；和制订及改进有关立法和行政规定。

第1540（2004）号决议规定，所有国家都有具有约束力的义务，根据本国的程序，在不改变《不扩散核武器条约》《关于禁止发展、生产、储存和使用化学武器及销毁此种武器的公约》（《化学武器公约》）和《禁止细菌（生物）及毒素武器的发展、生产和储存以及销毁这类武器的公约》（《生物武器公约》）规定的缔约国权利和义务和国际原子能机构（原子能机构）或禁止化学武器组织的职责的情况下，采取立法和行政行动。

三、聘请专家

4. 2004年12月20日，秘书长通知安全理事会主席说，他打算任命4名专家，以协助委员会审议各国根据第1540（2004）号决议提交的报告。

5. 2005年1月7日，安全理事会注意到秘书长的打算。

6. 4名专家于2月和3月签署了裁军事务部签发的合同，开始为委员会工作。

7. 2005年5月6日，秘书长通知安全理事会主席说，委员会于2005年4月19日批准增聘专家，他已经任命了4名专家协助委员会工作。

8. 新任命的4名专家于2005年6月和7月参加了现有的专家组。

9. 任命8名专家符合第1540（2004）号决议的有关规定和委员会开展工作的准则。

四、向安全理事会通报情况和工作方案

10. 2005年4月25日，委员会主席向安全理事会通报了取得的进展和委员会4月1日~6月30日期间的工作方案。

11. 2005年7月11日，委员会主席向安全理事会通报了取得的进展和委员会7月1日~9月30日期间的工作方案。

12. 2005年10月26日，委员会主席向安全理事会通报了取得的进展和委员会10月1日~12月31日期间的工作方案。

13. 各工作方案的重大事项包括审查报告、通过对外建立联系办法，鼓励进一步提交报告和协助提供援助以执行第1540（2004）号决议，还包括同国际组织联系，充分保持委员会活动的透明度。

五、提交报告

14. 安理会在第1540（2004）号决议中呼吁所有国家至迟于2004年10月28日向委员会提交第一次报告，说明它们为执行决议已经或准备采取的措施。经委员会核准，主席2005年继续向所有国家发送通知，指明这一期限，鼓励它们向委员会提交本国的报告。此外，主席还参加了拉丁美洲和加勒比国家集团以及亚洲国家集团在纽约召开的两次会议，呼吁会员国提交报告。

15. 截至2005年12月16日，共有124个国家和1个组织已向委员会提交了报告（见附录一）。附录二列有尚未提交报告的国家。

六、审查各国的报告

16. 委员会已经在专家的协助下，根据决议的规定，制订了一个汇总表，用于审查各国的报告。委员会用这一汇总表概要列出了第一次国家报告提供的信息。汇总表中还有从各国提交给联合国、原子能机构和禁止化学武器组织及其他国际组织的官方公开资料中收集到的其他信息，涉及它们在第1540号决议所涉领域中采取的措施。

17. 为了全面了解各国根据第1540号决议规定的义务采取的措施，委员会在进行上述审查的基础上，同那些已经提交报告的国家进行了联系，以便进一步索取信息或要求在第一次报告涉及的领域作解释说明。委员会已经起草了给所有124个已提交第一次报告的国家的信函，要求它们进一步提供信息和/或作解释说明。大多数信函已发送给会员国，剩余为数不多的信函很快就会发送。为透明起见，委员会决定也把汇总表提供给提交报告国家。

18. 截至2005年12月16日，42个国家已经回复了主席索取进一步信息的信函（见附录三）。它们向委员会提交了一份以叙述形式编写的最新报告，其中大多数报告都附有一份经过修订的汇总表。委员会的网站上除了第一次国家报告外，也有这些报告。

七、与国际组织的合作和建立联系

19. 委员会认为，必要时，有些国家可能需要那些在第1540（2004）号决议所涉领域中拥有专长的国际组织，尤其是国际原子能机构和禁止化学武器组织，为其提供技术援助。

20. 2005年4月13日，应主席的邀请，禁止化学武器组织总干事和原子能机构代表向委员会通报了这两个组织开展的活动，尤其是在提供援助，使各国更好地履行《化学武器公约》《不扩散核武器公约》和各项核安全和核保障公约规定的义务方面。

21. 2005年9月8日，主席在第二届世界议长大会上发表了讲话。这是第一次同各国议会领袖接触，向他们介绍第1540（2004）号决议，争取他们通过把决议的规定列入本国立法的方式，来支持决议的执行工作。

22. 主席、委员会成员和专家参加了各类讨论会、讲习班和会议，阐述第1540号决议的规定和委员会的活动，以便提高人们的认识，争取他们支持该决议的执行工作。附录四列有有关的各项活动。

八、援助

23. 委员会在审议各国的报告时，查明了有关某些国家愿意提供援助的类别和申请援助以执行第1540号决议的信息。委员会有系统地编列了这类信息。委员会的网站（见 http：//disarmament2.un.org/committee1540）上有这一信息。委员会已经表明哪一个国家可以在哪些方面提供援助，并表明如何通过双边途径就援助事项进行接触。已经通过一份普通照会向所有愿意提供援助的国家发送了要求提供援助的清单。

24. 委员会将继续在援助问题上起信息中心的作用。委员会在进一步审查各国提交的报告和补充资料时，将不断更新有关援助的信息，以便协助执行第1540（2004）号决议。

25. 为了有效地发挥它作为援助事项信息中心的作用，委员会已经要求并会继续酌情要求各国指定援助事项联络人。

九、透明度

26. 透明度是委员会工作的一个重点。主席和副主席都定期同联合国会员国联系。这包括同联合国媒体合作，同安全理事会关于反恐怖主义的第1373（2001）号决议所设委员会（反恐委员会）和安全理事会关于阿富汗问题的第1267（1999）号决议所设委员会（制裁基地组织/塔利班委员会）主席一起通报情况。委员会不断更新它的网页，使它成为一个第1540号决议相关信息的来源。

十、一般性结论

27. 在本报告所述期间，工作的重点是让委员会全面开始运作。专家组为委员会提供的协助非常有用，尤其是在审议会员国根据第1540（2004）号决议提交的国家报告方面。委员会已经实现了2005年工作方案规定的目标，因而为编写将于2006年4月提交给安全理事会的委员会报告奠定了必要的基础。

28. 委员会期望所有国家在今后几个月继续开展工作时予以合作。所有国家制定本国立法和采取措施执行这些立法，以此全面执行第 1540 号决议，是一个长期目标；它超越了委员会的现行任务，将需要在国家、区域和国际一级不断努力提供能力建设和援助。

29. 委员会坚信，安全理事会会考虑如何以最佳方式确保委员会的工作将对不扩散作出持久的贡献。

提交国家报告名录（略）

附录4 2006年第1540（2004）号决议所设委员会的报告（节选）

联合国

安全理事会

S/2006/257

Distr.：General

25 April 2006

Chinese

Original：English

2006年4月25日安全理事会第1540（2004）号决议所设委员会主席给安全理事会主席的信

谨代表安全理事会第1540（2004）号决议所设委员会，并根据该决议第4段的规定，向安全理事会提交委员会关于第1540（2004）号决议执行情况的报告，供安理会审查。

请提请安全理事会成员注意本函和所附报告及其附件，并将它们作为安理会文件分发为荷。

安全理事会第1540（2004）号决议所设委员会
主席
彼得·布里安（签名）

第1540（2004）号决议所设委员会的报告（节选）

摘要

大规模毁灭性武器、其运载工具和相关材料的扩散对国际和平与安全构成威胁。国际社会一直通过《核不扩散条约》《生物和毒素武器公约》和《化学武器公约》等多边法律文书应对这一全球威胁。然而，这些文书的拟订、加入和国家执行，远远不能提供一个普遍而周密的保护网，来防止核生化武器、其运载工具和相关材料的扩散。

第1540（2004）号决议是安全理事会通过的以综合全面的方式处理大规模毁灭性武器、其运载工具和相关材料的第一项国际文书。决议为所有国家规定了具有约束力的防扩散义务，其目标是防止并遏制非法获取这类武器和武器相关材料。

决议要求所有国家提出报告，说明为履行该决议规定的义务已经采取或准备采取的措施。

截至2006年4月20日，129个联合国会员国和一个组织[①]向第1540（2004）号决议所设委员会提交了第一次国家报告；62个会员国尚未提交第一次报告。针对委员会对首次国家报告的审查，79个国家提供了补充资料。

本报告是根据下列资料的审查结果编写的：国家报告中提出的数据、各国提供的补充资料以及委员会开发的载有国家法律和条例的立法数据库中的现有资料。报告提供详尽建议，使安全理事会能进一步监测第1540（2004）号决议执行情况，并使各国能继续履行决议的各项要求。

监测执行情况

制定、更新和颁布国家法律和其他措施，防止扩散和禁止获取大规模毁灭性武器、其运载工具和相关材料，并禁止非国家行为者获取此类物项，是一个持续进程，并非总能立即产生效果。原因可能在于缺乏能力，各国的不同优先考虑，以及耗时的机构间和议会程序。但监测第1540（2004）号决议的执行情况，是查明现有差距和协助各国履行决议各项要求的先决条件。为此：

1. 委员会的任务期限应再延长两年；

2. 如果任务期限延长，委员会应采纳涵盖12个月的工作方案，而不是过去涵盖3个月的工作方案，新工作方案将包括本报告第136

---

① 欧洲联盟。

段详细列出的所有要素；

3. 各国应将提供国家执行情况补充材料作为一个持续进程。

外联活动

考虑到62个国家尚未提交第一次国家报告，其中55个属于三个地理区域，以及国家报告空白呈现某种区域模式，协助各国达到决议执行要求的活动应集中于已确定有特殊需要的区域和地区。为此：

区域和次区域外联活动应扩大和加强，以便有规划地向各国提供指导，执行决议规定的各项义务。

援助

未提交国家报告和国家执行差距的部分原因是理解不够、缺乏能力和国家优先考虑不同。不计算未提交国家，32个国家在其国家报告中提出要求提供援助执行第1540（2004）号决议的请求，46个国家愿提供这方面援助。为此：

1. 愿意提供和请求提供援助的国家均应在双边基础上，采取积极主动的做法，包括利用国际组织提供的援助；

2. 应鼓励各国在制定国家法律和措施时利用委员会开发的立法数据库中提供的背景资料以及国际组织提供的立法咨询意见；

3. 应继续查明各国执行第1540（2004）号决议的做法，以便应要求为那些寻求立法援助执行决议的国家提供进一步的一般指导。

执行计划

一些国家可能没有足够能力，或许目前认为不需要制定专门的法律来管制决议列入的所有或一部分大规模毁灭性武器、其运载工具和相关材料，因为其领土上目前没有这些材料。但因为这是决议直接规定的具有约束力的要求，所以各国必须采取步骤，制定并执行适当立法措施。这也是谨慎的做法，因为虽然各国可能并不拥有这些材料，但其领土仍可能被用作扩散途径中的一个环节。为此：

应鼓励各国作为一个持续进程，提供国家执行情况补充资料，包括，例如，在考虑到委员会提供的分析的情况下，制订路线图或行动计划，说明充分执行决议仍需采取的措施。

一、导言

1. 安全理事会 2004 年 4 月 28 日一致通过第 1540（2004）号决议。安理会除其他外，申明核武器、化学武器和生物武器及其运载工具的扩散对国际和平与安全构成威胁。决议的主要目标，是防止大规模毁灭性武器、其运载工具和相关材料的扩散，遏制非国家行为者获取或非法贩运这些物项。决议力图加强各国能力，对大规模毁灭性武器及其运载工具扩散构成的威胁作出有效反应，同时不妨碍为和平目的在相关材料、设备和技术方面进行国际合作。第 1540（2004）号决议是以综合全面方式处理不扩散大规模毁灭性武器、其运载工具和相关材料问题的第一项国际文书。

2. 委员会在给各国的信中除其他外指出，安全理事会在通过的第 1540（2004）号决议中还决定，各国应通过并实施适当、有效的法律，禁止任何非国家行为者开发、获取、制造、拥有、运输、转移或使用核生化武器及其运载工具。同样，委员会还指出，安理会进一步决定，各国应采取和实施有效措施，建立国内管制，以防止这些武器及其运载工具包括相关材料的扩散。此外，委员会还指出，这方面的管制包括这些物项的安全保护措施、出口管制和边界管制、执法措施以及制定和改进适当的立法和行政规定。

3. 本报告是根据第 1540（2004）号决议第 4 段提交的，报告的结构按决议执行部分段落结构安排。根据决议的要求，报告重点说明截至 2006 年 4 月的执行情况。

二、工作安排（略）

三、提出报告和审查国家报告（略）

四、立法数据库（略）

五、执行工作状况（略）

六、外联活动和援助（略）

七、合作（略）

八、透明度（略）

九、结论和建议

131. 安全理事会通过第 1540（2004）号决议是国际社会为了防止大规模毁灭性武器、其运载工具和相关材料扩散，防止大规模毁灭性武器及其运载工具可能与非国家行为者（特别是恐怖分子）挂钩而采取的一个重要而及时的措施。但是，只有全体会员国——无论是否拥有大规模毁灭性武器及其运载工具的潜力——都充分实施决议中的规定，并为此进行密切合作，这些努力才会有效。每个人都应知道，国际社会在这方面是在与时间赛跑。

132. 为了做好准备，更好地履行其监测实施工作的主要职责，委员会决定在现有的时间范围内，集中开展活动，尽可能多地收集关于实施第 1540（2004）号决议实际情况的资料。委员会对国家报告、会员国提供的补充资料、政府、政府机构和国际组织公共网站上刊登的立法数据进行了审查。

133. 经过两年的工作，委员会在其专家的帮助下，得以较为清楚地了解了实施第 1540（2004）号决议的现状以及要确保各会员国充分实施决议所需解决的问题和克服的挑战。具体地说，委员会在检查了国家报告中的信息后看到，许多国家在第 1540（2004）号决议通过以前就制定了与该决议所述问题有关的一些立法和其他措施。检查还表明，决议通过后，一些会员国开始重新审查现行的立法，使其符合决议规定的义务，或建立国家机构制定新的立法，以填补空白。

134. 与此同时，尚不能认为大多数会员国提供的积极答复是完全令人满意的，因为除了 62 个会员国尚未提交报告之外，许多报告没有提供资料或提供的资料不足，表明还需要做很多工作，才能履行全面实施第 1540（2004）号决议的义务。

135. 委员会注意到缺乏能力的问题，并注意到一些会员国提出的援助要求。为此，委员会制定了一项外联战略，以加深对第 1540（2004）号决议的理解，促进其充分实施。然而，只采取了初步的步骤，尚需制定一项协调一致的援助战略，帮助充分实施决议的各项规定。

136. 各会员国充分实施第 1540（2004）号决议是一项长期的任

务,要求不断进行监测,因此委员会建议安全理事会:

(a)将第1540(2004)号决议所设委员会的任务期限再延长两年;

(b)指示委员会采纳涵盖12个月而不是过去涵盖3个月的工作方案,包括汇编关于会员国执行第1540(2004)号决议各方面状况、外联、对话、援助与合作的信息,尤其是处理该决议第1和第2段各方面问题,以及第3段各方面问题,其中包括:(一)衡算,(二)实物保护,(三)边境管制和执法努力,(四)国家对出口和转口的管制,包括管制为这种出口和转口提供资金和服务,例如融资;

(c)鼓励各国作为一个持续进程,提供国家执行情况补充资料,包括,例如,在考虑到委员会提供的分析的情况下,制订路线图或行动计划,说明执行决议仍需采取的措施;

(d)大幅度扩大和加强区域和分区域的外联活动,以便应一个或一组国家的具体请求,有规则地指导这个或这些国家履行第1540(2004)号决议规定的义务;

(e)邀请表示愿意提供援助和要求援助的国家采取积极主动的双边行动,包括利用国际组织的援助提议,以有助于能力建设;

(f)鼓励会员国在制定国家的实施法律和措施时,适当利用委员会开发的立法数据库中提供的背景资料以及国际组织提供的立法咨询意见;

(g)今后在检查国家报告的工作中,继续找出国家在实施第1540(2004)号决议方面的做法,可利用这些做法,应要求向为实施决议寻求立法援助的国家提供一般和具体指导,尤其是在涉及(从各国提交的报告看来)许多国家仍需实施的规定时;

(h)通知已向委员会提交报告的国家,委员会准备在委员会决定的一段时间之后再次与它们联系,以评估届时充分执行决议的程度;

(i)鼓励委员会继续通过其专家,发挥信息中心的作用,包括搜集有关援助问题的最新信息,并非正式地与各国联系,询问它们是否有意接收有关提供援助和要求援助的信息。

附录5 2008年第1540（2004）号决议所设委员会的报告（节选）

联合国

安全理事会

S/2008/493

Distr.：General

30 July 2008

Chinese

Original：English

2008年7月8日安全理事会第1540（2004）号决议所设委员会主席给安全理事会主席的信

谨代表安全理事会第1540（2004）号决议所设委员会并根据第1810（2008）号决议第7段，向安全理事会提交委员会关于以落实第1540（2004）号决议各项规定的方式遵守该决议的情况的报告。

请将本信连同该报告及其各附件提请安全理事会成员注意、并作为安全理事会文件分发为荷。

安全理事会第1540（2004）号决议
所设委员会
主席
豪尔赫·乌尔维纳（签名）

2008年安全理事会第1540（2004）号决议所设委员会的报告（节选）

摘要

自2004年4月安全理事会通过第1540号决议以来，第1540号决议所设委员会通过其强化工作方案，在推动充分执行该决议方面取得了重大进展。其工作包括协助安全理事会监督决议的执行情况，方法是对联合国所有会员国所采取的相关措施进行审查，组织密集的外联活动，与安全理事会其他反恐机构以及全球，区域和次区域政府间组织发展深化的互利合作，创造有助于援助和透明度的新工具，以及加强同各国的对话。在本报告中，委员会表示相信，这些活动大幅度提高了国际社会对于与大规模毁灭性武器、其运载工具及相关材料扩散和非国家行为者之间潜在关联有关的危险的认识。自安全理事会通过第1673（2006）号决议以来，委员会在工作中加强了对执行第1540（2004）号决议的注重，同时协助各会员国努力做好应对这种关联的准备。

在本报告中，第1540号决议所设委员会介绍了各国为执行第1540（2004）号决议而采取的若干具体措施，包括它们自2006年4月以来采取的各种步骤，例如发展新的体制手段以把第1540（2004）号决议所定义务纳入国家实践之中、通过新立法和执法措施、执行新政策以及创设旨在执行该决议的新援助方案，等等。

一些国家自2006年以来提交的新报告以及其他国家提供的补充资料，或以其他方式从正式政府渠道取得的资料，使委员会能够对已在实行或计划在近期实行的措施提出一个更完整的说明。因此，现在已可以表明，在逐步充分执行该决议方面，情况已有了质的改善。

尽管有了这种进展，但委员会的结论认为，会员国在执行第1540（2004）号决议方面，还需在现有基础上大幅度加强努力。因此，要实现该决议的各项目标，还需要安全理事会的进一步关注和更深入行动，特别是在能力建设和分享经验教训方面。所提出的建议包括：委员会认为，它应依照联合国安全理事会第1810（2008）号决议，在向有需要的国家提供援助方面，加强其作为信息交流中心的作用；增加与各国以及在各国之间进行的有针对性的对话，以确定援助需求和满足这些需求的援助项目；促使各方更加了解现有的金融机制，更好地加以利用并考虑这些机制的发展选择，以便建设执行第1540（2004）号决议的能力。为上述目的，它还应在联合国系统内外同国际和区域政府间组织与安排更密切地合作，促进经验分享、创设讨论论坛并制订创新机制以实现对决议的执行。

所有国家全面执行第1540（2004）号决议需要时间。决议得到全面执行之后，需要保持警惕和创新，以维持有效政策。这项任务不仅要求各方对决议的各项目标作出长期承诺，而且鉴于国际社会所面临威胁的严重性，也需要培养一种紧迫感。

一、导言

1. 2006年4月27日，安全理事会一致通过了第1673（2006）号决议，其中安理会在审议了第1540（2004）号决议所设委员会（下称"委员会"）的第一次报告（S/2006/257和Corr.1）之后，决定将委员会的任期延长两年，至2008年4月27日为止。安理会在其第1810（2008）号决议中，决定再将委员会的任期延长三年，至2011年4月25日为止。

2. 安全理事会在第1673（2006）号决议第5和第6段中决定，1540委员会应加紧努力，推动所有国家全面执行第1540（2004）号决议并至迟于2008年4月27日向安全理事会提交报告，说明通过在执行第1540（2004）号决议各项要求方面取得进展的方式遵守该决议的情况。安全理事会在第1810（2008）号决议第7段中决定把委员会提交报告的期限延至2008年7月31日。

3. 本报告是根据安全理事会的上述决定提交的。

二、工作安排（略）

三、提交报告与汇编资料（略）

四、落实第1540（2004）号决议的要求从而遵守该决议（略）

五、分享经验（略）

六、外联与对话（略）

七、援助（略）

八、合作（略）

九、透明度（略）

十、结论和建议

135. 依照安全理事会第 1673（2006）号决议，委员会在本报告所述期间加强了推动所有各国充分执行第 1540（2004）号决议的努力，特别是在外联和援助方面。

136. 联合国大部分会员国参加了在非洲、亚洲、中东、拉丁美洲和加勒比以及中东等地区举行的重要会议。① 这些会议及其他外联活动帮助大大提高了对第 1540（2004）号决议及其执行工作对所有各国安全与福祉的重要性的认识。

137. 在安全理事会 2007 年 2 月公开会议之后，委员会扩大了与相关国际组织和区域组织的合作，寻求使这些组织更积极地参与第 1540（2004）号决议的切实执行。这些组织当中有数个已专门通过了旨在推动其成员执行该决议的决定。

138. 在为便利充分执行第 1540（2004）号决议而提供所需援助方面，委员会加强了对自身作为信息交流中心的作用。委员会就此通过了若干决定，包括核准为帮助各国根据第 1540（2004）号决议所述要求确定其所需援助而专门设计的援助模板，此外委员会还与潜在的捐助国和受援国进行了互动，这些都为国际社会的进一步援助努力提供了坚实的基础。

139. 委员会在本报告所述期间获得的资料清楚显示，各国已开始采取措施，以更充分履行其根据第 1540（2004）号决议所承担的义务。然而，该决议的充分执行是一项长期工作，必须针对每个国家的需要持续实施外联和援助方案。为此，安全理事会在第 1810（2008）号决议中决定将该委员会的任期再延长三年。

140. 为了推动所有各国充分执行第 1540（2004）号决议，委员会依照第 1810（2008）号决议提出了下列建议：

（a）应重申 2006 年委员会提交安全理事会的报告中所载各项建

---

① 此处两处中东怀疑有误，但联合国文件原文如此，此处不予修改。

议；

（b）应鼓励尚未就本国为执行第1540（2004）号决议而已采取或打算采取的步骤提交第一次报告的国家，毫不拖延地向委员会提交此报告；

（c）应鼓励已提交此种报告的国家随时或接获委员会要求时，提供有关本国执行第1540（2004）号决议的情况的补充资料；

（d）应鼓励有援助要求的国家向委员会转达这些要求，并为此利用委员会的援助模板；各国以及各国际组织、区域组织和次区域组织应告知委员会它们在哪些领域有能力提供援助，而如果它们以前未曾向委员会指定援助联系人，则应指定一位；

（e）应鼓励所有各国在委员会酌情协助下，自愿编拟行动计划概要，订立其执行第1540（2004）号决议各项重要规定的优先重点和计划，并向委员会提交这些计划；

（f）委员会应继续加紧努力，通过其工作计划，推动所有各国全面执行第1540（2004）号决议，工作计划中应包括汇编有关各国执行第1540（2004）号决议各个方面的现况、外联、对话、援助与合作的信息，尤其应列入该决议第1和第2段所述的所有方面，此外也应列入第3段所涉各个方面，其中包含：（a）衡算，（b）实物保护，（c）边境管制和执法努力，（d）国家对出口和转口实行的管制，包括对此种出口和转口相关资金和服务的提供——例如融资——实施的管制；

（g）委员会应继续就进一步行动以全面执行第1540（2004）号决议以及就所需要和所愿意提供的技术援助，与各国进行对话；

（h）委员会应继续在区域、次区域及酌情在国家一级安排和参加外联活动，推动各国执行第1540（2004）号决议；

（i）委员会应继续加强自身作用，帮助为执行第1540（2004）号决议提供技术援助，包括通过援助模板、行动计划和提交委员会的其他信息等途径，积极匹配援助意向和援助请求；

（j）委员会应与各国及相关国际组织、区域组织和次区域组织积极接触，推动交流第1540（2004）号决议所涉领域的经验和教训，并就是否存在可能有助于执行第1540（2004）号决议的方案进行相互联系；

（k）委员会应提供机会，以便同有关国家及相关国际组织、区域组织和次区域组织进行互动，推动执行第1540（2004）号决议；

（l）需要加强委员会、安全理事会关于基地组织和塔利班的第1267（1999）号决议所设委员会和安全理事会关于反恐怖主义的第1373（2001）号决议所设委员会之间当前正在进行的合作，包括酌情加强信息交流，协调在各自任务授权范围内对有关国家所作的考察，提供技术援助以及处理与所有三个委员会都有关联的其他问题，并且表示打算就共同关心的领域，向各委员会提供指导，以便更好地协调它们的工作；

（m）委员会应鼓励并充分利用自愿捐款，以协助各国确定和解决它们在执行第1540（2004）号决议方面的需要，委员会也应考虑进一步完善现有供资机制并使之更具效力的备选办法。

附录6 联合国安全理事会第1673（2006）号决议

联合国

安全理事会

S/RES/1673（2006）

2006年4月27日

第1673（2006）号决议

2006年4月27日安全理事会第5429次会议通过

安全理事会，

审议了安全理事会第1540（2004）号决议所设委员会（下称"1540委员会"）的报告（S/2006/257），并重申其2004年4月28日第1540（2004）号决议，

重申核武器、化学武器和生物武器及其运载工具的扩散对国际和平与安全构成威胁，

认可1540委员会已经完成的工作，尤其是审议各国依照第1540（2004）号决议提交的国家报告，

回顾并非所有国家都已就本国为执行第1540（2004）号决议所采取或准备采取的步骤向1540委员会提交报告，

重申安理会的决定，即对第1540（2004）号决议各项义务的解释均不得抵触或改变《核不扩散条约》《化学武器公约》及《生物和毒素武器公约》缔约国的权利和义务，或者改变国际原子能机构或禁止化学武器组织的责任，

注意到所有国家全面执行第1540（2004）号决议，包括制定国家法律和确保执行这些法律的措施，是一项长期任务，需要在国家、区域和国际各层面不断努力，

根据《联合国宪章》第七章采取行动，

1. 重申其第1540（2004）号决议的各项决定和要求，并强调所有国家全面执行这项决议的重要性；

2. 呼吁尚未就本国为执行第1540（2004）号决议所采取或准备采取的步骤提交第一次报告的所有国家，毫不拖延地向1540委员会提交此报告；

3. 鼓励已经提交此报告的所有国家随时或应1540委员会的要求提供关于本国执行第1540（2004）号决议情况的补充资料；

4. 决定将1540委员会的任期延长两年，直至2008年4月27日，并继续由专家予以协助；

5. 决定第1540委员会应加紧努力，推动所有国家全面执行第1540（2004）号决议，为此制订工作方案，包括汇编关于会员国执行第1540（2004）号决议各方面状况、外联、对话、援助与合作的信息，尤其是处理该决议第1和第2段各方面问题，以及第3段各方面问题，其中包括（a）衡算，（b）实物保护，（c）边境管制和执法努力，（d）国家对出口和转口的管制，包括管制为这种出口和转口提供资金和服务，例如融资，并在这方面：

（a）鼓励1540委员会与会员国继续就全面执行第1540（2004）号决议，包括就会员国为此须采取的进一步行动以及所需要和所愿意提供的技术援助进行对话；

（b）邀请1540委员会与会员国、国际组织、区域组织和次区域组织探讨如何交流从第1540（2004）号决议所涉领域中汲取的经验教训，以及是否存在可能有助于执行第1540（2004）号决议的方案；

6. 决定1540委员会至迟于2008年4月27日向安全理事会提交报告，说明通过在执行第1540（2004）号决议各项要求方面取得进展的方式遵守该决议的情况；

7. 决定继续处理此案。

附录7　制止核恐怖主义行为国际公约

本公约缔约国，

铭记《联合国宪章》有关维护国际和平与安全及促进各国间睦邻和友好关系与合作的宗旨和原则，

回顾1995年10月24日《联合国50周年纪念宣言》，

确认所有国家享有为和平目的发展和利用核能的权利及其从和平利用核能获得潜在益处的合法利益，

铭记1980年《核材料实物保护公约》，

深切关注世界各地一切形式和表现的恐怖主义行为不断升级，

回顾大会1994年12月9日第49/60号决议所附《消除国际恐怖主义措施宣言》，其中除其他外，联合国会员国庄严重申毫不含糊地谴责恐怖主义的一切行为、方法和做法，包括那些危害国家间和人民间友好关系及威胁国家领土完整和安全的行为、方法和做法，不论在何处发生，也不论是何人所为，均为犯罪而不可辩护，

注意到该《宣言》还鼓励各国紧急审查关于防止、制止和消除一切形式和表现的恐怖主义的现行国际法律规定的范围，以期确保有一个涵盖这个问题的所有方面的全面法律框架，

回顾大会1996年12月17日第51/210号决议及其中所附的《补充1994年〈消除国际恐怖主义措施宣言〉的宣言》，

又回顾已按照大会第51/210号决议设立了一个特设委员会，以期除其他外，拟订一项制止核恐怖主义行为国际公约补充现有的相关国际文书，

注意到核恐怖主义行为可能带来最严重的后果并可能对国际和平与安全构成威胁，

又注意到现有多边法律规定不足以处理这些袭击，

深信迫切需要在各国之间加强国际合作，制定和采取有效和切实的措施，以防止这种恐怖主义行为，并起诉和惩罚行为人，

注意到国家军事部队的活动由本公约框架以外的国际法规则规定，某些行动被排除在本公约适用范围之外并非是容许不合法行为或使不合法行为合法化，或禁止根据其他法律提出起诉，

议定如下：

第一条

为本公约的目的：

一、"放射性材料"是指核材料和其他含有可自发蜕变（一个伴随有放射一种或多种致电离射线，如α粒子、β粒子、中子和γ射线的过程）核素的放射性物质，此种材料和物质，由于其放射或可裂变性质，可能致使死亡、人体受到严重伤害或财产或环境受到重大损害。

二、"核材料"是指钚，但钚-238同位素含量超过80%者除外；铀-233；富集了同位素235或233的铀；非矿石或矿渣形式的铀，其中同位素的比例与自然界存在的天然铀同位素混合的比例相同；或任何含有一种或多种上述物质的材料；

"富集了同位素235或233的铀"是指含有同位素235或233或兼含二者的铀，而这些同位素的总丰度与同位素238的丰度比大于自然界中同位素235与同位素238的丰度比。

三、"核设施"是指：

（一）任何核反应堆，包括装在船舶、车辆、飞行器或航天物体上，用作推动这种船舶、车辆、飞行器或航天物体的能源以及用于其他任何目的的反应堆；

（二）用于生产、储存、加工或运输放射性材料的任何工厂或运输工具。

四、"装置"是指：

（一）任何核爆炸装置；或

（二）任何散布放射性物质或释出辐射的装置，此种装置由于其放射性质，可能致使死亡、人体受到严重伤害或财产或环境受到重大损害。

五、"国家或政府设施"包括一国代表，政府、立法机关或司法

机关成员，或一国或任何其他公共当局或实体的官员或雇员，或一个政府间组织的雇员或官员，因公务使用或占用的任何长期或临时设施或交通工具。

六、"一国军事部队"是指一国按照其国内法，主要为国防或国家安全目的而组织、训练和装备的武装部队以及在其正式指挥、控制和负责下向其提供支助的人员。

第二条

一、本公约所称的犯罪是指任何人非法和故意：

（一）拥有放射性材料或制造或拥有一个装置：

1. 目的是致使死亡或人体受到严重伤害；或

2. 目的是致使财产或环境受到重大损害；

（二）以任何方式利用放射性材料或装置，或以致使放射性材料外泄或有外泄危险的方式利用或破坏核设施：

1. 目的是致使死亡或人体受到严重伤害；或

2. 目的是致使财产或环境受到重大损害；或

3. 目的是迫使某一自然人或法人、某一国际组织或某一国家实施或不实施某一行为。

二、任何人实施以下行为也构成犯罪：

（一）在显示威胁确实可信的情况下，威胁实施本条第一款第（二）项所述犯罪；或

（二）在显示威胁确实可信的情况下通过威胁，或使用武力，非法和故意索要放射性材料、装置或核设施。

三、任何人实施本条第一款所述犯罪未遂也构成犯罪。

四、任何人实施以下行为也构成犯罪：

（一）以共犯身份参加本条第一、第二或第三款所述犯罪；或

（二）组织或指使他人实施本条第一、第二或第三款所述犯罪；或

（三）以任何其他方式促进以共同目的行动的群体实施本条第一、第二或第三款所述犯罪；促进行动应当为故意的，并且是为了助长该

群体的一般犯罪活动或目的，或明知该群体有意实施有关犯罪。

第三条

本公约不适用于犯罪仅在一国境内实施、被指控罪犯和被害人均为该国国民、被指控罪犯在该国境内被发现，而且没有其他国家具有根据第九条第一或第二款行使管辖权的基础的情况，但第七条、第十二条、第十四条、第十五条、第十六条和第十七条的规定应酌情适用于这些情况。

第四条

一、本公约的任何条款均不影响国际法特别是《联合国宪章》的宗旨和原则以及国际人道主义法规定的其他国家和个人的权利、义务和责任。

二、武装冲突中武装部队的活动，按照国际人道主义法所理解的意义，由国际人道主义法予以规定，不受本公约管辖；一国军事部队为执行公务而进行的活动，由国际法其他规则予以规定，因此不受本公约管辖。

三、本条第二款的规定不得被解释为容许不合法行为或使不合法行为合法化，或禁止根据其他法律提出起诉。

四、本公约不以任何方式涉及，也不能被解释为以任何方式涉及国家使用核武器或威胁使用核武器的合法性问题。

第五条

每一缔约国应酌情采取必要措施：

（一）在其国内法中将第二条所述犯罪定为刑事犯罪；

（二）根据这些犯罪的严重性质规定适当的刑罚。

第六条

每一缔约国应酌情采取必要措施，包括在适当时制定国内立法，以确保本公约范围内的犯罪行为，特别是故意或有意使公众、某一群体或特定个人产生恐怖感的犯罪行为，在任何情况下都不得以政治、思想、意识形态、种族、族裔、宗教或其他类似性质的考虑因素为之辩解，并受到与其严重性质相符的刑罚。

第七条

一、缔约国应以下列方式进行合作：

（一）采取一切切实可行的措施，包括在必要时修改其国内法，防止和制止在其境内为在其境内或境外实施第二条所述犯罪进行准备，包括采取措施禁止鼓励、唆使、组织、故意资助或故意以技术协助或情报支助，或从事实施这些犯罪的个人、团体和组织在其境内进行非法活动；

（二）依照其国内法，以本条规定的方式及遵照本条规定的条件，交换准确和经核实的情报，并协调酌情采取的行政及其他措施，以便侦查、防止、制止和调查第二条所述犯罪，以及对被控实施这些犯罪的人提起刑事诉讼。缔约国特别应采取适当措施，不加迟延地将有人实施第二条所述犯罪的情况，以及该国所了解的有关实施这些犯罪的准备活动通知第九条所述的其他国家，并斟酌情况通知国际组织。

二、缔约国应采取符合其国内法的适当措施，以保护由于本公约的规定而从另一缔约国得到的，或经由参与为执行本公约而进行的活动而得到的任何保密情报的机密性。如果缔约国向国际组织提供保密情报，应采取步骤确保保护此种情报的机密性。

三、本公约不应要求缔约国提供国内法规定不得传送或可能危及有关国家安全或核材料实物保护的任何情报。

四、缔约国应将本国负责发送和接收本条所述情报的主管机关和联络点告知联合国秘书长。联合国秘书长应将有关主管机关和联络点的信息通知所有缔约国和国际原子能机构。这些主管机关和联络点必须可随时联系。

第八条

为了防止本公约所述犯罪，缔约国应竭尽全力采取适当措施确保放射性材料受到保护，并考虑到国际原子能机构的相关建议和职能。

第九条

一、每一缔约国应酌情采取必要措施，在下列情况下确立对第二条所述犯罪的管辖权：

（一）犯罪在本国境内实施；或

（二）犯罪发生在犯罪实施时悬挂本国国旗的船舶或根据本国法律登记的航空器上；或

（三）犯罪行为人是本国国民。

二、在下列情况下，缔约国也可以确立对任何这些犯罪的管辖权：

（一）犯罪的对象是本国国民；或

（二）犯罪的对象是本国在国外的国家或政府设施，包括本国使馆或其他外交或领事馆舍；或

（三）犯罪行为人是其惯常居所在本国境内的无国籍人；或

（四）犯罪的意图是迫使本国实施或不实施某一行为；或

（五）犯罪发生在本国政府营运的航空器上。

三、每一缔约国在批准、接受、核准或加入本公约时，应通知联合国秘书长本国根据国内法，依照本条第二款规定确立的管辖权。遇有修改，有关缔约国应立即通知秘书长。

四、如果被指控罪犯在某一缔约国境内，而该缔约国不将该人引渡至根据本条第一和第二款确立了管辖权的缔约国，该缔约国也应酌情采取必要措施，确立其对第二条所述犯罪的管辖权。

五、本公约不阻止缔约国行使依照其国内法确立的任何刑事管辖权。

第十条

一、在收到关于有人在某一缔约国境内实施了或正在实施第二条所述的一种犯罪，或者实施或被指控实施这种犯罪的人可能在其境内的情报后，有关缔约国即应根据其国内法酌情采取必要措施，调查情报所述事实。

二、罪犯或被指控罪犯在其境内的缔约国，在确信情况有此需要时，应根据其国内法采取适当措施，确保该人在被起诉或引渡时在场。

三、对其采取本条第二款所述措施的人有权：

（一）毫不迟延地与其国籍国或有权保护其权利的国家之距离最近的适当代表联系，如果该人是无国籍人，则有权与其惯常居住地国的此种代表联系；

（二）接受该国代表探视；

（三）获告知其根据第（一）和第（二）项享有的权利。

四、本条第三款所述权利应按照罪犯或被指控罪犯所在地国的法律和法规行使，但这些法律和法规必须能使第三款所给予的权利的目的得以充分实现。

五、本条第三和第四款的规定不妨害依照第九条第一款第（三）项或第二款第（三）项的规定主张管辖权的缔约国邀请红十字国际委员会与被指控罪犯联系和前往探视的权利。

六、缔约国根据本条将某人拘留时，应立即直接或通过联合国秘书长将该人被拘留的事实和构成羁押理由的情况，通知已依照第九条第一和第二款规定确立管辖权的缔约国，及其认为适宜的任何其他有关缔约国。进行本条第一款所述调查的国家应迅速将调查结果通知上述缔约国，并应表明是否有意行使管辖权。

第十一条

一、在第九条适用的情况下，被指控罪犯在其境内的缔约国，不将该人引渡的，无论犯罪是否在其境内实施，均有义务毫无例外地不作无理拖延，将案件送交其主管当局，以便通过该国法律规定的程序进行起诉。主管当局应以处理本国法律规定的任何其他严重犯罪的方式作出决定。

二、如果缔约国国内法允许引渡或移交一名本国国民，但条件是须将该人遣回本国服刑，以执行要求引渡或移交该人的审判或诉讼程序所判处的刑罚，而且该国与要求引渡该人的国家均同意这个办法及双方认为适当的其他条件，则此种有条件的引渡或移交应足以履行本条第一款所规定的义务。

第十二条

应保证根据本公约被拘留或对其采取任何其他措施或被起诉的人

获得公平待遇，包括享有一切符合其所在国法律和包括国际人权法在内可适用的国际法规定的权利与保障。

第十三条

一、第二条所述犯罪应被视为包括在任何缔约国之间在本公约生效前已有的任何引渡条约中的可引渡罪行。缔约国承诺将此类犯罪作为可引渡罪行列入缔约国间以后缔结的每一项引渡条约中。

二、以订有条约为引渡条件的缔约国，在收到未与其订有引渡条约的另一缔约国的引渡请求时，被请求国可以自行选择，以本公约为就第二条所述犯罪进行引渡的法律依据。引渡应符合被请求国法律规定的其他条件。

三、不以订有条约为引渡条件的缔约国，在符合被请求国法律规定的条件下，应视第二条所述犯罪为它们之间的可引渡罪行。

四、为缔约国间引渡的目的，必要时应将第二条所述犯罪视为不仅在发生地实施，而且也在依照第九条第一和第二款的规定确立管辖权的国家的境内实施。

五、缔约国间关于第二条所述犯罪的所有引渡条约和安排的规定，凡是与本公约不符的，应视为已在缔约国间作了修改。

第十四条

一、对于就第二条所述犯罪进行的调查和提起的刑事诉讼或引渡程序，缔约国应相互提供最大程度的协助，包括协助取得本国所掌握的诉讼或引渡程序所需证据。

二、缔约国应按照它们之间可能存在的关于相互司法协助的任何条约或其他安排履行本条第一款规定的义务。如无此类条约或安排，缔约国应按照其国内法规定相互提供协助。

第十五条

为了引渡或相互司法协助的目的，第二条所述的任何犯罪不得视为政治罪、同政治罪有关的犯罪或由政治动机引起的犯罪。因此，就此种犯罪提出的引渡或相互司法协助的请求，不可只以其涉及政治罪、同政治罪有关的犯罪或由政治动机引起的犯罪为由而加以拒绝。

第十六条

如果被请求的缔约国有实质理由认为，请求为第二条所述犯罪进行引渡或请求就此种犯罪提供相互司法协助的目的，是为了基于某人的种族、宗教、国籍、族裔或政治观点而对该人进行起诉或惩罚，或认为接受这一请求将使该人的情况因任何上述理由受到损害，则本公约的任何条款均不应被解释为规定该国有引渡或提供相互司法协助的义务。

第十七条

一、被某一缔约国羁押或在该国境内服刑的人，如果被要求到另一缔约国作证、进行辨认或提供协助以取得调查或起诉本公约规定的犯罪所需的证据，在满足以下条件的情况下可予移送：

（一）该人自由表示知情同意；和

（二）两国主管当局均同意，但须符合两国认为适当的条件。

二、为本条的目的：

（一）受移送国应有权力和义务羁押被移送人，除非移送国另有要求或授权；

（二）受移送国应不加迟延地履行其义务，按照两国主管当局事先商定或另行商定的方式，将被移送人交回移送国羁押；

（三）受移送国不得要求移送国为交回被移送人提起引渡程序；

（四）被移送人在受移送国的羁押时间应折抵其在移送国所服刑期。

三、除非获得依照本条规定作出移送的缔约国的同意，无论被移送人国籍为何，不得因其在离开移送国国境前的行为或判罪而在受移送国境内受到起诉或羁押，或受到对其人身自由的任何其他限制。

第十八条

一、遇发生第二条所述犯罪，在收缴或以其他方式获得放射性材料、装置或核设施后，持有上述物项的缔约国即应：

（一）采取步骤使放射性材料、装置或核设施无害化；

（二）确保按照可适用的国际原子能机构保障监督条款保管任何

核材料；和

（三）注意到国际原子能机构公布的实物保护建议以及健康和安全标准。

二、在与第二条所述犯罪有关的诉讼结束后，或按照国际法规定于结束之前，经与有关缔约国特别是就归还和储存的方式进行协商，任何放射性材料、装置或核设施，应归还其所属缔约国，或拥有这些放射性材料、装置或设施的自然人或法人为其国民或居民的缔约国，或物项在其境内被盗窃或非法获取的缔约国。

三、（一）如果国内法或国际法禁止某一缔约国归还或接受这些放射性材料、装置或核设施，或有关缔约国以符合本条第三款第（二）项规定的方式达成协议，则持有放射性材料、装置或核设施的缔约国应继续采取本条第一款所述步骤；这些放射性材料、装置或核设施应只用于和平目的；

（二）如果持有放射性材料、装置或核设施的缔约国依法不得持有这些物项，该国应确保尽快将其移交给可以合法持有并已酌情同该国磋商，提出了符合本条第一款的保证的国家，以使之无害化；这些放射性材料、装置或核设施应只用于和平目的。

四、如果本条第一和第二款所述放射性材料、装置或核设施不属于任何缔约国或缔约国国民或居民所有，或并非在某一缔约国境内被盗窃或非法获取，或没有国家愿意按照本条第三款的规定予以接受，则应在有关国家与任何相关国际组织协商后，另行作出处置的决定，但须符合本条第三款第（二）项的规定。

五、为本条第一、第二、第三和第四款的目的，持有放射性材料、装置或核设施的缔约国可请求其他缔约国，特别是有关缔约国，以及任何相关国际组织，特别是国际原子能机构给予协助和合作。鼓励缔约国和相关国际组织按照本款规定尽量提供协助。

六、根据本条规定参与处置或保存放射性材料、装置或核设施的缔约国应将这些物项的处置或保存方式通知国际原子能机构总干事。国际原子能机构总干事应将此种信息转送其他缔约国。

七、如果第二条所述犯罪涉及任何散布情况，本条的规定不影响规定核损害责任的国际法规则或其他国际法规则。

第十九条

起诉被指控罪犯的缔约国应依照其国内法或可适用的程序，将诉讼程序的终局结果通知联合国秘书长，由其将此情况转达其他缔约国。

第二十条

缔约国应直接或通过联合国秘书长，并在必要时通过国际组织的协助进行协商，以确保有效实施本公约。

第二十一条

缔约国应以符合各国主权平等和领土完整以及不干涉他国内政等原则的方式履行本公约规定的义务。

第二十二条

本公约的任何条款均不给予缔约国在另一缔约国境内行使管辖权和履行该另一缔约国当局根据其国内法拥有的专属职能的权利。

第二十三条

一、两个或多个缔约国之间有关本公约的解释或适用的争端，不能在合理时间内通过谈判解决的，经其中任何一方要求，应交付仲裁。如果自要求仲裁之日起六个月内，各当事方不能就仲裁的组成达成协议，其中任何一方可根据《国际法院规约》请求将争端提交国际法院。

二、每一国家在签署、批准、接受、核准或加入本公约时，可以声明本国不受本条第一款的约束。对于作出此种保留的任何缔约国，其他缔约国也不受第一款的约束。

三、依照本条第二款规定作出保留的缔约国，可以在任何时候通知联合国秘书长撤回保留。

第二十四条

一、本公约自 2005 年 9 月 14 日至 2006 年 12 月 31 日在纽约联合国总部开放供所有国家签字。

二、本公约须经批准、接受或核准。批准书、接受书或核准书应交存联合国秘书长。

三、本公约开放供任何国家加入。加入书应交存联合国秘书长。

第二十五条

一、本公约在第二十二份批准书、接受书、核准书或加入书交存联合国秘书长之日后第三十天生效。

二、对于在第二十二份批准书、接受书、核准书或加入书交存后批准、接受、核准或加入本公约的每一个国家，本公约在该国交存其批准书、接受书、核准书或加入书后第三十天生效。

第二十六条

一、缔约国可以对本公约提出修正案。提议的修正案应提交保存人，由保存人立即分发所有缔约国。

二、如果过半数缔约国请求保存人召开会议以审议提议的修正案，保存人应邀请所有缔约国出席这一会议。该会议不得在发出邀请后三个月内举行。

三、会议应作出一切努力，确保以协商一致方式通过修正案。无法取得协商一致时，应以全体缔约国的三分之二多数通过修正案。会议通过的任何修正案应由保存人迅速分发所有缔约国。

四、对于交存修正案批准书、接受书、加入书或核准书的各缔约国，依照本条第三款规定通过的修正案在三分之二缔约国将其有关文书交存保存人之日后第三十天生效。此后，修正案在有关缔约国交存其相关文书之日后第三十天对该缔约国生效。

第二十七条

一、任何缔约国可书面通知联合国秘书长退出本公约。

二、退出应在联合国秘书长接到通知之日起一年后生效。

第二十八条

本公约正本交存联合国秘书长，其阿拉伯文、中文、英文、法文、俄文和西班牙文文本同等作准。联合国秘书长应将本公约核对无误的副本分送所有国家。

本公约于2005年9月14日在纽约联合国总部开放供签字。下列签署人经各自政府正式授权在本公约上签字，以昭信守。

附录8 制止向恐怖主义提供资助的国际公约

序　言

本公约各缔约国,

铭记着《联合国宪章》中有关维持国际和平与安全及促进各国间睦邻和友好关系与合作的宗旨和原则,

深切关注世界各地一切形式和表现的恐怖主义行为不断升级,

回顾大会1995年10月24日第50/6号决议所载《联合国五十周年纪念宣言》,

又回顾大会关于这一事项的所有有关决议,包括1994年12月9日第49/60号决议及其关于《消除国际恐怖主义措施宣言》的附件,其中联合国会员国庄严重申毫不含糊地谴责恐怖主义的一切行为、方法和做法,包括那些危害国家间和民族间友好关系及威胁国家领土完整和安全的行为、方法和做法,不论在何处发生,也不论是何人所为,均为犯罪而不可辩护,

注意到《消除国际恐怖主义措施宣言》还鼓励各国紧急审查关于防止、压制和消灭一切形式和面貌的恐怖主义的现行国际法律条款的范围,以期确保有一个涵盖这个问题的所有方面的全面法律框架,

回顾大会1996年12月17日第51/210号决议第3(f)段,其中呼请所有国家采取步骤,以适当的国内措施防止和制止为恐怖主义分子和恐怖主义组织筹集经费,无论这种经费是直接还是间接通过也具有或声称具有慈善、社会或文化目的或者也从事武器非法贩运、毒品买卖、敲诈勒索等非法活动,包括剥削他人来为恐怖主义活动筹集经费的组织提供,并特别酌情考虑采取管制措施,以预防和制止涉嫌为恐怖主义目的提供的资金的流动,但不得以任何方式妨碍合法资本的流动自由,并加强关于这种资金的国际流动的情报交流,

还回顾大会1997年12月15日第52/165号决议,其中请各国考虑特别是执行其1996年12月17日第51/210号决议第3(a)～(f)

段所列的各项措施，

并回顾大会 1998 年 12 月 8 日第 53/108 号决议，其中决定大会 1996 年 12 月 17 日第 51/210 号决议所设立的特设委员会应拟订一项制止向恐怖主义者提供资助的国际公约草案，以补充现有的相关国际文书，

考虑到向恐怖主义提供资助是整个国际社会严重关注的问题，

注意到国际恐怖主义行为的次数和严重性端赖恐怖主义分子可以获得多少资助而定，

并注意到现有的多边法律文书并没有专门处理这种资助，

深信迫切需要增强各国之间的国际合作，制定和采取有效的措施，以防止向恐怖主义提供资助，和通过起诉及惩罚实施恐怖主义行为者来加以制止，

兹协议如下：

第 1 条

为本公约的目的：

1. "资金"系指所有各种资产，不论是有形或无形资产，是动产还是不动产，不论以何种方式取得，和以任何形式，包括电子或数字形式证明这种资产的产权或权益的法律文件或证书，包括但不限于银行贷记、旅行支票、银行支票、邮政汇票、股票、证券、债券、汇票和信用证。

2. "国家或政府设施"系指一国代表、政府成员、立法机关或司法机关，或一国或任何其他公共当局或实体的官员或雇员，或一个政府间组织的雇员或官员因公务使用或占用的任何长期或临时设施或交通工具。

3. "收益"系指通过实施第 2 条所述罪行直接或间接取得或获得的任何资金。

第 2 条

1. 本公约所称的犯罪，是指任何人以任何手段，直接或间接地非法和故意地提供或募集资金，其意图是将全部或部分资金用于，或者

明知全部或部分资金将用于实施：

（a）属附件所列条约之一的范围并经其定义为犯罪的一项行为；或

（b）意图致使平民或在武装冲突情势中未积极参与敌对行动的任何其他人死亡或重伤的任何其他行为，如这些行为因其性质或相关情况旨在恐吓人口，或迫使一国政府或一个国际组织采取或不采取任何行动。

2.（a）非附件所列条约缔约国的国家在交存其批准书、接受书或加入书时得声明，对该缔约国适用本公约时，应视该条约为不属第 1 款（a）项所述附件所开列的条约之一，一旦该条约对该缔约国生效，此一声明即告无效，而该缔约国应就此通知保存人；

（b）如一国不再是附件所列某一条约之缔约国，得按本条的规定，就该条约发表一项声明。

3. 就一项行为构成第 1 款所述罪行而言，有关资金不需实际用于实施第 1 款（a）或（b）项所述的罪行。

4. 任何人如试图实施本条第 1 款所述罪行，也构成犯罪。

5. 任何人如有以下行为，也构成犯罪：

（a）以共犯身份参加本条第 1 或第 4 款所述罪行；

（b）组织或指使他人实施本条第 1 或第 4 款所述罪行；

（c）协助以共同目的行事的一伙人实施本条第 1 款或第 4 款所列的一种或多种罪行；这种协助应当是故意的，或是：

①为了促进该团伙犯罪活动或犯罪目的，而此种活动或目的涉及实施本条第 1 款所述的罪行；或

②明知该团伙意图实施本条第 1 款所述的一项罪行。

第 3 条

本公约不适用于罪行仅在一国境内实施，犯罪嫌疑人为身在该国境内的本国国民，而且其他国家没有根据第 7 条第 1 款或第 2 款行使管辖权的依据的情况，但第 12 条至第 18 条的规定应酌情适用于这些情况。

第 4 条

每一缔约国应酌情采取措施：

(a) 在本国国内法中规定第 2 条所述罪行为刑事犯罪；

(b) 根据罪行的严重性质，以适当刑罚惩治这些罪行。

第 5 条

1. 每一缔约国应根据其本国法律原则采取必要措施，以致当一个负责管理或控制设在其领土内或根据其法律设立的法律实体的人在以该身份犯下了本公约第 2 条所述罪行时，得以追究该法律实体的责任，这些责任可以是刑事、民事或行政责任。

2. 承担这些责任不影响实施罪行的个人的刑事责任。

3. 每一缔约国特别应确保对按照上文第 1 款负有责任的法律实体实行有效、相称和劝阻性的刑事、民事或行政制裁。这种制裁可包括罚款。

第 6 条

每一缔约国应酌情采取措施，包括适当时制定国内立法，以确保本公约范围内的犯罪行为，在任何情况下都不可引用政治、思想、意识形态、种族、族裔、宗教或其他类似性质的考虑因素为其辩解。

第 7 条

1. 在下列情况下，每一缔约国应酌情采取措施，确立其对第 2 条所述罪行的管辖权：

(a) 罪行在该国境内实施；

(b) 罪行在案发时悬挂该国国旗的船只上或根据该国法律登记的航空器上实施；

(c) 罪行为该国国民所实施。

2. 在下列情况下，缔约国也可以确立其对此种罪行的管辖权：

(a) 犯罪的目的或结果是在该国境内或针对该国国民实施第 2 条第 1 款 (a) 项或 (b) 项所述罪行；

(b) 犯罪的目的或结果是针对该国在国外的国家或政府设施，包括该国外交或领事房地实施第 2 条第 1 款 (a) 项或 (b) 项所述罪行；

(c) 犯罪的目的或结果是实施第 2 条第 1 款 (a) 项或 (b) 项所

述罪行，以迫使该国从事或不从事任何一项行为；

（d）罪行是由惯常居所在该国境内的无国籍人实施；

（e）罪行是在该国政府营运的航空器上实施。

3. 每一缔约国在批准、接受、核准或加入本公约时，应将该国依照第2款确立的管辖权范围通知联合国秘书长。遇有任何修改，有关缔约国应立即通知秘书长。

4. 如遇犯罪嫌疑人身在其境内，但它不将该人引渡给按本条第1款或第2款确立管辖权的任何缔约国的情况，每一缔约国也应酌情采取措施，确立本国对第2条所述罪行的管辖权。

5. 如果多个缔约国要求对第2条所述罪行行使管辖权，有关的缔约国应力求适当协调它们的行动，特别是在起诉条件以及在提供司法互助的方式方面。

6. 在不妨碍一般国际法准则的情况下，本公约不排除缔约国根据其国内法所确定任何刑事管辖权的行使。

第8条

1. 每一缔约国应根据其本国法律原则采取适当措施，以便识别、侦查、冻结或扣押用于实施或调拨以实施第2条所述罪行的任何资金以及犯罪所得收益，以期加以没收。

2. 每一缔约国应根据其本国法律原则采取适当措施，以没收用于实施或调拨以实施第2条所述罪行的资金，以及犯罪所得收益。

3. 每一有关缔约国得考虑同其他缔约国缔结协定，在经常性或逐案的基础上，分享执行本条所述没收而取得的资金。

4. 每一缔约国应考虑设立机制，利用从本条所指的没收所得的款项，赔偿第2条第1款（a）项或（b）项所述犯罪的被害人或其家属。

5. 执行本条规定不得影响出于善意采取行动的第三方的权利。

第9条

1. 缔约国收到情报，获悉实施或被指控实施第2条所述罪行的人可能身在其境内时，应按照国内法酌情采取措施，调查情报所述的事实。

2. 罪犯或犯罪嫌疑人身在其境内的缔约国，在确信情况有此需要时，应根据国内法采取适当措施，确保该人留在境内，以进行起诉或引渡。

3. 对任何人采取第2款所述措施时，该人享有下列权利：

（a）不受延误地就近与其国籍国或有权保护其权利的国家的适当代表联系，如该人为无国籍人，得与其惯常居住地国家的此种代表联系；

（b）由该国代表探视；

（c）获告知其根据本款（a）和（b）项享有的权利。

4. 第3款所述的权利，应按照罪犯或犯罪嫌疑人所在国的法规行使，但这些法规须能使本条第3款所给予的权利的目的得以充分实现。

5. 第3款和第4款的规定不得妨碍依照第7条第1款（b）项或第2款（b）项具有管辖权的任何缔约国邀请红十字国际委员会与犯罪嫌疑人联系和前往探视的权利。

6. 当缔约国根据本条拘留某人时，应立即直接或通过联合国秘书长将拘留该人一事和致使其被拘留的情况通知已依照第7条第1款或第2款确立管辖权的缔约国，并在该国认为适宜时，通知任何其他有关缔约国。进行第1款所述调查的国家应迅速将调查结果通知上述缔约国，并应表明它是否打算行使管辖权。

第10条

1. 在第7条适用的情况下，犯罪嫌疑人在其境内的缔约国如不将该人引渡，则无论在任何情况下且无论罪行是否在其境内实施，均有义务不作无理拖延，将案件移送其主管当局，以按照该国法律规定的程序进行起诉。主管当局应以处理该国法律定为性质严重的任何其他罪行的相同方式作出决定。

2. 如果缔约国国内法准许引渡或移交本国国民，但规定须将该人遣返本国服刑，以执行要求引渡或移交该人的审讯或诉讼最后所判处的刑罚，且该国与请求引渡该人的国家同意这个办法以及两国认为适当的其他条件，则此种有条件引渡或移交应足以履行第 1 款所述的义务。

第 11 条

1. 第 2 条所述罪行应被视为包括在任何缔约国之间在本公约生效前已有的任何引渡条约中的可引渡罪行。缔约国承诺将这些罪行作为可引渡罪行列入缔约国之间以后缔结的每一项引渡条约之中。

2. 如果一个以订有条约为引渡条件的缔约国收到未与其订有引渡条约的另一缔约国提出的引渡请求，被请求国可以自行决定视本公约为就第 2 条所述罪行进行引渡的法律依据。引渡应符合被请求国法律规定的其他条件。

3. 不以订有条约为引渡条件的缔约国，应确认第 2 条所述罪行为这些缔约国之间的可引渡罪行，但须符合被请求国法律规定的条件。

4. 为缔约国之间引渡的目的，必要时应将第 2 条所述罪行视为不仅在发生地实施，而且也在依照第 7 条第 1 款和第 2 款确立管辖权的国家境内实施。

5. 缔约国之间的所有引渡条约和安排中与第 2 条所述罪行有关的规定，与本公约不符的，应视为缔约国之间已参照公约作了修改。

第 12 条

1. 缔约国之间应就涉及第 2 条所述罪行进行的刑事调查或提起的刑事诉讼或引渡程序提供最大程度的协助，包括协助取得缔约国所掌握、为提起这些程序所需的证据。

2. 缔约国不得以银行保密为由，拒绝司法互助的请求。

3. 除请求书中指明的用途以外，未经被请求国事先同意，请求国不得转递或利用被请求国提供的情报或证据，以进行其他调查、起诉或诉讼程序。

4. 每个缔约国可考虑设立机制，与其他缔约国分享必要的信息或证据，以按照第 5 条确定刑事、民事或行政责任。

5. 缔约国应按照缔约国之间可能存在的任何司法互助或信息交流的条约或其他安排履行第 1 款和第 2 款所规定的义务。如果没有这种条约或安排，缔约国应按照各自的国内法相互提供协助。

第 13 条

为引渡或司法互助的目的，不得视第 2 条所述任何罪行为财务金融罪。缔约国不得只以事关财务金融罪为理由而拒绝引渡或司法互助的请求。

第 14 条

为引渡或司法互助的目的，不得视第 2 条所述任何罪行为政治犯罪、同政治犯罪有关的罪行或出于政治动机的犯罪。因此，对于就此种罪行提出的引渡或司法互助请求，不得只以其涉及政治犯罪、同政治犯罪有关的罪行或出于政治动机的罪行为理由而加以拒绝。

第 15 条

如果被请求的缔约国有实质理由认为，请求就第 2 条所述罪行进行引渡或请求就此种罪行提供司法互助的目的，是基于某人的种族、宗教、国籍、族裔或政治观点对该人进行起诉或惩罚，或认为接受这一请求将使该人的情况因任何上述理由受到损害，则本公约的任何条款不应被解释为规定该国有引渡或提供司法互助的义务。

第 16 条

1. 在一缔约国境内被羁押或服刑的人，如果被要求到另一缔约国进行识别、作证或提供其他协助，以取得调查或起诉第 2 条所述罪行所需的证据，在满足以下条件的情况下，可予移送：

（a）该人在被告知情况后自愿表示同意；

（b）两国主管当局同意，但须符合两国认为适当的条件。

2. 为本条的目的：

（a）该人被移送去的国家应有权力和义务羁押被移送的人，除非移送国另有要求或授权；

（b）该人被移送去的国家应毫不迟延地履行义务，按照两国主管当局事先达成的协议或其他协议，将该人交还移送国；

（c）该人被移送去的国家不得要求移送国为交还该人提起引渡程序；

（d）该人在被移送去的国家的羁押时间应折抵在移送国执行的刑期。

3. 除非按照本条移送该人的缔约国表示同意，无论该人国籍为何，均不得因其在离开移送国国境前的行为或定罪，在被移送去的国家境内受到起诉、羁押或对其人身自由实行任何其他限制。

第 17 条

应保证根据本公约被羁押、对其采取任何其他措施或提起诉讼的任何人，获得公平待遇，包括享有符合该人所在国法律和包括国际人权法在内的国际法适用法规规定的一切权利与保障。

第 18 条

1. 缔约国应合作防止发生第 2 条所述罪行，采取一切切实可行的措施，除其他外包括在必要时修改其国内立法，防止和遏制在其境内为在其境内或境外实施这些罪行进行准备工作，包括：

（a）采取措施禁止蓄意鼓励、怂恿、组织或从事实施第 2 条所述罪行的人和组织在其境内进行非法活动；

（b）采取措施规定金融机构和从事金融交易的其他行业使用现行效率最高的措施查证其惯常客户或临时客户，以及由他人代其开立账户的客户的身份，并特别注意不寻常的或可疑的交易情况和报告怀疑为源自犯罪活动的交易。为此目的，缔约国应考虑：

①订立条例禁止开立持有人或受益人身份不明或无法查证的账户，并采取措施确保此类机构核实此类交易真实拥有人的身份；

②在法律实体的查证方面，规定金融机构在必要时采取措施，从公共登记册或客户，或从两者处取得成立公司的证明，包括客户的名称、法律形式、地址、董事会成员以及规定实体立约权力的章程等资料，以核实客户的合法存在和结构；

③制定条例迫使金融机构承担义务向主管当局迅速报告所有并无任何明显的经济目的或显而易见的合法目的的、复杂、不寻常的巨额交易以及不寻常的交易方式，无须担心因诚意告发而承担违反披露资料限制的刑事或民事责任；

④规定各金融机构将有关国内和国际交易的一切必要记录至少保存五年。

2. 缔约国应进一步合作，通过考虑下列手段，防止发生第 2 条所述的罪行：

（a）采取措施监督所有汇款机构，包括例如审批其营业执照；

（b）采取可行措施，以发现或监测现金和无记名可转让票据的实际越境交送，但须有严格保障措施，以确保情报使用得当和资本的自由流通不受任何阻碍。

3. 缔约国应进一步合作，防止发生第 2 条所述罪行，按照其国内法交换经核实的准确情报，并协调为防止实施第 2 条所述罪行而酌情采取的行政及其他措施，特别是：

（a）在各主管机构和厅处之间建立和维持联系渠道，以便就第 2 条所述罪行的所有方面安全、迅速交换资料；

（b）相互合作就第 2 条所述罪行的下列方面进行调查：

①有理由怀疑是参与了这类犯罪的人的身份、行踪和活动；

②同这类犯罪有关的资金的流动情况。

4. 缔约国可通过国际刑事警察组织（刑警组织）交换情报。

第 19 条

起诉犯罪嫌疑人的缔约国应按照其国内法或适用程序，将诉讼的最终结果通知联合国秘书长，由其将此项资料分送其他缔约国。

第 20 条

缔约国应以符合各国主权平等和领土完整以及不干涉他国内政的原则的方式履行本公约规定的义务。

第 21 条

本公约毫不影响国家和个人按国际法特别是《联合国宪章》、国际人道主义法和其他有关公约所应享的其他权利、应尽的其他义务和应负的其他责任。

第 22 条

本公约并未授权缔约国在另一缔约国境内行使管辖权或履行该另

一缔约国国内法规定该国当局专有的职能。

第 23 条

1. 附件可作出修改，增列有以下特征的相关条约：

（a）已开放供所有国家参加；

（b）已经生效；

（c）已至少为本公约的二十二个缔约国批准、同意、核可或加入。

2. 本公约生效后，任何缔约国可提议作出上述修改。要求修改的任何提议应书面提交给保存人。保存人应将符合第 1 款要求的提议通知所有缔约国，并就是否应通过拟议的修改征求他们的意见。

3. 除非有三分之一的缔约国在拟议的修改分发后 180 天内提出书面通知表示反对，否则有关修改视为通过。

4. 对于已交存其对附件修改批准、接受或核准文书的所有缔约国，所通过的附件修改在存放第二十二份此类文书后 30 天起生效。对于在第二十二份批准、接受或核准文书交存后，批准、接受或核准对附件的修改的每一缔约国，修改在其交存批准、接受或核准文书后的第三十天开始生效。

第 24 条

1. 两个或两个以上的缔约国之间有关本公约的解释或适用的任何争端，如果在一段合理时间内不能通过谈判解决，经其中一方要求，应交付仲裁。如果自要求仲裁之日起六个月内，当事各方不能就仲裁的安排达成协议，其中任何一方可以根据《国际法院规约》，以请求书将争端提交国际法院。

2. 在签署、批准、接受、核准或加入本公约时，每一国家可以声明不受第 1 款约束。对作出此种保留的任何缔约国而言，其他缔约国也不受本条第 1 款约束。

3. 根据第 2 款作出保留的任何国家，可以随时通知联合国秘书长，撤回保留。

第 25 条

1. 本公约于 2000 年 1 月 10 日至 2001 年 12 月 31 日在纽约联合国

总部开放供所有国家签署。

2. 本公约须经批准、接受或核准。批准书、接受书或核准书应交存联合国秘书长。

3. 本公约对所有国家开放供加入。加入书应交存联合国秘书长。

第 26 条

1. 本公约应自第二十二份批准书、接受书、核准书或加入书交存联合国秘书长之日后的第三十天开始生效。

2. 对于在第二十二份批准书、接受书、核准书或加入书交存后批准、接受、核准或加入本公约的每一个国家，本公约应在该国交存其批准书、接受书、核准书或加入书后的第三十天对该国开始生效。

第 27 条

1. 任何缔约国均得以书面通知联合国秘书长退出本公约。

2. 退约应在联合国秘书长收到通知之日起一年后生效。

第 28 条

本公约正本交存联合国秘书长，其阿拉伯文、中文、英文、法文、俄文和西班牙文文本同等作准。联合国秘书长应将本公约经核证无误的副本分送所有国家。

本公约于 2000 年 1 月 10 日在纽约联合国总部开放签字，下列签署人经各自政府正式授权在本公约上签字，以昭信守。

附件

1. 1970 年 12 月 16 日在海牙签署的《关于制止非法劫持航空器的公约》。

2. 1971 年 9 月 23 日在蒙特利尔签署的《关于制止危害民用航空安全的非法行为的公约》。

3. 1973 年 12 月 14 日联合国大会通过的《关于防止和惩处侵害应受国际保护人员包括外交代表的罪行的公约》。

4. 1979 年 12 月 17 日联合国大会通过的《反对劫持人质国际公约》。

5. 1980 年 3 月 3 日在维也纳通过的《关于核材料的实物保护公约》。

6. 1988年2月24日在蒙特利尔签署的《补充关于制止危害民用航空安全的非法行为的公约的制止在为国际民用航空服务的机场上的非法暴力行为的议定书》。

7. 1988年3月10日在罗马签署的《制止危害航海安全的非法行为公约》。

8. 1988年3月10日在罗马签署的《制止危害大陆架固定平台安全非法行为议定书》。

9. 1997年12月15日联合国大会通过的《制止恐怖主义爆炸事件的国际公约》。

附录9 中国执行联合国安理会第1540号决议报告

联合国
安全理事会
S/AC.44/2004/(02)/4
Distr.：General
14 October 2004
Chinese
Original：English

安全理事会第1540（2004）号决议所设委员会
2004年10月4日中国常驻联合国代表给委员会主席的信

谨提及你2004年6月21日的信，并随函转递中国政府根据安全理事会第1540（2004）号决议第4段提出的第一份报告（见附件）。

常驻代表
大使
王光亚（签名）

2004年10月4日中国常驻联合国代表给委员会主席的信的附件

［原件：中文］

中国执行联合国安理会第1540号决议报告

中国主张全面禁止和彻底销毁核武器、生物武器和化学武器等各类大规模杀伤性武器，反对此类武器及其运载工具的扩散。中国主张通过和平手段实现防扩散目标，一方面不断改进国际防扩散机制，完善和加强各国的出口控制；另一方面应通过对话和国际合作处理扩散问题，加强联合国在防扩散领域的作用。

中国支持严格执行安理会第 1540 号决议。决议一经通过，中国外交部网站即全文公布。根据决议规定，并参照安理会 1540 委员会关于撰写报告的指南，现将中国执行决议的措施通报如下。①

一、决议执行部分第 1 段：

各国应不向企图开发、获取、制造、拥有、运输、转移或使用核生化武器及其运载工具的非国家行为者提供任何形式的支持；

中国主张全面禁止和彻底销毁核武器、生物武器和化学武器等各类大规模杀伤性武器，坚决反对此类武器及其运载工具的扩散。2003 年 12 月发表的《中国的防扩散政策和措施》白皮书明确阐述了中国的防扩散政策，重申中国不支持、不鼓励、不帮助任何国家发展大规模杀伤性武器及其运载工具。根据这一政策，并按照中国的法律、法规，中国不向企图开发、获取、制造、拥有、运输、转移或使用核生化武器及其运载工具的非国家行为者提供任何形式的支持。

二、决议执行部分第 2 段：

各国应按照本国程序，通过和实施适当、有效的法律，禁止任何非国家行为者，尤其是为恐怖主义目的而制造、获取、拥有、开发、运输、转移或使用核生化武器及其运载工具，以及禁止企图从事上述任何活动、作为共犯参与这些活动、协助或资助这些活动的图谋；

• 多年来，中国颁布实施了一系列法律法规，对可用于发展和生产核武器、生物武器和化学武器及其运载工具的材料、设备和技术实施严格管理。任何个人或实体未经授权均不得制造、获取、拥有、开发、运输、转移或使用此类物项。这些法律法规主要包括：

1.《中华人民共和国刑法》修正案（三）

---

① 根据"一国两制"方针，中国中央政府负责管理与中国香港特别行政区和澳门特别行政区有关的外交和防务事务，港、澳特区享有行政管理权、立法权、独立的司法权和终审权。特区政府负责维持特区的社会治安，经中央政府授权还可自行处理有关的对外事务。因此，在执行安理会第 1540 号决议的某些具体措施上，港、澳特区政府与中央政府可能有所不同，本报告予以分别列出。

2.《中华人民共和国核出口管制条例》及《管制清单》

3.《中华人民共和国核两用品及相关技术出口管制条例》及《管制清单》

4.《中华人民共和国生物两用品及相关设备和技术出口管制条例》及《管制清单》

5.《中华人民共和国监控化学品管理条例》及《各类监控化学品名录》

6.《有关化学品及相关设备和技术出口管制办法》及《管制清单》

7.《中华人民共和国导弹及相关物项和技术出口管制条例》及《管制清单》

8.《中华人民共和国军品出口管理条例》及《管理清单》

上述法规、条例和清单全文可在中华人民共和国外交部 http://www.mfa.gov.cn 网站查阅。

• 香港特别行政区制定了一整套防扩散管制法律法规。其中，《生物武器条例》（香港法例第491章）禁止发展、生产、储存、取得和拥有任何生物武器以及某些生物剂及毒素，违反者的最高惩罚是终身监禁。《化学武器（公约）条例》（香港法例第528章）禁止使用、发展、生产、获取、储存和拥有化学武器及参与化学武器的转让，违反者的最高惩罚是终身监禁。《大规模杀伤性武器（提供服务的管制）条例》（香港法例第526章）严格禁止提供可协助发展、生产、取得或贮存大规模杀伤性武器的服务，如代理服务和筹备资金。《进出口条例》（香港法例第60章）对有关物品的进口和出口（包括过境）实施签证管制，禁止在没有按照签证规定的情况下，进出口战略物品。此外，《联合国（反恐怖主义措施）条例》（香港法例第575章）禁止向恐怖分子及与恐怖分子有联系者提供武器。

• 澳门特别行政区防扩散管制的法律框架包括澳门特区《刑法典》有关禁用武器及爆炸性物质的规定、有关武器及弹药的第77/99/M号法令及对外贸易的法律和条例（第7/2003号法律、第28/2003号行政法规,以及第 225/2003 号及第 272/2003 号行政长官公告)。其中,澳门《刑法典》将输入、制造、藏有、购买、出售及以任何方式转让或取得、运输、分发、持有、使用或随身携带禁用武器、爆炸装置或爆炸性物质、足以产生核爆炸的装置或物质、放射性装置或物质,或适用于制造有毒或令人窒息气体的装置或物质,以及向恐怖分子或恐怖组织提供任何形式的支持定为刑事犯罪。

三、决议执行部分第 3 段:

各国应采取和实施有效措施,建立国内管制,以防止核生化武器及其运载工具的扩散,包括对相关材料建立适当管制,并为此目的应:

(a) 制定和保持适当、有效的措施,对生产、使用、储存或运输中的这种物项进行衡算和保安;

(b) 制定和保持适当、有效的实物保护措施;

中国政府高度重视对大规模杀伤性武器及其运载工具相关材料、设备和技术的管理。近年来,中国政府本着依法治国的原则,不断加强防扩散法制建设,相继制定并实施了一系列法律法规,形成了一整套涵盖核、生物、化学和导弹等各类敏感物项和技术及所有军品的完备的防扩散管制体系,为更好地实现防扩散目标提供了充分的法律依据和机制保障。上述法规严格规范了敏感物项的生产和经营,明确规定了国家主管部门的权利和义务,能有效确保上述物项在生产、使用、储存或运输中的安全。同时,相关法规对违法行为的处理都做了必要的规定,确立了一套包括行政和刑事处罚在内的违法处罚机制。

- 在核领域,中国政府于 1987 年颁布了《核材料管制条例》,对核材料实行许可证管理制度,建立核材料衡算制度和分析测量系统,并明确规定了核材料监督管理部门和持有部门的职责、核材料管制办法、核材料许可证的申请、审查和颁发、核材料账务管理、核材料衡算、核材料实物保护及相关奖励和惩罚措施等。根据该条例,国务院在核工业部门建立专门机构,负责管理和监督条例的实施。中国已经建立符合国际原子能机构(IAEA)保障监督要求的核材料衡算和控制系统,以及符合《核材料实物保护公约》要求的核材料保安系统,使核材料的管制更加严密和规范。中国并与IAEA缔结了全面保障监督协定及其附加议定书，自愿将部分民用核设施置于IAEA的保障监督之下。

中国已参加《及早通报核事故公约》《核事故或辐射紧急情况援助公约》《核安全公约》等，积极参加了《乏燃料管理安全和放射性废物管理安全联合公约》的起草与磋商，并已启动加入公约的有关工作。中国支持《国际原子能机构放射源安全和保安行为准则》，正根据该准则的要求和原则，组织修订《放射性同位素与射线装置防护条例》，制订《放射源安全管理办法》和《放射源事故管理规定》。中国积极参加了2003年3月在维也纳召开的"放射源保安大会"。2004年10月，中国将作为东道主与IAEA在北京共同举办有关核设施安全主题的国际大会。

中国借鉴国际经验，建立起了比较完备的核安全管理体系、监督体系和核应急工作体系。中国颁布实施了《中华人民共和国民用核设施安全监督管理条例》《中华人民共和国核电厂核事故应急管理条例》。2003年10月，中国政府又颁布实施了《中华人民共和国放射性污染防治法》。为全面促进原子能事业的健康发展，中国正在抓紧"原子能法"的有关立法工作。中国还于近年加强了国家核应急办公室的职能，加强了应对相关突发事件的能力。迄今为止，中国核工业在安全运行和环境保护方面保持了良好的记录，没有发生过重大问题。

• 在生物领域，中国政府于1980年制定了《兽医微生物菌种保藏管理试行办法》、1985年制定了《中国医学微生物菌种保藏管理办法》、1986年制定了《中国微生物菌种保藏管理条例》、1987年制定了《兽药管理条例》、1989年制定了《中华人民共和国传染病防治法》、1991年制定了《进出境动植物检疫法》、1996年制定了《兽用生物制品管理办法》和《农业生物基因工程安全管理实施办法》、2001年制定了《兽用生物制品质量标准》等法律法规。上述法律法规严格规定了有关菌（毒）种、疫苗、生物制品等的生产、管理、使用、保藏、携带、转让等。

例如，根据《中国微生物菌种保藏管理条例》和《中国医学微生物菌种保藏管理办法》规定，中国政府对微生物菌、毒种的收集保藏、供应使用等进行严格管理。医学微生物菌毒种的保藏由卫生部指定的单位负责，实行统一管理，并根据菌种类别，对其供应和使用权限、领取、邮寄和包装等实行严格的分级管理。根据《微生物和生物医学实验室生物安全通用准则》，中国政府对实验室生物安全设备、个体防护装置和措施、实验室的特殊设计和建筑要求、实验室管理制度和安全操作规程等提出明确要求，并对实验室的分类、分级和适用范围做出详细规定。

● 在化学领域，中国从 1995 年至 1997 年先后颁布实施了《中华人民共和国监控化学品管理条例》《各类监控化学品名录》《〈中华人民共和国监控化学品管理条例〉实施细则》等规章制度，明确了负责监控化学品管理工作的部门和职责，对监控化学品进行了详细的分类，并对敏感化学品的生产、经营、使用活动及进出口进行严格的监控。根据规定，监控化学品的进出口需由被指定单位经营，任何其他单位和个人均不得从事此类进出口业务。2002 年 10 月，中国政府颁布了《有关化学品及相关设备和技术出口管制办法》及《管制清单》。这是对《监控化学品管理条例》的有效补充，不仅在所附清单中增列了 10 种化学品，还特别增加了对相关设备和技术的出口管制。

● 除前述外，香港特别行政区《辐射（管制放射性物质）规例》（香港法例第 303 章附属法例 A）规定任何人处理、管有和使用放射性物质（包括核子物料）须受牌照管制。除其他条件外，放射性物质牌照的其中一项条件是要求持牌人负责其管有或使用的放射性物质的安全和保安。如所持有的放射源符合国际原子能机构《放射源安全和保安行为准则》（2004）所指明的准则，而该放射源应用于军事或国防以外的用途，持牌人须受特别发牌条件管制。这些特别发牌条件包括保安和存货管制，辐射监察仪器的装置，由独立化验所进行每年泄漏测试及实地巡查。

（c）制定和保持适当、有效的边境管制和执法努力，以便按照本国法律授权和立法，并遵循国际法，包括必要时通过国际合作，查明、阻止、防止和打击这种物项的非法贩运和中间商交易；

• 中国公安边防部门根据国家颁布的有关法律法规、边防政策和与有关国家签订的多边或双边条约、协议，履行边海防管理职责。现已颁布实施的相关法律法规有《中华人民共和国公民出境入境管理法》及《实施细则》、《中华人民共和国外国人入境出境管理法》及《实施细则》、《中华人民共和国出入境边防检查条例》及《中华人民共和国刑法》相关条款。边防部门依据上述法律法规，并与外交、海关、交通等部门密切配合，通过采取以下具体措施，防止和打击非法贩运核、生物、化学武器及其运载工具相关物项的活动。

首先，重点加强口岸和边境管理区出入人员和交通运输工具的检查，加大海上巡逻密度，严格沿海船舶、渔船民管理，建立警民联防机制，形成了"点、线、面"相结合的公安边防管理网络。

其次，加强搜集包括扩散活动在内的情报信息，为有效打击此类活动提供及时、准确的线索和依据。

第三，加强国际合作。2001年中国以观察员身份参加了北太平洋地区海岸警备执法机构会议机制，在海上反恐和打击犯罪等方面，开展国际情报交流和执法合作。同时，中国与有关国家在国际法范畴内开展了情报交流和执法合作，有效制止和打击了一些非法贩运行为。

• 中国海关依据《中华人民共和国海关法》及相关防扩散出口管制法律法规对有关敏感物项和技术的进出口实施监管工作。为确保海关监管的有效贯彻执行，海关与政府有关主管部门建立了协调机制，并与许多国家和地区的海关建立了合作关系。

• 香港和澳门特别行政区也拥有符合国际标准的边境管制和执法努力。

（d）对这些物项的出口和转口建立、制定、审查和保持适当、有效的国家管制，包括适当的法律和条例，以管制其出口、过境、转口和再出口，管制为这种出口和转口提供资金和服务，例如有助于扩散的融资和运输，以及建立最终用户管制；并对违反这种出口管制法律和条例的行为制订和实施适当的刑事或民事惩罚；

近几年来，中国政府颁布实施的防扩散出口管制法规普遍采取了国际通行的许可证管理制度、最终用户和最终用途证明制度、清单控制方法及全面控制原则，并对违反规定的行为制定了具体的处罚措施。其中，

许可证管理制度规定敏感物项和技术的出口须经中央政府相应的主管部门逐项审批，获取出口许可证件后方可出口。出口许可证持有者须在许可证件有效期内严格按照许可内容从事出口活动，如出口事项和内容发生变更，需交回原出口许可证件，重新申领出口许可证件。出口经营者出口上述物项和技术时，应向海关出具出口许可证件，依照《中华人民共和国海关法》和有关管制条例及管制办法的规定办理海关手续，并接受海关监管。

最终用户和最终用途证明制度要求敏感物项和技术出口经营者提供由进口敏感物项和技术的最终用户出具的最终用户和最终用途证明。最终用户须在上述证明中申明进口物项或技术的最终用户和最终用途，并明确保证，未经中国政府允许，不将中国提供的有关物项用于最终用途以外的其他目的，或向最终用户以外的第三方转让。

清单控制方法，中国的相关出口管制法规均编制了内容详细的相关敏感材料、设备和技术管制清单。

全面控制原则，即对于出口经营者知道或应该知道存在扩散风险的出口项目，即使拟出口的物项或技术可能不属管制清单范围，也要求其申请出口许可证。出口审批部门在审查出口申请、决定是否发放出口许可证时，将全面评估有关出口的最终用途和最终用户及大规模杀伤性武器扩散的风险。一旦发现扩散风险，有关主管部门有权立即停止发放出口许可证和中止出口行为。同时，有关主管部门还可对有关清单外特定物项的出口实施临时管制。

处罚措施，对未经许可擅自出口受控物项和技术，擅自超出许可范围出口相关物项，伪造、变造或买卖有关出口许可证的出口经营者，依照《中华人民共和国刑法》关于走私罪、非法经营罪、泄露国家秘

密罪或其他罪的规定，依法追究刑事责任；不构成犯罪的，根据不同情况，由政府主管部门实施行政处罚，其中包括警告、没收违法所得、罚款、暂停直至撤销其对外贸易经营许可等。

除上述外，中国对敏感物项和技术的出口管制还采用了出口经营登记制度，要求从事敏感物项和技术出口的经营者须经中央政府主管部门登记，未经登记，任何单位和个人不得从事相关出口活动。对核出口、监控化学品和军品出口，还明确规定了专营单位，任何其他实体和个人均不得从事这方面的贸易活动。

● 在核领域，中国的核出口由国务院指定的单位专营，并坚决贯彻核出口保证只用于和平目的、接受国际原子能机构保障监督、未经中国政府许可不得向第三国转让等三项原则。1996年5月，中国承诺不向未接受 IAEA 保障监督的核设施提供帮助，包括不对其进行核出口，不与其进行人员与技术的交流与合作。1997年5月，中国政府颁布的《关于严格执行中国核出口政策有关问题的通知》明确规定，中国出口的核材料、核设备及其相关技术，均不得提供给或用于未接受 IAEA 保障监督的核设施。1997年和1998年，中国先后颁布《核出口管制条例》与《核两用品及相关技术出口管制条例》。2002年2月，中国政府颁布了《核进出口及对外核合作保障监督管理规定》。2001年12月通过的《中华人民共和国刑法》修正案（三）将非法制造、买卖、运输放射性物质的行为定为犯罪，并予以刑事处罚。

面对新形势与新挑战，中国正修改有关出口控制法规，将把全面控制原则明确写入其中，把进口国接受 IAEA 的全面保障监督作为核出口条件。

● 在生物领域，2002年10月，中国政府颁布实施了《生物两用品及相关设备和技术出口管制条例》及《管制清单》，确立了有关出口不得用于生物武器目的、未经中国政府许可不得将中国供应的生物两用品及相关设备和技术用于申明的最终用途以外的其他用途或向申明的最终用户以外的第三方转让的原则。

● 在化学领域，中国从1995年至1997年颁布实施的《中华人民共和国监控化学品管理条例》及〈实施细则〉和《各类监控化学品名录》规定，监控化学品的进出口需由被指定单位经营，任何其他单位和个人均不得从事此类进出口业务。2002年10月，中国政府又颁布了《有关化学品及相关设备和技术出口管制办法》及《管制清单》，要求进口方保证不将中国提供的有关化学品及相关设备和技术用于储存、加工、生产、处理化学武器或用于生产化学武器前体化学品，未经中国政府允许不得将有关物项和技术用于申明的最终用途以外的用途或向申明的最终用户以外的第三方转让。

为打击生化恐怖活动，2001年12月通过的《中华人民共和国刑法》修正案明确将非法制造、买卖、运输、储存或投放毒害性物质和传染病病原体等危害公共安全的行为定为犯罪，并予以刑事处罚。

- 在导弹领域，中国政府1992年宣布将在导弹出口方面参照当时的"导弹及其技术控制制度"的准则和主要参数行事。1994年，中国承诺将不出口"导弹及其技术控制制度"所限制主要参数的地对地导弹，即内在性能至少达到300公里射程和500公斤载荷的地对地导弹。2000年，中国进一步宣布，无意以任何方式帮助任何国家发展可被用于运载核武器的弹道导弹。2002年8月，中国政府颁布了《中华人民共和国导弹及相关物项和技术出口管制条例》及《管制清单》。

- 此外，中国政府于2001年颁布的《技术进出口管理条例》也规定，对核技术、核两用品相关技术、监控化学品生产技术、军事技术等出口进行严格管制。《中华人民共和国海关法》、《中华人民共和国行政处罚法》等，也为有关防扩散出口管制提供了法律依据。

- 香港特别行政区维持一个以法律为基础及全面的战略物品贸易管制制度，并按照国际标准，将国际上的多国出口控制机制和《禁止化学武器公约》的管制清单，全面在法例中反映。因此，可用作大规模杀伤性武器的战略物品的进口、出口及过境均须受法例的许可制度管制。任何人如违法，最高惩罚为无限额罚款和监禁7年。法例亦对与发展大规模杀伤性武器相关的物项实施最终用途管制。

- 澳门特别行政区第7/2003号法律订定了对外贸易的法律制度，

据此通过了第 272/2003 号行政长官批示，禁止经澳门特别行政区进口、出口及转运《禁止化学武器公约》附表一所载的化学物品及其前体，以及规定限制经澳门特别行政区进口、出口及转运附表二及附表三所载的化学物品及其前体。特区政府现正草拟一法律，以全面实施《禁止化学武器公约》的有关规定。同时还准备草拟另一关于核能、生物/有毒物质及相关战略物品出口管制的法律，亦将草拟关于管制其他方面的法律。此外，特区关于遵守若干国际法文书的第 4/2002 号法律规定，提供被禁的非军事服务（第 20 条）、被禁产品或货物的交易（第 21 条）、被禁基金的运用或提供使用（第 22 条）、供应被禁武器或相关设备及提供被禁的军事后勤援助或属军事性质的服务（第 23 条）均构成刑事犯罪。

四、决议执行部分第 6 段：

确认有效的国家管制清单对执行本决议的作用，呼吁所有会员国必要时尽早拟订此种清单；

如前所述，中国政府颁布实施的有关核、生物、化学、导弹等领域出口管制法规均有配套的管制清单。上述清单充分借鉴了"桑戈委员会"、"核供应国集团"、"澳大利亚集团"、"导弹及其技术控制制度"等多国出口控制机制做法。具体而言：

● 中国《核出口管制条例》与《核两用品及相关技术出口管制条例》的清单在控制范围上与桑戈委员会、"核供应国集团"的清单完全一致，并根据桑戈委员会与"核供应国集团"清单的变化进行相应调整。

● 2002 年 10 月，中国政府颁布实施的《生物两用品及相关设备和技术出口管制条例》所附的《管制清单》共包括 79 种病原体、17 种毒素、7 大类双用途设备及相关技术，涵盖了人及人畜共患病病原体、植物病原体、动物病原体、遗传物质和基因修饰生物体、生物双用途设备及相关技术，在控制范围方面与"澳大利亚集团"的清单基本一致。

● 中国现有的化学品及设备和技术的管制清单包括《各类监控化

学品名录》、《列入第三类监控化学品的新增品种清单》及《有关化学品及相关设备和技术出口管制办法》所附《管制清单》，共涉及 63 种（类）化学品和 9 大类设备与技术，在控制范围上与"澳大利亚集团"的清单一致。

• 《中华人民共和国导弹及相关物项和技术出口管制条例》所附《管制清单》包含两部分。第一部分是导弹和其他运载系统（包括弹道导弹、巡航导弹、火箭和无人驾驶飞行器）及其专用物项和技术，第二部分为导弹相关物项和技术，共分为再入飞行器组件、部件和相关技术；推进系统组件、部件及相关技术；液体推进剂；固体推进剂；制导、控制系统设备、部件及相关技术；目标探测装置及电子系统；材料；导弹、火箭相关设计和试验技术及设备；生产设备和生产技术等九大类。控制范围与"导弹及其技术控制制度"清单基本一致。

五、决议执行部分第 8 段：

吁请所有国家：

（a）促进普遍批准、全面执行以及必要时加强旨在防止核生化武器扩散的其为缔约方的各项多边条约；

（b）如果尚未颁布国家规章和条例，则应颁布这种规章和条例，以确保遵守主要的多边不扩散条约所规定的义务；

中国广泛参与了多边防扩散机制建设，积极推动有关机制的不断完善和发展，已签署与防扩散相关的所有国际条约。中国支持加强现有国际防扩散机制的努力。

• 在核领域，中国于 1984 年加入国际原子能机构（IAEA），并积极参加其促进和平利用核能与加强保障监督的活动。1988 年，中国加入《核材料实物保护公约》并积极参与其修约工作。1992 年，中国加入《不扩散核武器条约》。中国积极参与了《全面禁止核试验条约》的谈判，并于 1996 年首批签约。1997 年，中国加入桑戈委员会。1998 年，中国签署关于加强 IAEA 保障监督的附加议定书，并于 2002 年完成议定书生效所需的国内法律程序。2004 年 5 月 27 日，中国加入"核供应国集团"（NSG）。中国一贯支持有关国家在自行协商、自愿协议的基础上建立无核武器区的努力。中国签署并批准了《拉丁美洲及加勒比禁止核武器条约》、《南太平洋无核区条约》和《非洲无核武器区条约》的相关议定书。中国明确承诺将签署《东南亚无核区条约》相关议定书,并支持建立中亚无核区的倡议。

• 在生物领域,中国于1984年加入《禁止发展、生产、储存细菌(生物)、毒素武器与销毁此种武器的公约》,始终全面、严格履行公约义务,不支持、不鼓励、不帮助任何国家发展生物武器及其运载工具。中国还积极致力于加强《公约》有效性的国际努力,积极参与了《公约》议定书的谈判以及与《公约》相关的国际事务。自1988年以来,中国一直按照公约审议会议的决定,逐年向联合国提交《公约》建立信任措施宣布资料。中国政府还通过有效实施《中华人民共和国刑法》修正案(三)、《生物两用品及相关设备和技术出口管制条例》、《中华人民共和国传染病防治法》及《突发公共卫生事件应急条例》等法律法规,切实履行公约各条款义务。

• 在化学领域,中国为谈判达成《关于禁止发展、生产、储存和使用化学武器及销毁此种武器的公约》做出了积极贡献,于1993年签署并于1997年交存了《公约》的批准书。中国政府于1997年3月成立了国务院副总理领导的"国家履行《禁止化学武器公约》工作领导小组",并设立了"国家履行《禁止化学武器公约》工作领导小组办公室"(即国家履约机构),负责全国的日常履约事务,还建立了省级履约机构,形成了覆盖全国、管理有效的履约体系。中国根据《公约》规定,按时、完整地提交了初始宣布和各类年度宣布。截至2004年9月,中国共接待"禁止化学武器组织"的81次视察。

• 在导弹领域,中国支持国际社会为防止导弹及其相关技术和物项扩散所作出的努力,对国际上有关加强导弹防扩散机制的建议均持积极和开放的态度。中国以建设性的姿态参加了"联合国导弹问题政府专家组"的工作和"防止弹道导弹扩散国际行为准则"草案、"全球导弹监控机制"等国际倡议的讨论。

(c)重申和履行进行多边合作的承诺,尤其是在国际原子能机构、禁止化学武器组织及《生物和毒素武器公约》的框架内，这是谋求和实现不扩散领域内共同目标和促进为和平目的开展国际合作的重要途径；

中国高度重视防扩散国际合作，严格履行防扩散国际条约义务。

● 中国积极支持 IAEA 在保障监督和促进和平利用核能方面的活动。中国于 1984 年加入机构，1998 年 12 月签署了加强 IAEA 保障监督的附加议定书，并于 2002 年 3 月正式完成该附加议定书生效的国内法律程序，是附加议定书最先生效的核武器国家。

中国支持并积极参与 IAEA 的技术合作活动，每年按照摊派的技术合作基金比额及时足额交纳捐款。本着"积极参与，有取有予"的原则，在获得 IAEA 援助的同时，中国也从人力、物力和资金等方面，支持 IAEA 的技术合作活动，截至 2003 年年底，中国共向 IAEA 捐助了约 1300 万美元的技术合作资金（包括 RCA 和预算外捐款）；此外，在 2002 年前中国向 IAEA 供应了 876.31 万美元的设备，向其他成员国派出专家 646 人次，接受了外国技术人员来华进修和科访 227 人次，通过承办机构的培训活动为其他成员国提供了 918 人次的专业培训，为世界和平利用核能的发展作出了自己的贡献。今年是中国加入 IAEA20 周年，中国拟再次向其捐献额外捐款，以体现对 IAEA 技术合作活动的支持，支援发展中国家和平利用核能事业的发展。

中国始终坚持根据相互尊重主权和平等互利的原则，在 IAEA 的保障监督之下开展和平利用核能国际合作。目前，中国已同美、德、日、俄、法、韩等 16 个国家，签订了政府间和平利用核能合作协定，为中国与这些国家开展核领域的交流与合作奠定了基础。中国与许多发达国家开展了包括人员互访、设备和技术引进、经贸往来等广泛的交流与合作，并富有成效。中国曾向美国、日本和加拿大等国出口过核材料。中国也曾先后从法国、加拿大、俄罗斯、日本和韩国等国家引进核电站设备和技术。作为一个具有一定核工业能力的发展中国家，中国十分重视与发展中国家的合作，并一直努力向其他发展中国家提供力所能及的帮助。例如，与巴基斯坦合作建造恰希玛核电站，向加纳、阿尔及利亚等国出口微型中子源反应堆，还帮助加纳建成了肿瘤治疗中心等。中国政府积极支持为促进核技术发展和核能和平利用开展的各项活动，于2002年10月在深圳成功地举办了第十三届太平洋地区核能大会，这是中国第二次举办这种会议。大会的召开为推动本地区乃至世界和平利用核能事业的发展作出了积极的贡献。

●中国高度重视并积极参与禁化武组织的各项工作，为履行《禁止化学武器公约》义务设立了专门的履约机构，按时、完整地提交了初始宣布和各类年度宣布，截至2004年9月，已顺利接待禁化武组织81次现场视察。中国高度重视国际合作，致力于促进各缔约国在化学领域的经济、技术发展及和平目的的化工贸易与国际合作。中国还积极参与禁化武组织的各项活动，与技秘处联合在华举办过两次视察员培训班和两次地区履约研讨会。2004年9月，中国与禁化武组织在北京联合举办了第二届亚洲地区国家履约机构会议。

●中国自1984年加入《禁止发展、生产、储存细菌（生物）、毒素武器与销毁此种武器的公约》以来，一直严格履行《公约》义务。自1988年以来，中国一直按照公约审议会议的决定，逐年向联合国提交《公约》建立信任措施宣布资料。中国还积极致力于加强《公约》有效性的国际努力，积极参与了《公约》议定书的谈判以及与《公约》相关的国际事务。

●中国认为，由于核、生物、化学、航天领域所涉及的许多材料、设备和技术具有双用途性质，各国在执行防扩散政策过程中，必须处理好防扩散与和平利用相关高科技的国际合作之间的关系。中国主张，既要在确保实现防扩散目标的前提下，保障各国特别是发展中国家和平利用和分享双用途科技及产品的权利，也要杜绝任何国家以和平利用为借口从事扩散活动。

（d）拟订适当的方式同产业界和公众一道努力，并周知它们本国根据此种法律承担的义务；

●中国政府采取了各种切实有效的措施，以保证有关防扩散政策和出口管制法律法规贯彻、落实到企业经营活动中。

一方面，有关法律法规一经颁布，政府即在全国性媒体发布消息。有关国际条约、防扩散管制法律法规、条例、清单全文在政府部门、外贸企业和研究机构的行业刊物及网站上公布。这些宣传为相关出口经营者知悉条例和清单提供了有利条件。有关主管部门还积极采取措施，要求相关企业和机构认真执行条例，并通过法规讲座、培训班、研讨会、免费发放指导手册、商务咨询等形式向主要的出口企业宣传法规内容及出口审批程序，增强企业的防扩散意识，树立有法必依、执法必严的观念。

另一方面，中国相关法律规定，从事出口经营业务的企业除自觉遵守和严格执行政府出口管制法律法规外，还有积极配合政府主管部门落实出口管制工作的义务，包括积极向政府主管部门报告可疑的扩散情况，配合有关调查取证工作，并承担一切违规出口责任。

• 香港特别行政区政府已设有外展计划及探访公司活动，如发出贸易通告，知会业界须符合香港特区管制制度的某些要求。如有需要，特区政府还会举行讲座及研讨会，向不同行业的业内人士提供有关战略贸易管制制度的最新资料，和集中讨论特别的课题。此外，特区政府已为战略物品贸易管制制度和在香港特区实施《禁止化学武器公约》设立特定的网页，以便企业和市民容易查阅有关范畴的最新要求和发展。

• 澳门特别行政区政府通过前述法律框架，使企业熟悉有关防扩散管制的规定。

六、决议执行部分第 9 段：

吁请所有国家促进关于不扩散的对话与合作，以应对核生化武器及其运载工具的扩散所构成的威胁；

中国主张通过政治和外交手段处理扩散问题，重视并积极与其他国家进行防扩散对话与合作。中国与美、俄、英、德、欧盟、土耳其、巴基斯坦、伊朗等保持着经常性双边防扩散和出口控制磋商与交流。中国还积极发展与多国出口控制机制的关系，已于 2004 年 5 月加入"核供应国集团"。2003 年 9 月，中国表示愿加入"导弹及其技术控制制度"(MTCR),已分别于 2004 年 2 月和 6 月与 MTCR 举行了两轮对话会。2004 年 4 月,中国与瓦森纳安排在维也纳成功举行对话会。此外,中国与澳大利亚集团也保持着沟通与交流。

七、决议执行部分第 10 段:

为进一步应对这种威胁,吁请所有国家按照本国法律授权和立法,并遵循国际法,采取合作行动,防止非法贩运核生化武器及其运载工具和相关材料。

中国反对扩散大规模杀伤性武器及其运载工具和相关材料,严格按照相关国内法、国际法打击非法贩运上述物项的活动,已在国际法范畴内与有关国家开展了防扩散信息交流和执法合作。

中方认为,安理会第 1540 号决议是在现有国际法基础上,进一步推动和加强国际合作,以妥善解决非国家行为者非法贩运大规模杀伤性武器及其运载工具和相关材料的问题,防止大规模杀伤性武器的进一步扩散。防扩散的根本目的在于维护和促进国际及地区的和平、稳定和安全。因此,中方主张在平等、信任和严格遵循国际法的基础上开展并加强相关国际合作,通过对话解决有关分歧,不赞成诉诸武力来处理防扩散相关问题。

附录10　中国执行联合国安理会第1540号决议报告的补充说明

联合国

安全理事会

S/AC.44/2004/（02）/4/Add.1

Distr.：General

28 October 2005

Chinese

Original：Chinese/English

安全理事会第1540（2004）号决议所设委员会
2005年9月2日中国常驻联合国代表给委员会主席的信

谨随函转递中国政府对你2005年8月11日关于中国执行联合国安理会第1540（2004）号决议情况的信所作的回答（见附件）。

中华人民共和国常驻联合国代表

特命全权大使

王光亚（签名）

2005年9月2日中国常驻联合国代表
给委员会主席的信的附件

[原件：中文]

中国执行联合国安理会第1540号决议报告的补充说明

一、关于中国政府执行安理会第1540号决议情况表（下称表格）补充说明如下：

（一）表格第一部分

1. 第九条"海牙国际行为准则"（"准则"）：中国政府以建设性的态度参与了"准则"的讨论并提出了若干建议。由于建议未被采纳，我们决定不参加"准则"。但是这并不妨碍中国与"准则"参加国在导弹不扩散领域开展建设性的对话与合作。

2. 第十五条"其他"：中国政府已与18个国家就和平利用核能达成政府间协议。

（二）表格第二部分

1. 生物武器

（1）中国政府制定的禁止个人或实体制造、获取、拥有、储藏、运输、转运、使用生物武器，以及禁止资助、协助或作为共犯参与上述活动或非国家行为者参与上述活动的国家法律框架和执法措施：见《中华人民共和国刑法修正案（三）》第五、第六、第七条。

（2）中国政府制定的涉及生物武器相关运载工具的国家法律框架和执法措施：见《中华人民共和国导弹及相关物项和技术出口管制条例》。

（3）中国政府制定的禁止个人或实体开发生物武器的执法措施：由于《中华人民共和国刑法修正案（三）》对此无明确规定，建议删除此条。

2. 化学武器

（1）中国政府制定的禁止个人或实体制造、获取、拥有、储藏、运输化学武器，以及禁止资助、协助或作为共犯参与上述活动或非国家行为者参与上述活动的国家法律框架和执法措施：见《中华人民共和国刑法修正案（三）》第五、第六、第七条。

（2）中国政府制定的禁止个人或实体转运、使用化学武器的国家法律框架和执法措施：见《中华人民共和国刑法修正案（三）》第五、第六条。

（3）中国政府制定的禁止个人或实体开发化学武器的国家法律框架和执法措施见：《中华人民共和国监控化学品管理条例》；由于《中

华人民共和国刑法修正案（三）》对此无明确规定，建议删除此条。

（4）中国政府制定的涉及生物武器相关运载工具的国家法律框架和执法措施：见《中华人民共和国导弹及相关物项和技术出口管制条例》。

3. 核武器

（1）中国政府禁止个人或实体制造、获取、拥有、储藏、运输、转运、使用核武器，以及禁止资助、协助或作为共犯参与上述活动或非国家行为者参与上述活动的国家法律框架；中国政府禁止个人或实体获取、拥有、储藏、买卖、使用核武器，以及禁止资助、协助或作为共犯参与上述活动或非国家行为者参与上述活动的执法措施：见《中华人民共和国刑法修正案（三）》第五、第六、第七条。

（2）中国政府禁止个人或实体开发核武器的执法措施：由于《中华人民共和国刑法修正案（三）》对此无明确规定，建议删除此条。

（3）中国政府涉及核武器相关运载工具的国家法律框架和执法措施：见《中华人民共和国导弹及相关物项和技术出口管制条例》。

（三）表格第三部分（a）（b）

1. 生物武器及相关材料

（1）中国政府制定的对生物武器及相关材料的生产、使用进行衡算及对生物武器及相关材料的生产实施保安的国家法律框架和执法措施：见《兽药管理条例》。

（2）中国政府制定的对生物武器及相关材料的运输进行衡算的国家法律框架和执法措施：见《中华人民共和国兽用生物制品管理办法》。

（3）中国政府制定的对生物武器及相关材料的储藏进行衡算的国家法律框架和执法措施：见《微生物和生物医学实验室生物安全通用准则》。

（4）中国政府制定的对生物武器及相关材料的使用实施保安的国家法律框架和执法措施：见《兽医微生物菌种保藏管理试行办法》和《医学微生物菌种保藏管理办法》。

（5）中国政府制定的对生物武器及相关材料的储存实施保安的国家法律框架和执法措施：见《中华人民共和国兽医微生物菌种保藏管理试行办法》、《中华人民共和国医学微生物菌种保藏管理办法》和《微生物和生物医学实验室生物安全通用准则》。

（6）中国政府制定的对生物武器及相关材料的运输实施保安的国家法律框架和执法措施：见《中华人民共和国进出境动植物检疫法》和《微生物和生物医学实验室生物安全通用准则》。

（7）中国政府制定的对生物武器及相关材料的设备、材料及运输实施实物保护的执法措施：见《微生物和生物医学实验室生物安全通用准则》。

（8）中国政府制定的针对处理生物材料的设备和个人的许可制度或注册制度的国家法律框架和执法措施：见《兽药管理条例》、《兽用生物制品管理办法》、《微生物和生物医学实验室生物安全通用准则》。

（9）中国政府制定的对生物武器及相关材料的运载工具进行衡算、实施保安及实物保护的国家法律框架和执法措施：见《中华人民共和国导弹及相关物项和技术出口管制条例》。

（10）中国政府制定的针对遗传工程研究的国家法律框架和执法措施：补充《基因工程安全管理办法》。

（11）中国政府制定的针对生物材料的安全的其他执法措施：见《中华人民共和国微生物和生物医学实验室生物安全通用准则》。

（12）第十七条"其他"：将"1989"修改为"2004"。

2. 化学武器及相关材料

（1）中国政府制定的对化学武器及相关材料的储藏及运输进行衡算，以及对其生产和运输实施保安的国家法律框架；中国政府制定的对化学武器及相关材料的生产、使用、储藏、运输进行衡算及实施保安的执法措施；中国政府制定的对化学材料的相关装置、实体或使用实施许可证管理的国家法律框架和执法措施：见《中华人民共和国监控化学品管理条例》和《〈中华人民共和国监控化学品管理条例〉实施细则》。

（2）中国政府制定的对化学武器及相关材料的运载工具进行衡算、实施保安及实物保护的国家法律框架和执法措施：见《中华人民共和国导弹及相关物项和技术出口管制条例》。

（3）中国政府制定的管理化学材料的其他法规和执法措施：见《有关化学品及相关设备和技术出口管制办法》。

（4）第十九条"其他"：中国接受 OPCW 的核查次数改为"96 次"。

3. 核武器及相关材料

（1）中国政府制定的对核武器及相关材料的生产、使用、储藏和运输进行衡算及实施保安的执法措施；中国政府制定的对核相关设备、材料及运输实施实物保护的国家法律框架和执法措施；中国政府制定的对核材料的相关装置、实体或使用实施许可证管理的执法措施：见《中华人民共和国核材料管制条例》和《中华人民共和国刑法修正案（三）》。

（2）中国政府制定的对核武器及相关材料的运载工具进行衡算、实施保安及实物保护的国家法律框架和执法措施：见《中华人民共和国导弹及相关物项和技术出口管制条例》。

（3）第十五条中国的国家核管理机构是中华人民共和国国家原子能机构。

（4）第十九条"与 IAEA 的其他协议"：补充《核安全公约》、《尽早通报核事故公约》和《核事故或辐射紧急情况援助公约》。

（四）表格第三部分（c）（d）

1. 生物武器及相关材料

（1）中国政府制定的对生物武器及相关材料货物和技术的中间商交易、贸易以及对其买卖的协助实施管制，和针对生物武器及相关材料的单个许可证审批的国家法律框架：见《中华人民共和国生物两用品及相关设备和技术出口管制条例》。主管部门是中华人民共和国商务部。

（2）中国政府制定的规定生物武器及相关材料的执法部门的国家法律框架：见《中华人民共和国刑法》、《中华人民共和国出入境边防检查条例》和《中华人民共和国生物两用品及相关设备和技术出口管制条例》。主管部门补充中华人民共和国商务部。

（3）第十一条"国家许可证审批机关"是中华人民共和国商务部。相关法规见《中华人民共和国生物两用品及相关设备和技术出口管制条例》。

（4）第十二条"许可证审批部际协调"相关部门包括：中华人民共和国商务部、中华人民共和国卫生部、中华人民共和国农业部和中华人民共和国国家发展和改革委员会。

（5）中国政府制定的针对生物武器及相关材料的相关技术、最终用户、全面控制条款、无形交易和再出口的国家法律框架；中国政府制定的针对生物武器及相关材料的最终用户、全面控制条款、无形交易和再出口的执法措施：见《中华人民共和国生物两用品及相关设备和技术出口管制条例》。

（6）中国政府制定的针对生物武器及相关材料的进口的执法措施：见《中华人民共和国进出境动植物检疫法》。

2. 化学武器及相关材料

（1）中国政府制定的对化学武器及相关材料货物和技术的中间商交易、贸易以及对其买卖的协助实施管制的国家法律框架；中国政府制定的针对化学武器及相关材料的相关技术、全面控制条款、无形交易和再出口的国家法律框架；中国政府制定的针对化学武器及相关材料的最终用户、全面控制条款、无形交易和再出口的执法措施：见《中华人民共和国有关化学品及相关设备和技术出口管制办法》。

（2）中国政府制定的规定化学武器及相关材料主管部门的国家法律框架：见《中华人民共和国刑法》、《中华人民共和国出入境边防检查条例》、《中华人民共和国监控化学品管理条例》和《中华人民共和国有关化学品及相关设备和技术出口管制办法》。主管部门补充中华人民共和国国家发展和改革委员会和中华人民共和国商务部。

(3) 中国政府制定的针对化学武器及相关材料的单个许可证审批的国家法律框架：见《中华人民共和国监控化学品管理条例》和《中华人民共和国有关化学品及相关设备和技术出口管制办法》。主管部门是中华人民共和国国家发展和改革委员会和中华人民共和国商务部。

(4) 第十一条"中国的国家许可证审批机关"是中华人民共和国国家发展和改革委员会和中华人民共和国商务部。相关法规见《中华人民共和国监控化学品管理条例》和《中华人民共和国有关化学品及相关设备和技术出口管制办法》。

(5) 第十二条"许可证审批部际协调"相关部门包括：中华人民共和国商务部和中华人民共和国国家发展和改革委员会。

(6) 第十三条"管制清单"补充《各类监控化学品名录》。

(7) 第十四条"accordance"改为"reference"。

(8) 中国政府制定的针对生物武器及相关材料的进口的执法措施：见《中华人民共和国监控化学品管理条例》。

3. 核武器及相关材料

(1) 中国核武器及相关材料的国家许可证审批部门：中华人民共和国国家原子能机构负责核出口的审批；中华人民共和国商务部负责核两用品及相关技术的出口审批。

(2) 第十二条"许可证审批部际协调"相关部门包括：中华人民共和国国家原子能机构、中华人民共和国商务部、中华人民共和国国防科学技术工业委员会和中华人民共和国外交部。

(3) 中国政府制定的针对核武器及相关材料的相关技术、最终用户管制、全面控制条款、转运、再出口和对提供运输服务进行管制的国家法律框架和执法措施：见《中华人民共和国核出口管制条例》及清单、《中华人民共和国核两用品及相关技术出口管制条例》。

(4) 中国政府制定的针对核武器及相关材料的运载工具的国家法律框架和执法措施：见《中华人民共和国导弹及相关物项和技术出口管制条例》及清单。

(5) 中国政府制定的针对核武器及相关材料的进口的国家法律框

架和执法措施：见《核进出口及对外核合作保障监督管理规定》。

（五）表格第四部分

1. "basically the same as that of the AG but not identical" 改为 "being considered updating in reference of the recent adjustments of the control list of the AG"。

2. "same as AG lists" 改为 "being considered updating in reference of the recent adjustments of the control list of the AG"。

二、关于执行决议过程中的协助问题。目前中国无需他国提供协助。中国政府一贯以实际行动支持国际防扩散合作，我们愿意在必要和可行的情况下，向有需要的国家提供力所能及的协助。

三、中国政府同意1540委员会在审议中国国家报告的过程中使用我们向联合国、IAEA、OPCW提供的公开资料。

附录11 联合国的作用：执行安理会第1540号决议

——军控司副司长王群在亚太裁军中心研讨会上的发言

（2004年12月7日韩国济州岛）

主席先生：

很高兴今天能在"大规模杀伤性武器的动向及其对安全的挑战"议题项下，就当前防扩散领域的形势发展以及防扩散的国际合作与各位交换意见。我将谈三个方面的问题：当前形势下防扩散国际合作的紧迫性，联合国在防扩散领域的作用，中国政府对落实安理会第1540号决议的看法和主张。

主席先生，

新世纪以来，国际安全领域防扩散问题日益突出。朝鲜半岛核问题和伊朗核问题是世人关注的焦点。前一阵曝光的地下核走私活动和走私网络问题及有关国家的核活动，均引起国际社会的强烈关注。非国家行为者，包括扩散者本身和扩散活动的掮客，设法规避了作为防扩散主要途径的出口管制体系，开展敏感物项和技术的交易。信息技术的突飞猛进、特别是网络技术的运用，增添了出口控制的难度。此外，控制敏感技术的无形转让，也成为防扩散的一个难题。世人完全有理由担心，非国家行为者扩散敏感物项和技术一旦为正寻求大规模杀伤性武器的恐怖分子所利用，将可能给人类文明社会带来灾难。

上述问题暴露出现行国际防扩散机制的缺陷。一些秘密核计划得以长期开展而不为外界所知晓。作为防扩散主要途径的出口控制尚未得到全面普及。多边出口控制机制普遍性的不足影响着其有效性。对非国家行为者的扩散活动，尚没有形成有效的牵制手段。此外，在导弹领域，尚不存在国际社会广泛认可的防扩散机制。能否妥善解决这些问题，将是对国际社会的重大考验。

与反恐一样，应对防扩散领域的新挑战，恐怕不是任何国家独自可以完成的。需要进一步密切和深化国际合作，共同致力于加强和完善国际不扩散机制，有效打击非国家行为者的扩散活动。

我们对联合国安理会在上述背景下于今年4月通过的第1540号决议感到高兴和鼓舞。安理会一致通过历史上第一个防扩散决议，表明了国际社会的高度共识，和通过合作解决扩散问题的团结和决心。决议是联合国在国际防扩散进程中发挥更大作用的重要里程碑。

主席先生，

中国政府始终认为，联合国作为国际合作的重要平台，应该、并且可以在防扩散领域发挥积极作用。

首先，联合国作为最具广泛代表性的政府间国际组织，其权威性是任何其他国际合作框架所无法比拟的。只有以联合国名义采取的行动，才能得到国际社会的普遍认同和支持。1992年初，安理会把大规模杀伤性武器的扩散定性为对国际和平与安全的威胁。从此，防扩散逐渐成为国际社会共同的诉求。我们相信，联合国及其安理会更实质性地介入，必将有利于防扩散进程更好地凝聚国际共识，深化国际合作。

其次，联合国的作用，将是对现行防扩散国际法律体系的加强和完善，两者相辅相成。几十年来，国际社会已形成了包括《不扩散核武器条约》、《禁止生物武器公约》、《禁止化学武器公约》等在内的为国际社会广泛接受的防扩散法律体系。这些条约机制对遏制大规模杀伤性武器扩散发挥了重要作用，为国际防扩散合作奠定了良好基础。

与此同时，提出新倡议对核或其他某个领域的现行机制作出改进是必要的，但远不充分。全面解决国际防扩散面临的新问题，需要整个国际社会广泛协商，制定出可为普遍接受的措施。而联合国是唯一各方可以信赖、并作出权威性决策的框架。

主席先生，

根据《联合国宪章》，安理会对国际和平与安全负有主要责任。安理会一致通过第1540号决议，表明它准备切实承担起这一责任，解决当前防扩散领域面临的问题。决议针对形势发展，提出在现有国际法基础上，进一步推动和加强国际合作，以妥善解决非国家行为者非法贩运大规模杀伤性武器及其运载工具和相关材料的问题,防止大规模杀伤性武器的进一步扩散,为当前形势下国际防扩散合作指明了方向。

中国政府认为,为确保第1540号决议得到有效执行,国际社会应着重处理好以下几个方面的问题:

一、维护并加强现行的国际军控和防扩散条约机制。决议呼吁所有国家普遍批准、全面执行并加强各项防扩散国际条约。这是当前形势下防扩散国际合作的重要基础。决议是对现行防扩散国际条约体系的补充和完善,而不是另起炉灶。确保所有国家成为现行国际防扩散体系的组成部分,并严格履行自己的条约义务,是推进国际防扩散合作的必要前提。

二、严格在国际法框架内行事。正如许多国家在安理会起草和通过第1540号决议时所表明的,该决议不是制订新的国际法,而是在现行国际法基础上,根据形势需要,确定国际合作的方向和领域。考虑到防扩散问题的复杂性,任何防扩散举措只有合法,才能确保国际社会的普遍参与和支持。超越公认的国际法框架的举动,只会损害国际防扩散合作。

三、处理好防扩散与和平利用的关系。和平利用相关高科技,是所有国家的正当权利。一方面,应采取有效措施,防止以和平利用的名义从事扩散活动;另一方面,也不得借口防扩散,阻挠正当的和平利用相关国际合作。由于种种原因,长期以来,对和平利用的忽视,影响了许多国家对防扩散的热情。国际社会多数成员对和平利用的诉求必须得到真正重视,必须找到确保防扩散与和平利用相互平衡的有效途径。

四、对出口控制的国际合作持更加积极、开放的态度。多国出口控制仍然是防扩散的主要手段。针对当前防扩散领域的新挑战、特别是非国家行为者的扩散活动,建立起具有普遍性的、由多边机构和多国政府构成的全球出口控制体系十分紧迫。决议要求所有国家制订并执行有效的出口控制法规,制订出口控制清单,并吁请有能力的国家给予协助。国际社会应加紧在此方面的交流与合作。与此同时，现有多边出口控制机制应采取更加开放和包容的态度，将各自多年来形成的有效经验和措施加以推广，吸收更多的国际社会成员，以最终建立起具有广泛代表性的全球出口控制体系。

我们注意到有关方面近来在加强核出口管理方面提出的种种倡议，包括将接受全面保障监督协定附加议定书作为核出口条件、禁止出口铀浓缩和后处理技术和设备，以及加强核材料实物保护等。我们对这些建议总体持积极态度，也期待着也各方一道，通过广泛的国际协商，就此达成共识。

五、加强导弹领域工作。防止可运载大规模杀伤性武器的弹道导弹扩散，是当前国际防扩散领域的突出问题之一。与核、生、化领域相比，导弹方面尚无国际公认的防扩散条约机制。近年来，联合国曾几次成立政府专家组，讨论与导弹相关的各方面问题。我们高兴地注意到，第59届联大已再次决定成立专家组。我们希望所有有关各方采取积极、建设性的态度，以尽早通过联合国渠道制定出可为国际社会广泛接受的导弹领域的行为规范。

主席先生，

中国作为安理会常任理事国，深知自己对推动国际防扩散进程、维护国际和平与安全的责任。中国已加入与防扩散有关的所有国际条约，严格履行自己根据条约所承担的义务。我们并积极和建设性地参与了解决有关扩散热点问题的国际努力。

中国是最早向安理会1540委员会提交执行决议国家报告的国家之一，根据决议要求，全面介绍了中方在各有关方面采取的措施。我们将积极参与1540委员会的工作，并与各方一道为确保1540号决议的有效落实而努力。

谢谢主席先生。

附录12　王光亚大使在安理会1267委员会、反恐委员会和1540委员会联合公开会上的发言稿

（2005/10/26）

主席先生，

中国代表团感谢马约拉尔大使、洛伊大使和莫托克大使就三个委员会的工作情况和下阶段计划所做通报。

我们满意地看到，自上次通报会以来，三个委员会的工作均有新进展。包括：1267委员会初步审议了监测小组第三次报告，委员会主席又一次出访相关国家；反恐执行局进入全员运作，工作效率和质量进一步提高；1540委员会与各国际组织的互动不断加强。借此机会，我谨对三位主席所做努力表示赞赏。

对三个委员会今后一段时间的工作重点，我们认为：1267委员会宜抓紧完成其工作指针的修订，完善委员会制裁措施和工作程序；反恐委员会应注重为反恐执行局提供全面政策指导，并加紧落实第1624号决议所赋予的新任务；1540委员会仍应敦促未交报告的国家尽快提交报告。中方正积极考虑举办1540决议问题的地区研讨会，欢迎感兴趣的国家支持和参与此工作。此外，我想再次强调，三个委员会及其专家组应保持并加强统筹协作，形成优势互补。

主席先生，

当前，坚定打击各种形式的恐怖主义仍应是国际社会重大任务。不论是印尼巴厘岛的爆炸，还是俄罗斯纳尔奇克的恐怖袭击，残酷的现实再度告诫我们，恐怖分子仍在肆虐并公然向我们发出挑战。在向受害者及家属深表同情和慰问的同时，我们应铭记，安理会作为对维护国际和平与安全负有特殊责任的机构，更有必要加紧努力，采取具体步骤，协助各国政府铲除这一祸患。为此，我们高度评价安理会首脑会9月14日通过的关于打击煽动恐怖主义行为的第1624号决议。

这再次体现了安理会成员对加强国际反恐合作的坚定决心。

主席先生,

正如联大首脑会成果文件和安理会1624号决议所提出的那样,任何形式的恐怖主义,无论由何人所为,在何地发生,持何动机,都对国际和地区和平与安全构成严重威胁,都应受到最强烈的谴责。

"东突"恐怖势力一直在中国新疆地区活动,作恶多端,并与基地组织和塔利班等国际恐怖组织互为勾结,不仅构成对中国的恐怖主义威胁,也严重危害地区的安全与稳定。需要特别指出的是,"东突解放组织"是中方认定的恐怖主义组织之一,该组织不久前以网络视频的方式公开叫嚣,将使用一切手段进行针对中国的所谓"武装斗争"。这一视频的链接至今仍保留在中国政府认定的另一恐怖组织"东突信息中心"的网站上。上述赤裸裸的煽动行为再次暴露了"东突解放组织"及其他"东突"势力彻头彻尾的极端暴力和恐怖主义本质。

在"东突"势力公然发出恐怖暴力威胁之时,中方希望并敦促各国,尤其是"东突"恐怖势力存在和活跃的有关国家进一步提高警惕,严格履行安理会第1624号决议的义务,对"东突解放组织"等"东突"恐怖势力及其成员采取必要措施,坚决制止他们的恐怖活动并将其绳之以法。

我愿重申,中国将继续根据联合国宪章的宗旨和原则及安理会决议,与国际社会加强合作,不遗余力地打击一切形式的恐怖主义,为世界的和平与安全作出应有的贡献。

谢谢主席。

附录 13　崔天凯部长助理在联合国安理会第 1540 号决议亚太地区执行情况北京研讨会开幕式上的讲话

（2006 年 7 月 12 日，北京）

尊敬的田中副秘书长，女士们，先生们：

首先，我谨代表中国外交部对各位同事来华参加联合国安理会第 1540 号决议亚太地区执行情况北京研讨会表示热烈欢迎，对联合国裁军部、欧盟以及澳大利亚、丹麦、挪威、英国政府为会议所作的贡献表示衷心感谢。

当前，国际形势继续发生深刻变化。求和平、促发展、谋合作已成为时代潮流。但我们的世界并不安宁。维护世界和平、促进共同发展，仍是国际社会面临的重大课题。

近年来，防扩散问题日益突出，成为影响国际和地区安全的重要因素。2004 年 4 月，联合国安理会一致通过了第 1540 号决议，要求各国加强出口管制，开展国际合作，防止非国家行为者获取大规模杀伤性武器及相关材料和技术。这是联合国安理会首次就防扩散问题通过决议，对凝聚国际防扩散共识、促进国际防扩散合作意义重大。

多年来，国际社会做出不懈努力，建立了以《联合国宪章》为准则，以《不扩散核武器条约》《禁止化学武器公约》《禁止生物武器公约》为法律基础，以各种防扩散机制和倡议为补充的国际防扩散体系。这些努力有力地遏制了扩散活动。

面对新形势和新挑战，切实维护和加强现有国际防扩散体系，深入推进国际防扩散进程，不仅符合各国的共同利益，也是各国的共同责任。

为促进国际防扩散事业公正、合理、全面、健康地发展，国际社会应着重在以下几方面加强努力：

首先，树立互信、互利、平等、协作的新安全观，消除各国获取大规模杀伤性武器的动因。

第二，在国际法框架内，通过对话与合作，以政治和外交手段处理扩散问题。

第三，充分发挥联合国和其他相关国际组织的作用，不断加强和完善国际防扩散机制。

第四，平衡处理防扩散与和平利用之间的关系。

女士们，先生们，

中国坚决反对大规模杀伤性武器扩散。作为安理会常任理事国，中国始终以高度负责任的态度处理防扩散事务，为国际防扩散事业作出了贡献。

中国积极参与国际防扩散进程，已参加了所有相关国际条约和组织，并忠实履行国际义务。中国坚定推动朝鲜半岛核问题六方会谈进程，积极参与通过谈判解决伊朗核问题的外交努力。

中国不断加强防扩散出口管制工作，完善立法，加强执法，注重对企业的宣传教育。

中国积极开展国际防扩散合作，与许多国家和多国出口控制机制开展对话与交流，借鉴其有益经验和做法。

中国支持联合国安理会通过第1540号决议，以建设性的态度参加1540委员会工作。中国提交的执行决议国家报告及补充说明全面、系统地介绍了中国政府的防扩散政策、法律法规以及采取的具体措施。

女士们，先生们，

第1540号决议通过两年以来，各国高度重视，总体执行情况良好。今年4月，安理会一致通过第1673号决议，决定1540委员会任期延长2年，并要求委员会继续加强推动全面执行第1540号决议的努力。在此，我愿就执行决议的下一步工作谈几点看法。

第一，各国应根据决议要求，切实建立和完善各项出口管制立法，加强国内管理和出口管制，强化执法措施。

第二，各国应继续开展国际合作，相互交流有益经验和做法，提升执行决议的能力和水平。

第三，1540委员会应根据授权，制定有效的工作计划，鼓励更多的国家提交报告，认真审议已提交的国家报告，就决议执行问题提出建设性意见和建议。

女士们，先生们，

此次研讨会是亚太地区首个关于执行第1540号决议的研讨会，对推动决议在亚太地区全面、有效的执行具有重要意义。根据会议安排，各位将在未来两天里就决议的执行情况进行深入研讨和交流。我相信，研讨会将有助于深化各方对决议的认识，凝聚共识，为国际防扩散进程作出积极贡献。

最后，我预祝会议取得圆满成功。

谢谢。

附录14　军控司副司长吴海涛在联合国安理会第1540号决议亚太地区执行情况北京研讨会闭幕式上的讲话

(2006/07/13)

尊敬的田中副秘书长,

布里安大使阁下,

女士们、先生们:

在各位的共同努力下,"联合国安理会第1540号决议亚太地区执行情况北京研讨会"即将圆满结束。

在过去的两天里,与会代表踊跃发言,积极参与互动讨论,就第1540号决议的执行情况、各国执行决议的经验以及技术援助等问题进行了热烈而深入探讨。会议取得了一系列积极成果,达到了预期目的。相信这是在座所有代表的共同感受。

与会代表充分肯定了第1540号决议的重要意义,认为决议是国际社会应对大规模杀伤性武器扩散努力的组成部分,是安理会专门就防扩散问题通过的第一个决议,对凝聚国际防扩散共识、促进国际合作、防止非国家行为者获取大规模杀伤性武器具有重要作用。

与会代表回顾了决议执行情况,普遍认为决议通过两年多来,总体执行情况令人满意。与会代表对1540委员会工作给予肯定,委员会在审议各国提交的报告、就决议执行问题提出建议等方面发挥了重要作用,有力地推动了决议全面、有效执行。

与会代表探讨了如何起草和准备国家报告;如何全面有效执行决议禁令;就核、生、化相关敏感物项和材料衡算、保安及实物保护交流了经验和做法;阐述了如何全面加强出口管制及执法措施。

我们高兴地看到,有许多国家表示愿意向有需要的国家提供援助。与会代表通过交流与研讨,相互借鉴、取长补短,增进了对决议本质的认识,必将对决议在亚太地区的执行起到积极的推动作用。

女士们、先生们,

正如与会代表在发言中所一致认为的那样,执行第 1540 号决议是一项长期的工作,需要我们坚持不懈的努力。这既需要各国自己的努力,也需要全方位、多层次的国际交流与合作。

本次研讨会是亚太地区第一个关于执行第 1540 号决议的研讨会,是亚太地区国家就执行决议问题交流经验、探讨合作的首次尝试。通过讨论,我们清楚地看到了亚太地区在执行决议中存在的困难和问题,从而也确定了各方今后应该努力的方向。显而易见,本次会议已经成为推动亚太地区全面执行第 1540 号决议进程的一个良好开端。

我希望与会各方以此为契机,进一步采取富有建设性的后续行动,探讨加强区域、次区域以及双边合作,增进交流与对话,有力推动决议在亚太地区全面、深入的执行,为国际防扩散进程、国际和地区的和平、安全与稳定作出重要贡献。

最后,作为本次会议的东道国,请允许我借此机会感谢与会代表的积极参加与支持。特别感谢联合国裁军部、欧盟、澳大利亚、丹麦、挪威、英国政府为会议举办所作出的重要贡献,也感谢参与办会的工作人员、同传人员以及饭店方面的辛勤劳动。

谢谢。

附录 15　刘振民大使在安理会 1267 委员会、反恐委员会和 1540 委员会联合公开会上的发言

（2006/09/28）

主席先生，

中国代表团感谢马约拉尔大使、洛伊大使和布里安大使分别就安理会 1267 委员会、反恐委员会和 1540 委员会工作所做的介绍，赞赏他们为推动各委员会工作的不懈努力。对此，中方有如下评论和希望：

一、1267 委员会通过吹风会、主席出访等多种方式加强了与会员国的对话与合作。委员会还进一步更新了网站，扩大信息量，改进检索方法，并与国际刑警组织等相关国际和区域组织进行信息共享，开展有效合作。在列名程序问题上，委员会的讨论取得一定进展，下阶段应重点就除名程序和制裁清单质量等早日达成共识，以确保程序上的公正与透明及制裁清单的质量。监测小组向委员会提交了第五份报告，提出不少加强制裁机制的建议供委员会参考。相信委员会今后会不断提高效率和权威，并在广大会员国的支持与配合下有效促进国际反恐合作。

二、反恐委员会目前议程逐渐丰富，各项工作按部就班进行。反恐执行局正式投入运作近一年来，发挥了重要作用，工作机制逐渐成熟。中方欢迎反恐委员会向安理会提交执行第 1624 号决议的报告。中方认为，制止煽动恐怖主义是反恐领域中一个新的并富有挑战性的问题。该决议的落实工作应不断进行下去，中方鼓励更多成员国向反恐委员会提交报告。中方还欢迎委员会拟定一批反恐领域的最佳做法，这有利于帮助成员国从各自角度执行有关决议。反恐执行局近期开展了一系列访问成员国的工作，希望有关活动能进一步提高效率并加强后续行动。委员会下一步应抓紧落实第 20 个工作计划，力争在年底前的时间里取得更大成绩。

三、1540 委员会延期以来，成员国围绕委员会制订一年期工作计

划问题深入交换了意见，并已就工作计划草案大部分内容达成一致。希望有关各方进一步体现灵活，弥合分歧，从而有助于委员会根据第1673号决议和委员会工作报告中的建议，尽早制定全面、平衡的工作计划，有效促进1540号决议的全面执行。今年7月，在联合国和英国、丹麦、挪威、澳大利亚等共同支持下，中国在北京成功举办了第1540号决议执行问题亚太地区研讨会，为促进亚太地区全面落实该决议作出了贡献。中国愿继续一如既往地支持并积极参与1540委员会的工作。

主席先生，

回顾过去的几个月，全球范围内恐怖活动依然猖獗，反恐工作任重道远。中方一贯认为，恐怖分子是国际社会和全人类的公敌，一切恐怖行为，不论其动机为何，在何时、何地发生，何人所为，都是严重的犯罪行为。中国反对一切形式的恐怖主义。反恐要治标、也要治本，不能推行"双重标准"。中方欢迎联大一致通过全球反恐战略，并呼吁各方积极将该战略付诸实施。中方支持三个委员会加强协调与合作，以使成员国国家报告机制合理化，并提高发展中国家的反恐能力建设。

谢谢主席。

附录16　胡锦涛主席在首尔核安全峰会上的讲话：
深化合作　提高核安全水平

（2012年3月27日，首尔）
中华人民共和国主席　胡锦涛

尊敬的李明博总统，
各位同事：

2010年在华盛顿举行的首届核安全峰会，凝聚了国际社会核安全共识，开启了合作应对核安全挑战新进程。两年来，各国在核安全领域取得积极进展，对核安全重要性的认识普遍提高，相关国际法框架日趋完善，国际合作不断深化，核材料和核设施安全状况大幅改善，应对核恐怖主义能力显著提升。

与此同时，我们面临的核安全形势依然严峻。国际形势中不稳定、不确定因素有所增加。核材料流失和扩散风险有增无减，核恐怖主义威胁依然不容忽视。有效管控核能开发利用中的安全风险任重道远。

中国高度重视核安全，坚决反对核扩散和核恐怖主义。过去两年来，中国积极采取核安全措施，取得了新的阶段性成果。

——中国高度重视国家核安全能力建设。中国加大核安全投入，完善核安全法规体系，着力提高核安全管理水平。中国对全国核设施安全状况进行全面检查。中国加强核安全人力资源建设，建立全方位培训计划和多元化培训模式，培训本国核安全从业人员500多名。中国还加强放射源和放射性废物安全管理，推进国家放射源数据库建设。

——中国严格履行核安全国际义务。中国已经批准修订后的《核材料实物保护公约》和《制止核恐怖主义行为国际公约》，并根据公约要求加紧制定和完善相关配套法规，采取更严格的核材料保护措施。中国严格履行联合国安理会第1540号、第1887号等决议规定的义务，采取措施防范非国家行为者非法获取核及其他放射性材料。

——中国广泛开展核安全国际合作。中国支持国际原子能机构在核安全领域发挥中心作用，同该机构签署了核安全合作协议，在核安全法规标准、大型活动核安全、核安全能力建设和人员培训等领域开展了密切合作。在华建立核安全示范中心工作进展顺利，该中心具备人员培训、技术研发、国际交流等多项职能，涵盖核安全、保障监督、核材料管制、实物保护等多个领域。中国建成了海关辐射探测培训中心，防范核材料走私能力不断提高。在高浓铀研究堆改造、放射源安全、人员培训、核出口管制等方面，中国同一些国家也开展了卓有成效的合作。

——中国确保大型公众活动核安全。近年来，中国承办了上海世博会、广州亚运会等多项重大国际活动。为确保活动顺利进行，防范核恐怖活动，中国采取一系列有效措施，包括开发使用新型核安全装备，加大对相关场所核探测和检查力度等。

——中国积极对外提供核安全及核能安全援助。中国同国际原子能机构合作，多次在华举办地区性核安全培训班，为亚太地区10多个国家近百人提供培训。中国向国际原子能机构核安全基金捐款，用于支持中国和亚洲地区其他国家核安全能力建设。中国倡导建立了中日韩核电安全合作机制，为提升本地区核能安全和核安全水平作出了贡献。

今后，中国将进一步采取核安全措施，确保本国核材料和核设施安全，深入参与相关国际合作，将着重做好以下工作。我们将加强核安全措施，加大监督检查力度，排除安全隐患，提高整体核安全水平，履行有关国际公约，制定和完善配套法规体系，健全和优化核安全管理机制。我们将努力把本国的核安全示范中心建成技术交流和教育培训的地区中心，推动该中心同本地区其他示范中心开展合作互联，共同致力于提升本地区核安全水平。我们将支持国际原子能机构核安全工作，全面深化同国际原子能机构各领域合作，继续向国际原子能机构核安全基金捐款。我们将在做好本国高浓铀研究堆改造工作的同时，积极利用相关经验，帮助有需要的国家进行研究堆改造。我们将同各国分享中国在大型国际活动核安全方面积累的经验，确保公众安全。

各位同事！

只有各国通力合作，才能实现普遍核安全的共同目标。在此，我愿就新形势下增进核安全提出以下主张。

第一，坚持科学理性的核安全理念，增强核能发展信心。核能在保障能源安全、应对气候变化等方面具有不可替代的作用。我们应该正视核能安全风险，吸取核事故教训，采取有效措施，增强核能的安全性和可靠性，推动核能的安全、可持续发展。

第二，强化核安全能力建设，承担核安全国家责任。我们应该建立健全核安全法律和监管体系，强化核应急队伍建设，加大研发投入，加强人员培训，为加强核安全提供制度保障，为应对紧急事态提供机制保障，为提高核安全水平提供技术保障，为增强核安全能力提供人力资源保障。

第三，深化国际交流合作，提升全球核安全水平。我们应该推进核安全国际法律文书的普遍性，并使其得到严格遵守和切实履行。要充分发挥国际原子能机构作用，推广核安全标准和规范，分享核安全先进经验和做法。要积极提供核安全援助，重点帮助发展中国家建立和完善核安全基础架构，提高核安全技术水平。

第四，标本兼顾、综合治理，消除核扩散及核恐怖主义根源。我们应该坚持联合国宪章宗旨和原则，坚持互信、互利、平等、协作的新安全观，坚持以和平方式解决热点问题和国际争端，为加强核安全营造有利国际环境。

各位同事！

实现核能全面和平利用，是国际社会的共同目标。为实现这一目标，中国将一如既往推动全面禁止和彻底销毁核武器，恪守不首先使用核武器政策，致力于国际核不扩散努力，支持各国和平利用核能权利。

实践证明，只有确保核安全，才能保障核能可持续发展。中方愿同国际社会一道，深化合作，努力提高全球核安全水平，为建设持久和平、共同繁荣的和谐世界作出应有贡献。

谢谢各位！

附录17　中华人民共和国刑法修正案（三）

（2001年12月29日）

为了惩治恐怖活动犯罪，保障国家和人民生命、财产安全，维护社会秩序，对刑法作如下补充修改：

一、将刑法第一百一十四条修改为："放火、决水、爆炸以及投放毒害性、放射性、传染病病原体等物质或者以其他危险方法危害公共安全，尚未造成严重后果的，处三年以上十年以下有期徒刑。"

二、将刑法第一百一十五条第一款修改为："放火、决水、爆炸以及投放毒害性、放射性、传染病病原体等物质或者以其他危险方法致人重伤、死亡或者使公私财产遭受重大损失的，处十年以上有期徒刑、无期徒刑或者死刑。"

三、将刑法第一百二十条第一款修改为："组织、领导恐怖活动组织的，处十年以上有期徒刑或者无期徒刑；积极参加的，处三年以上十年以下有期徒刑；其他参加的，处三年以下有期徒刑、拘役、管制或者剥夺政治权利。"

四、刑法第一百二十条后增加一条，作为第一百二十条之一："资助恐怖活动组织或者实施恐怖活动的个人，处五年以下有期徒刑、拘役、管制或者剥夺政治权利，并处罚金；情节严重的，处五年以上有期徒刑，并处罚金或者没收财产。"

"单位犯前款罪的，对单位判处罚金，并对其直接负责的主管人员和其他直接责任人员，依照前款的规定处罚。"

五、将刑法第一百二十五条第二款修改为："非法制造、买卖、运输、储存毒害性、放射性、传染病病原体等物质，危害公共安全的，依照前款的规定处罚。"

六、将刑法第一百二十七条修改为："盗窃、抢夺枪支、弹药、爆炸物的，或者盗窃、抢夺毒害性、放射性、传染病病原体等物质，危害公共安全的，处三年以上十年以下有期徒刑；情节严重的，处十年以上有期徒刑、无期徒刑或者死刑。"

"抢劫枪支、弹药、爆炸物的，或者抢劫毒害性、放射性、传染病病原体等物质，危害公共安全的，或者盗窃、抢夺国家机关、军警人员、民兵的枪支、弹药、爆炸物的，处十年以上有期徒刑、无期徒刑或者死刑。"

七、将刑法第一百九十一条修改为："明知是毒品犯罪、黑社会性质的组织犯罪、恐怖活动犯罪、走私犯罪的违法所得及其产生的收益，为掩饰、隐瞒其来源和性质，有下列行为之一的，没收实施以上犯罪的违法所得及其产生的收益，处五年以下有期徒刑或者拘役，并处或者单处洗钱数额百分之五以上百分之二十以下罚金；情节严重的，处五年以上十年以下有期徒刑，并处洗钱数额百分之五以上百分之二十以下罚金：（一）提供资金账户的；（二）协助将财产转换为现金或者金融票据的；（三）通过转账或者其他结算方式协助资金转移的；（四）协助将资金汇往境外的；（五）以其他方法掩饰、隐瞒犯罪的违法所得及其收益的来源和性质的。"

"单位犯前款罪的，对单位判处罚金，并对其直接负责的主管人员和其他直接责任人员，处五年以下有期徒刑或者拘役；情节严重的，处五年以上十年以下有期徒刑。"

八、刑法第二百九十一条后增加一条，作为第二百九十一条之一："投放虚假的爆炸性、毒害性、放射性、传染病病原体等物质，或者编造爆炸威胁、生化威胁、放射威胁等恐怖信息，或者明知是编造的恐怖信息而故意传播，严重扰乱社会秩序的，处五年以下有期徒刑、拘役或者管制；造成严重后果的，处五年以上有期徒刑。"

九、本修正案自公布之日起施行。

参考文献

中文文献

1. 艾什顿·卡特、威廉姆·佩里:《预防性防御:一项美国新安全战略》,胡利平、杨韵琴译,上海人民出版社,2000。
2. 潘自强:《核与辐射恐怖事件管理》,科学出版社,2005。
3. 潘自强、陈竹舟等译《涉及放射性物质的恐怖事件管理》,原子能出版社,2002。
4. 丘克·汉森编著《美国核武器揭秘》,俞启宜等校译,国防工业出版社,1992。
5. 阮可强等著《核临界安全》,原子能出版社,2001。
6. 杨明杰主编《国际危机管理概论》,时事出版社,2003。
7. 俞正梁:《当代国际关系导论》,复旦大学出版社,1996。
8. 张季良主编《国际关系学概论》,世界知识出版社,1990。
9. 赵永琛、李建主编《联合国反对恐怖主义文献汇编》,群众出版社,2006。
10. 中国现代国际关系研究所:《美国思想库及其对华倾向》,时事出版社,2003。

11. 《中国军事百科全书——军用核技术》，中国大百科全书出版社，2007。

12. 朱明权：《核不扩散：危险与防止》，上海科学技术文献出版社，1995。

英文文献

1. Albright, David, Kathryn Buehler, and Holly Higgins, "Bin Laden and the Bomb," *Bulletin of Atomic Scientists*, January/February 2002.

2. Albright, David, Kevin O'Neill and Corey Hinderstein, "Nuclear Terrorism: The Unthinkable Nightmare," September 13, 2001.

3. Allison, Graham T., *Avoiding Nuclear Anarchy: Containing the Threat of Loose Russian Nuclear Weapons and Fissile Material* (The MIT Press, 1996).

4. Allison, Graham T., *Nuclear Terrorism: The Ultimate Preventable Catastrophe* (Times Books, 2004).

5. Bin, Li, and Liu Zhiwei, "The Contribution of Arms Control to Fighting Nuclear Terrorism," *Disarmament Forum*, No. 2, 2003.

6. Bleek, Philipp C., "Project Vinca: Lessons for Securing Civil Nuclear Material Stockpiles," *The Nonproliferation Review*, Fall-Winter 2003.

7. Boese, Wade, "Abraham Announces Nuclear Initiative," *Arms Control Today*, July/August 2004.

8. Bukharin, Oleg, *The Threat of Nuclear Terrorism and the Physical Security of Nuclear Installations and Materials in the former Soviet Union* (Center for Russian and Eurasian Studies, Monterey Institute of International Studies, 1992).

9. Bunn, George, and Christopher F. Chyba, *U. S. Nuclear Weapons Policy* (Washington, D. C.: Brookings Institution Press, 2006).

10. Bunn, Matthew, and Anthony Wier, *Securing the Bomb 2005: The*

New Global Imperatives (Cambridge, Mass. and Washington, D. C.: Project on Managing the Atom, Harvard University, and Nuclear Threat Initiative, May 2005).

11. Bunn, Matthew, and Anthony Wier, *Securing the Bomb 2006* (Cambridge, Mass. and Washington, D. C.: Project on Managing the Atom, Harvard University, and Nuclear Threat Initiative, July 2006).

12. Bunn, Matthew, Anthony Wier and John P. Holdren, *Controlling Nuclear Warheads and Materials: A Report Card and Action Plan* (Washington, D. C.: Nuclear Threat Initiative and the Project on Managing the Atom, Harvard University, March 2003).

13. Cameron, Gavin, *Nuclear Terrorism: A Threat Assessment for the 21st Century* (Palgrave Macmillan, 1999).

14. Coomber, Patricia, and Robert Armstrong, "Coping with an Attack: A Quick Guide to Dealing with Biological, Chemical, and 'Dirty Bomb' Attacks," Center for Technology and National Security Policy.

15. Cronin, Richard P., K. Alan Kronstadt, and Sharon Squassoni, "Pakistan's Nuclear Proliferation Activities and the Recommendations of the 9/11 Commission: U. S. Policy Constraints and Options," *CRS Report for Congress*, May 24, 2005.

16. Cupitt, Richard T., *Reluctant champions: US President policy and strategic export controls* (Routledge, 2000).

17. "DOD Capabilities to Respond to NBC Terrorism," *Proliferation: Threat and Response 1997*.

18. Elliot, Jeffrey M., Robert Reginald, *The Arms Control, Disarmament, and Military Security Dictionary* (California: ABC - CLIO, Inc., 1989).

19. Ferguson, Charles D., *Preventing Catastrophic Nuclear Terrorism*, *CSR*, No. 11 (Council On Foreign Relations, New York, March 2006).

20. Ferguson, Charles D., William C. Potter, Amy Sands, Leonard S. Spector, and Fred L. Wehling, *The Four Faces of Nuclear Terrorism* (The Center for Nonproliferation Studies, Monterey Institute of International Studies, Monterey, 2004).

21. Ferguson, Charles D. and Potter William C., *The Four Faces of Nuclear Terrorism* (Routledge, 2005).

22. GAO, *Nuclear Nonproliferation: DOE Needs to Take Action to Further Reduce the Use of Weapons-Usable Uranium in Civilian Research Reactors*, GAO-04-807 (Washington, D. C., 2004).

23. *Global Fissile Material Report 2011: Nuclear Weapon and Fissile Material Stockpiles and Production*, Sixth annual report of the International Panel on Fissile Material, January 2012.

24. Great Britain Cabinet Office, "The Road to 2010: Addressing the nuclear question in the twenty first century," The Stationery Office, July2009, available at: http://webarchive.nationalarchives.gov.uk/+/http://www.cabinetoffice.gov.uk/media/224864/roadto2010.pdf.

25. Hippel, Frank von, "A Comprehensive Approach to Elimination of Highly-Enriched-Uranium From All Nuclear-Reactor Fuel Cycles," *Science and Global Security*, Vol. 12, 2004.

26. International Commission on Nuclear Non-proliferation and Disarmament Report, *Eliminating Nuclear Threats: A Practical Agenda for Global Policymakers* (Canberra/Tokyo, November 2009), available at: www.icnnd.org.

27. International Panel on Fissile Materials, *Global Fissile Material Report 2010: Balancing the Books*.

28. International Panel on Fissile Materials, *Global Fissile Material Report 2011: Nuclear Weapon and Fissile Material Stockpiles and Production*.

29. Jones, Rodney W. et al., *Tracking Nuclear Proliferation: A Guide in Maps and Charts* (A Carnegie Endowment Book, 1998).

30. Kang, Jungmin and Frank von Hippel, "Limited Proliferation-Resistance Benefits from Recycling Unseparated Transuranics and Lanthanides from Light-Water Reactor Spent Fuel," *Science and Global Security*, Issue 13, 2005.

31. Kenton J. Moody, Ian D. Hutcheon and Patrick M. Grant, *Nuclear Forensic Analysis* (New York: Taylor & Francis, 2005).

32. Leventhal, Paul, and Yonah Alexander, eds., *Preventing nuclear terrorism: the report and papers of the International Task Force on Prevention of Nuclear Terrorism* (Lexington, Mass.: Lexington Books, 1987).

33. Mærli, Morten Bremer, and Lars van Dassen, "Eliminating Excessive Stocks of Highly Enriched Uranium," *Pugwash Issue Brief*, Vol. 3, No. 1, April 2005.

34. Meier, Oliver, "An End to U. S. Tactical Nuclear Weapons in Europe?" *Arms Control Today*, July/August 2006.

35. Millar, Alistair, "The Pressing Need for Tactical Nuclear Weapons Control," *Arms Control Today*, May 2002.

36. National Intelligence Council, *Global Trends 2025: A Tranformed World*, November 2008.

37. National Planning Association, *1970 Without Arms Control* (National Planning Associationi, May 1958).

38. Norris, Robert S., and Hans M. Kristensen, "US tactical nuclear weapons in Europe, 2011," *Bulletin of the Atomic Scientists*, Vol. 67, No. 1, 2010.

39. *Nuclear Forensics Support*, IAEA Nuclear Security Series No. 2 (Technical Guidance), IAEA, Vienna, 2006.

40. Olberg, Lars, "Implementing Resolution 1540: What the National Reports Indicate," *Disarmament Diplomacy*, Issue No. 82, Spring 2006.

41. Parrish, Scott, and Tamra Robinson, "Efforts to Strengthen Export Controls and Combat Illicit Trafficking and Brain Drain", *The*

Nonproliferation Review, Spring 2000.

42. Perkovich, George, Jessica T. Mathews, Joseph Cirincione, Rose Gottemoeller, and John B. Wolfsthal, *Universal Compliance: A Strategy for Nuclear Security* (Washington, D.C., Carnegie Endowment for International Peace, 2005).

43. Perkovich, George, "'Democratic Bomb': Failed State," *Policy Brief*, No. 49, November 2006, Carnegie Endowment for International Peace.

44. Persbo, Andreas, "UN Security Council Resolution 1540 and its Relevance for Global Export Control," paper presented at the South Asian Strategic Stability Institute Conference on "Strengthened Export Controls: Pakistan's Export Control Experience Current and Future Challenges and Options," Brussels, 16 – 17 November, 2006.

45. Rauf, Tariq, *Inventory of International Nonproliferation Organizations and Regimes* (Monterey Institute of International Studies, 2000).

46. Risen, James, and Steven Engelberg, "Signs of Change in Terror Goals Went Unheeded," *The New York Times*, October 14, 2001.

47. Russell, James A., "Peering Into the Abyss: Non-State Actors and the 2016 Proliferation Environment," *Nonproliferation Review*, Vol. 13, November 2006.

48. Salama, Sammy, and Lydia Hansell, "Companies Reported to Have Sold or Attempted to Sell Libya Gas Centrifuge Components," *Issue Brief*, March 2005.

49. Salamon, Lester M., and Helmut K. Anheier, *The Emerging Sector: the Nonprofit Sector in Comparative Perspective-An Overview* (Johns Hopkins University Institue for Policy Studies, 1994).

50. Scheinman, Lawrence, ed., *Implementing Resolution 1540: The Role of Regional Organizations* (Geneva: UNIDIR, 2008).

51. Sokolski, Henry D., *Best of Intentions, America's Campaign Against*

Strategic Weapons Proliferation (Praeger Publishers, 2001).

52. Sokov, Nikolai, "Tactical Nuclear Weapons," *Issue Brief*, May 2002.

53. United States Report to the Committee Established Pursuant to Resolution 1540 (2004): *Efforts Regarding Security Council Resolution 1540 (2004)*.

54. Wines, Michael, "Break-In at Nuclear Site Baffles South Africa," *The New York Times*, November 15, 2007.

55. Woodhouse, Thomas, ed., *The International Peace Directory* (Plymouth, UK: Northcote House, 1988).

56. Zenko, Micah, "A Nuclear Site Is Breached," *The Washington Post*, December 20, 2007.

主要网站

1. 美国能源部, http://www.doe.gov。
2. 美国国务院 http://www.state.gov。
3. 美国白宫 http://www.whitehouse.gov。
4. 核威胁倡议 http://www.nti.org。
5. 美国核科学联盟 http://www.fas.org。
6. 美国军控协会 http://www.armscontrol.com。
7. 国际原子能机构 http://www.iaea.org。
8. 国际裂变材料委员会 http://www.fissilematerials.org。

索　引

"9·11"事件　1，2，10，16，34，47，54，62，67，75，77，92～94，96，120，128，131，147

"中美战略核关系与战略互信"第二轨道对话　5

《不扩散核武器条约》（Nuclear Nonproliferation Treaty）　14，20，21，36，38，47，51，72，74，93，94，97，103，104，108，113～115，118～123，149，164，219，234，239

《核不扩散条约》（见《不扩散核武器条约》）　157，169，181

《核材料实物保护公约》　7，8，10，44，98，138，140，149，150，155，183，211，219，246

《核材料实物保护公约修正案》　44

《核出口管制条例》　139，140，216，218

《核两用品及相关技术出口管制条例》　140，216，218

《联合国宪章》　12，155，156，160，164，182，183，186，195，204，234，239

《新削减战略武器条约》（New START Treaty）　41

《制止核恐怖主义行为国际公约》　8，10，93，96，97，123，124，130，246

《中华人民共和国核材料管制条例》　138，229

《中华人民共和国核材料管制条例实施细则》　138

1540号决议（Resolution 1540）　2，8，80，82，83，93～95，110～112，116，124，130，136，138，149，162，166～168，175，176，208，209，224，225，233～236，239～243，245

索引

2000年消除核武器条约运动（Abolition 2000） 71

SMB计算机公司 18

安全保证（security assurance） 113, 114

安全美国伙伴关系（Partnership for a Secure America） 81

安全屏障 136

奥姆真理教 67

八国集团 6, 100~102, 124

爆炸威力 25, 26

北京奥运会 10, 150

本·拉登（Osama Bin Laden） 18, 110

别斯兰事件 37

不扩散 2, 4~6, 12, 14, 15, 19~21, 36, 38, 47, 51, 71~74, 79, 82~84, 92~95, 97, 103, 104, 107~109, 112~115, 118~125, 131, 136, 149, 150, 151, 155~157, 168, 172, 219, 221, 223, 226, 234, 239, 248, 252, 260

不扩散政策教育中心（Nonproliferation Policy Education Center） 82

布鲁金斯学会（Brookings Institution） 81

钚 15, 19, 21~23, 25, 27, 28, 31, 41, 42, 45, 46, 56~58, 68, 80, 83, 100, 101, 105, 116, 110, 116, 117, 120~123, 184, 259, 263

钚-240 25, 27

保障监督（国际原子能机构的）（IAEA Safeguard） 20, 21, 97, 99, 105, 118, 121~123, 138~140, 149, 191, 211, 212, 216, 219, 221, 232, 236, 247

出口管制 51~53, 59~62, 72, 77, 82, 84, 86~88, 90, 91, 95, 133, 136, 139~143, 152, 156, 172, 213~220, 222, 223, 226~233, 239, 240, 242, 247

出口控制 7, 18, 20, 85~91, 94, 95, 112~116, 139, 140, 143, 149, 151, 208, 216~218, 223, 233, 235, 236, 240

出口许可 53, 62, 86, 89, 137, 140~142, 215

材料合并与转换倡议（Materials Consolidation and Conversion Initiative） 54

材料平衡区 45

长崎（Nagasaki） 30

场外应急 144

传统基金会（Heritage Foundation） 82

促进持久和平公司（Promoting Enduring Peace, Inc.） 76

大规模杀伤性武器 2, 10, 13, 15, 53, 64, 65, 67, 72, 73, 77, 82, 84, 91, 93, 102~104, 110, 124, 129, 130~132, 134, 141, 208~211, 215, 217, 224, 233~236, 239, 240, 242

大规模杀伤性武器和恐怖主义委员会（WMD and Terrorism Foundation） 82

当量 22, 24~26, 31, 77

低浓铀 29, 42, 47~51, 54~57,

82，101，104，105，116

第一线应对者（first responders） 64，67

堆型转换 46，48～51，56，64，68

对外关系委员会（Council on Foreign Relations） 77，80，81

多佛空军基地 39

乏燃料（spent fuel） 23，28，32，33，42，48～50，54，55，57，100，104～106，119

反应堆级钚（Reactor Grade Plutonium） 27，28

防扩散安全倡议（Proliferation Security Initiative，PSI） 13，102，103，112

防扩散机制 2，73，79，133，149，151，152，208，219，220，233，239，240

防务分析研究所（Institute for Defense Analyses） 77

放射性装置 75，96，211

放射源 33，98，126，135～138，147，149，150，152，155，213，246，247

非国家行为体 1，2，4～7，9～11，13～17，19～21，35，36，40，41，45，47，50，52，53，59，61～64，66～75，83～86，88，89，92～94，96，97，102，103，107，109，110～114，117，120，121，123，125～134，136，137，139～141，143，144，149～154

非国家行为体的核扩散 1，2，4～6，10，11，14，16，17，19，20，72，92，123，128，130，133，134，152，153

分离钚 41，42，56～58，100，

106，117，119

妇女争取和平与自由国际联盟（Women's International League for Peace and Freedom） 71

高浓铀 15，18，19，21，26～28，41，43，46～51，54～57，63，64，68，80，82～84，100，101，104，105，111，116，247

工程师和科学家反扩散国际网络（International Network of Engineers and Scientists Against Proliferation） 71

广岛（Hiroshima） 19，30

国防大学大规模杀伤性武器研究中心（Center for the Studies of Weapons of Massive Destruction，National Defense University） 77

国防信息中心（Center for Defense Information） 77

国际出口管制联合会（International Export Control Association） 84

国际废核运动（International Campaign to Abolish Nuclear Weapons） 79

国际合作 1，6，7，10，12，35，44，59，61，73，84，92～94，101，102，108～110，125，126，133，139，140，143，149，150，152，155～157，172，183，196，208，214，221，222，224，233～235，239，240，242，246，247

国际禁雷运动（International Campaign to Ban Landmines） 72

国际裂变材料委员会（International Panel on Fissile Materials） 41，83

索　引

国际原子能机构（International Atomic Energy Agency）　2，3，6～8，10，20，21，34，49，55，56，84，93，97～100，104，105，108，111，112，114～119，121～124，126，127，135，136，138～140，149，150，157，162，164，166，181，187，191，192，211～213，216，219，247，248

国际战略研究中心（Center for Strategic and International Studies）　77，82

国家核安全局（National Nuclear Security Administration）　44，45，101

国家环保总局核与辐射安全中心　138

国家情报委员会（National Intelligence Council）　69

国家行为体　1，2，4～7，9～17，19～21，35，36，40，41，45，47，50，52，53，59，61～64，66～75，83～86，88，89，92～94，96，97，102，103，107，109，110～114，117，120～123，125～134，136，137，139～141，143，144，149～154

国土安全部（Department of Homeland Security）　65，84

哈佛大学贝尔弗中心（Belfer Center for Science and International Affairs, Harvard University）　77，82，84

哈佛大学肯尼迪政治学院（Kennedy School of Government, Harvard University）　77

海关 HS 编码　142

海军分析中心（Center for Naval Analyses）　77

合作减少威胁（Cooperative Threat Reduction）　101，102

和平发展基金会（Peace Development Fund）　76

和平奶奶（Grandmothers for Peace）　76

核安保　3，7，99，120，121，123～129，133～136，145，149～152

核安全　1～3，5～13，21，32，33，38，44，45，56，57，79～81，84，101，104，107～109，121，126，133，135，136，138，143，145，150～153，166，212，229，246，247

核安全峰会（Nuclear Security Summit）　2，3，6，8～12，56，57，79，81，84，107～109，150，246

核安全示范中心　11，151，247

核保安　3，133，139，143，150

核爆炸装置　20，24～27，29，30，110，132，135，184

核不扩散机制　4，6，12，14，15，19～21，73，92，93，108，113，114，118～121，124，125

核不扩散与控制研究所（Korea Institute of Nuclear Nonproliferation and Control）　84

核部件　23，125，126

核材料　2，6～10，14，15，17～26，28，30，35～37，41～48，50，54，59，61，62，64，66，68，70，73～75，

77~81，84，85，91，94~102，104~106，109~116，118~128，131~134，138~140，149~151，155，183，184，187，192，206，211，212，216，219，221，229，236，246，247

核材料的保护、控制和衡算（Material Protection, Control & Accounting） 41

核电站 9，32，33，35，68，79，85，100，139，143，221

核动力厂 32

核法证学（或译：核取证学，Nuclear Forensics） 126，127

核反应堆 22，27，35，44，48，51，58，115，184

核废物 105，106，108，119

核供应国集团（Nuclear Supplier's Group, NSG） 91，95，115，119，140，149，162，218，219，223

核管理委员会 48，65，135

核国家（也见核武器国家） 9，11，24，25，36，38，40，44，51，57，110，111，113，114，120，125，134，151

核黑市 67，92，133，151

核紧急事态搜寻队（Nuclear Emergency Search Team, NEST） 66

核恐怖风险 73

核恐怖主义 1，2，4，6~13，15，29，30，33，34，54，58，61，62，67，70~75，77~84，92，93，96~99，102，104，107~112，118，120~131，133，134，140，149，151~153，183，246，248

核恐怖主义威胁 2，6，9，12，13，34，74，75，78，81，83，84，92，107，108，128，246

核控制研究所（the Nuclear Control Institute） 74，83

核扩散 1，2，4~7，9~21，35，36，45，47，52，58~64，67~75，77，78，81，85，91~94，96~99，101，102，104，105，107，109~114，116，118~121，123~134，136，139，140，143，149，151~153，246，248

核裂变装置（nuclear fission device） 23

核燃料 47，51，56，58，68，74，99，100，104~106，116~120，122，145

核燃料循环 58，74，99，100，104，106，117~120，122，145

核燃料银行 56

核设施 8，9，12，32，37，43~46，59，75，79，85，94，96~102，105，106，110~112，117~125，132，136，138~140，143~145，147，150，151，184，185，191，192，212，216，246，247

核时代和平基金会（Nuclear Age Peace Foundation） 76

核威胁倡议（Nuclear Threat Initiative） 82

核武器 2，3，6，8~10，12，14~26

核武器安全 8，9，37，38

核武器国家（也见核国家） 14，16，20，23，26，30，36，41，46，74，

95，113，120，121，221

核装置 6，19，21，22，24～26，29，30，60～62，66，78，85，96，124～126，132

核走私 7，17，18，26，52，62，80，98，111，115，125，134，233

赫德逊研究所（Hudson Institute） 81

衡算 41，42，45，54，57，64，94，111～113，138，151，156，174，179，182，211，227～229，242

红十字国际委员会（International Committee of the Red Cross） 72，189，200

后处理 33，42，48，55，57，58，100，105，106，113，117，119，121～123，140，236，261

集装箱安全倡议（Container Security Initiative，CSI） 102，103

季米特洛夫格勒市（Dimitrovgrad） 43，55

简·亚当斯和平协会（Jane Addams Peace Association，Inc.） 76

军控协会（美国）（Arms Control Association） 76

卡迪尔·汗（Abdul Qadeer Khan） 2，14，16～18，20，52，67，111，121，132

卡内基国际和平基金会（或译：卡内基和平研究院，Carnegie Endowment for International Peace） 42，56，77，82

科学与国际安全研究所（Institute for Science and International Security） 75，78，79，82

可生存世界委员会（Council for a Livable World） 76

克雷洛夫舰船研究院（Krylov Shipbuilding Research Institute） 43

恐怖主义 1，2，4，6，7～13，15～21，29，30，33，34，46，54，56，58，61，62，64～67，70～75，77～84，86，92～99，104，107～113，118，120，121，123～134，140，143，149，151～153，155，156，167，180，183，195，196，207，209，210，237，238，244，245，248，251

控制清单 18，53，112，235

库存 36，38，41，43，45，51，54～58，80，106，113，116

劳伦斯·利弗莫尔国家实验室（Lawrence Livermore National Laboratory） 74

利博尔德·赫雷尤斯（Leybold Heraeus） 18

联邦放射性紧急事态应对计划（Federal Radiological Emergency Response Plan - FRERP） 66

联邦紧急事态管理署 65

两用物项 53，86，104，115

裂变 3，15，22，23，25～27，29，31，32，36，39，41～44，51，54，58，64，68，73，79～81，83～85，130，135，184，257，259

裂变材料 3，15，22，25，26，29，

36，41~44，51，54，58，64，68，73，79~81，83~85，257

临界（Critical） 25，29

律师反核国际协会（International Association of Lawyers against Nuclear Arms） 71

伦敦战略研究所（International Institute for Strategic Studies） 5

洛斯·阿拉莫斯国家实验室（Los Alamos National Laboratory） 43，44，83

麻省理工学院国际研究中心（MIT Center for International Studies） 77

玛雅克（Mayak） 55

麦克阿瑟基金会（MacArthur Foundation） 5

曼哈顿工程（Manhattan Project） 73

美国广播公司（American Broadcasting Company） 47，77

美国科学家联合会（Federation of American Scientists） 77

美国能源部（US Department of Energy） 54~56，84，104，116

美国浓缩公司（US Enrichment Corporation，USEC） 55

美国企业研究所（American Enterprise Institute） 77

美国艺术科学研究院（American Academy of Arts and Sciences） 74

蒙特雷国际问题研究所（或译：蒙特雷国际关系学院，Monterey Institute of International Studies） 75

蒙特雷国际问题研究所防扩散研究中心（或译：蒙特雷国际关系学院防扩散研究中心，Center for Nonproliferation Studies, Monterey Institute of International Studies） 77，79

民兵-3型洲际导弹（Minuteman III ICBM） 37

敏感物项 6，60，85，139~143，151，211，214~216，233，242

内爆法 25

内控机制（Internal Control Programs） 6，53，86，87，88，90

纽约州立大学国际恐怖主义研究所（Institute for Studies in International Terrorism, State University of New York） 74

浓缩铀 15，18，19，21，25，28，29，41，46，48，49，51，56，57，68，113，119，122

帕罗艾利斯（Paloares） 39

盘存 45

佩林达巴（Pelindaba） 44

普格瓦什科学和世界事务会议（Pugwash Conferences on Science and World Affairs） 71~73

普林斯顿大学的科学与全球安全项目（Program on Science and Global Security, Princeton University） 83

气体离心机 52

枪法核武器 25，28

切尔托夫（Michael Chertoff） 84

清华大学 4，5

全国不首先使用核武器运动（National Campaign for No-first Use of Nuclear Weapons） 76

全球核能伙伴关系（Global Nuclear Energy Partnership, GNEP） 102，105，118，119

全球教育联合会（Global Education Association） 76

全球零核运动（Global Zero） 79

全球威胁减少倡议（Global Threat Reduction Initiative, GTRI） 100，102，104，105，116

燃料元件 47，51

日列兹诺戈尔斯克（Zheleznogorsk） 57

萨凡纳河 39

萨塞克斯大学（University of Sussex） 79

桑戈委员会（Zagger Committee） 95，115，149，162，218，219

上海世博会 10，247

社会责任心理学家（Psychologists for Social Responsibility） 76

生存动员（Mobilization for Survival） 76

圣安德鲁斯大学（Saint Andrews University） 79

实物保护 7，8，10，35，42，44，45，94，97～99，111，112，123，124，138～140，149～151，155，156，174，179，182，183，187，192，206，211，219，228，229，236，242，246，247

史汀生中心（The Stimson Center） 77，83，84

试验堆 48～50，104，105

斯德哥尔摩国际和平研究所（Stockholm International Peace Research Institute, SIPRI） 5，71

斯科米精密工程公司（Scomi Precision Engineering） 18

斯坦福大学国际安全与合作中心（Center for International Security and Cooperation, Stanford University） 75，77，78

斯坦福大学胡佛研究所（Hoover Institute, Stanford University） 78

斯坦利基金会（Stanley Foundation） 84

苏莱曼·阿布·盖斯（Sulaiman Abu Ghaith） 19

特大型港口倡议（Megaports Initiative） 63

田纳西流域管理局（Tennessee Valley Authority） 55

同位素 27，28，50，126，137，138，148，184，212

外交与国家安全研究所（Institute of Foreign Affairs and National Security） 84

沃伦空军基地（Warren Air Force Base） 38

无核区注册会（Nuclear Free Zone Registry） 76

武器级钚（Weapon Grade Plutonium） 27，57，121

希尔空军基地（Hill Air Force Base） 38

稀释 15, 48, 51, 54~56, 101

谢韦尔斯克（Seversk） 57

新美国安全中心（Center for a New American Security） 77, 82

亚太安全中心（Asia-Pacific Center for Security Studies） 77

研究堆 26, 28, 33, 46, 48, 49, 100, 105, 116, 247

研究和试验反应堆降低浓度项目（Reduced Enrichment for Research and Test Reactors） 49

遗产公司（Legacy, Inc.） 76

应急管理 7, 143, 144, 145, 147, 148, 152, 212

忧思科学家联盟（Union of Concerned Scientists） 76, 77, 82

铀 15, 18, 19, 21, 22, 24~29, 31, 41~43, 46~57, 63, 64, 68, 73, 80, 82~84, 100, 101, 104~106, 111, 113, 116, 119, 121, 122, 140, 184, 236, 247

铀-235 24, 26, 28, 29, 122

铀-238 26, 29, 122

铀浓缩 18, 41, 42, 51~53, 73, 100, 105, 121, 140, 236

原子科学家紧急状态委员会（Emergency Committee of Atomic Scientists） 73

约翰·霍普金斯大学（Johns Hopkins University） 70

战略核武器 15, 40, 41, 108

战术核武器 15, 39~41, 101

政府问责署（Government Accountability Office） 46

中国的核安全政策 10, 11

中国工程物理研究院 4, 129

中国国际战略研究基金会 1, 4, 5, 129

中国社会科学院 4, 129

中国现代国际关系研究院 4, 5, 129

中央情报局（CIA） 66, 67, 83

准许行动装置（Permissive Action Link——PAL） 40

最终用户（End-user） 53, 86, 139, 141, 156, 164, 214~217, 230, 231

最终用途（End-use） 53, 141, 215~217

佐治亚大学国际贸易与安全中心（Center for International Trade and Security, University of Georgia） 77, 82

后　记

中国国际战略研究基金会为非营利性学术研究机构，长期致力于开展国际安全与战略领域中有关政治、经济、军事等问题的研究，向政府有关部门提供过许多政策研究报告，同时还主编与资助出版了众多学术专著。

《应对核恐怖主义——非国家行为体的核扩散与核安全》是我会对外政策研究中心最新研究成果之一，是众多智库专家学者合作努力的结果。本书导言由张沱生、杨明杰撰写，第一章由伍钧撰写，第二章由樊吉社撰写，第三章由郭晓兵撰写，第四章由孙向丽撰写，第五章由傅晓强、刘冲撰写，附件由李彬选编。全书统稿工作由张沱生、李彬完成。

本研究课题曾先后得到美国麦克阿瑟基金会和中国国家社科项目专项资金的支持与赞助，诸旭辉、刘恭梁、黎弘、刘大鸣等专家学者及政府有关部门的一些同志对书稿提出了许多宝贵的意见，张一凡、吕木难参加了本书的编辑工作。在此一并表示衷心感谢。

中国国际战略研究基金会

2012年3月15日

图书在版编目(CIP)数据

应对核恐怖主义:非国家行为体的核扩散与核安全/中国国际战略研究基金会主编. —北京:社会科学文献出版社,2012.12
（中国国际战略研究基金会战略研究丛书）
ISBN 978 - 7 - 5097 - 3932 - 7

Ⅰ.①应… Ⅱ.①中… Ⅲ.①核扩散 - 防止 - 研究 - 世界 ②核安全 - 研究 - 世界 Ⅳ.①D815.2 ②TL7

中国版本图书馆 CIP 数据核字（2012）第 259743 号

·中国国际战略研究基金会战略研究丛书·

应对核恐怖主义
——非国家行为体的核扩散与核安全

主　　编 / 中国国际战略研究基金会	
出 版 人 / 谢寿光	
出 版 者 / 社会科学文献出版社	
地　　址 / 北京市西城区北三环中路甲 29 号院 3 号楼华龙大厦	
邮政编码 / 100029	
责任部门 / 全球与地区问题出版中心	责任编辑 / 段其刚　张金勇
（010）59367004	责任校对 / 师晶晶
电子信箱 / bianyibu@ ssap. cn	责任印制 / 岳　阳
项目统筹 / 祝得彬	
经　　销 / 社会科学文献出版社市场营销中心 （010）59367081　59367089	
读者服务 / 读者服务中心 （010）59367028	
印　　装 / 北京季蜂印刷有限公司	
开　　本 / 787mm×1092mm　1/16	印　张 / 17.25
版　　次 / 2012 年 12 月第 1 版	字　数 / 249 千字
印　　次 / 2012 年 12 月第 1 次印刷	
书　　号 / ISBN 978 - 7 - 5097 - 3932 - 7	
定　　价 / 59.00 元	

本书如有破损、缺页、装订错误，请与本社读者服务中心联系更换

▲ 版权所有　翻印必究